A BÍBLIA DO VENCEDOR

DR. KERRY SPACKMAN

2015, Editora Fundamento Educacional Ltda.

Editor e edição de texto: Editora Fundamento
Editoração eletrônica: TRC Comunic Design Ltda. (Marcio Luis Coraiola)
　　　　　　　　　　　Bella Ventura Eventos Ltda. (Lorena do Rocio Mariotto)
CTP e impressão: Fotolaser Gráfica e Editora Ltda.
Tradução: BK Consultoria e Serviços Ltda. (Fal Azevedo)
Arte da capa: Zuleika Iamashita

Copyright © 2012 Kerry Spackman
Publicado originalmente em inglês em 2009. Publicado em 2012 por Harper Collins Publishers New Zealand Limited. Esta edição em português é publicada em acordo com Harper Collins Publishers New Zealand Limited.
O direito do autor de ser identificado como autor da obra foi assegurado.

Todos os direitos reservados. Nenhuma parte deste livro pode ser arquivada, reproduzida ou transmitida de qualquer forma ou por qualquer meio, seja eletrônico ou mecânico, incluindo fotocópia e gravação de backup, sem permissão escrita do proprietário dos direitos.

Dados Internacionais de Catalogação na Publicação (CIP)
(Maria Isabel Schiavon Kinasz)

	Spackman, Kerry
S736	A Bíblia do vencedor / Kerry Spackman [versão brasileira da editora]– 1. ed. – São Paulo : Editora Fundamento Educacional Ltda., 2015.
	Título original : The winners bible : rewire your brain for permanent change
	1. Autorealização. 2. Psicologia positiva. I. Título
	CDD 150.198 (22 ed.) CDU 159.9.01

Índice para catálogo sistemático:
1. Autorealização 150.198

Fundação Biblioteca Nacional

Depósito legal na Biblioteca Nacional, conforme Decreto n.º 1.825, de dezembro de 1907.
Todos os direitos reservados no Brasil por Editora Fundamento Educacional Ltda.

Impresso no Brasil

Telefone: (41) 3015 9700
E-mail: info@editorafundamento.com.br
Site: www.editorafundamento.com.br

Este livro foi impresso em papel pólen soft 80g/m² e a capa em papel-cartão 250 g/m².

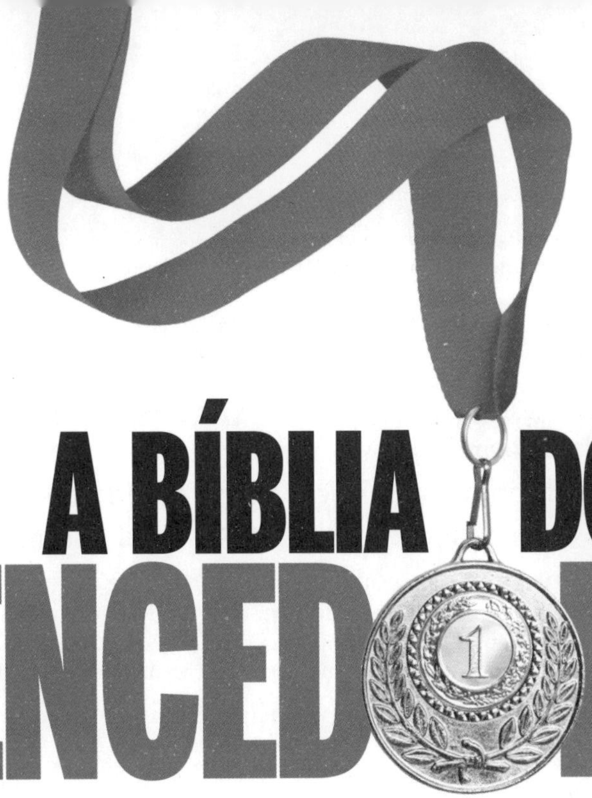

A BÍBLIA DO VENCEDOR

DR. KERRY SPACKMAN

AGRADECIMENTOS

Eu gostaria de agradecer a algumas pessoas, sem as quais este livro não teria sido possível:

À minha incansável colega Sabine Tyrvainen, pelas valiosas contribuições que fez em cada parágrafo. A Marcel Boekhoorn, que investiu na versão original e apoiou o Winner's Institute durante muitos anos. Ao meu mentor literário, amigo e editor do livro original, Martin Roach. E, finalmente, a toda a equipe da HarperCollins, Editora na Nova Zelândia, pelo profissionalismo e competência – foi um prazer absoluto trabalhar com vocês.

01
POR QUE OUTROS LIVROS NÃO MUDARAM VOCÊ – E ESTE VAI

VOCÊ PROVAVELMENTE JÁ LEU MUITOS LIVROS QUE PROMETIAM TORNÁ-LO UMA PESSOA FELIZ, RICA E BEM-SUCEDIDA. LIVROS CHEIOS DE IDEIAS BRILHANTES QUE FINALMENTE IRIAM TRANSFORMAR A SUA VIDA. ENQUANTO VIRAVA CADA PÁGINA, VOCÊ PROVAVELMENTE ANOTAVA TODOS OS SEUS ERROS E ENSAIAVA AS FRASES INTELIGENTES QUE IRIAM MUDAR A SUA VIDA. DESSA VEZ, VOCÊ DEFINITIVAMENTE IRIA MELHORAR.

Contudo, se você é como a maioria das pessoas, descobrirá um ano mais tarde que não aconteceram tantas mudanças assim. Afinal de contas, quantas pessoas que leem livros sobre como ganhar milhões de dólares realmente se tornam milionárias da noite para o dia? Certamente, cada novo livro traz ideias novas, e você realmente tem pequenas e graduais melhoras em sua vida, mas, de algum modo, elas nunca são suficientes. Você melhora um pouco, mas não se transforma em um vencedor ou em um campeão. E assim, continua a seguir em frente, até que um dia encontra um livro novo com um título atraente, e o ciclo se repete. Isso lhe é familiar?

Bem, a boa notícia é que o problema não é você – são os livros! Aqueles livros não eram bons o suficiente para a longa lista de campeões de automobilismo, campeões olímpicos, campeões mundiais e executivos que eu já treinei, e não é de surpreender que também não tenham sido bons o suficiente para você. Aqueles atletas de elite e executivos também haviam tentado psicólogos e psicoterapeutas e lido centenas de livros de psicologia e autoajuda sem conseguir qualquer benefício real.

Eles não queriam mais teorias vazias. Do que eles precisavam desesperadamente era algo que realmente funcionasse no calor da competição *e* em sua vida cotidiana. Algo que não apenas os ajudasse a ter um desempenho melhor, mas – e o que era mais importante – os ajudasse a se tornar pessoas melhores e aproveitar melhor a vida. Este livro nasceu dessa necessidade.

Eu não acordei com uma ideia brilhante na cabeça e comecei a escrever *A Bíblia do vencedor*. Eu só comecei a escrever este livro porque meus clientes sempre me diziam que queriam um único livro que contivesse TODAS as ferramentas de que eles precisavam em um só lugar. Eles queriam exemplos práticos e comprovados para usar em sua vida, em vez, simplesmente, de um livro cheio de boas ideias. Eles queriam técnicas que tivessem sido testadas e que comprovadamente funcionassem no mundo real. O resultado final foi tão bem-sucedido que um piloto de corridas me disse, orgulhoso, que havia usado a sua *Bíblia do vencedor* todos os dias durante um ano inteiro. Embora ele tivesse uma prateleira cheia de livros de "autoaperfeiçoamento" na mesinha de cabeceira, o único livro que abria todas as manhãs era a sua *Bíblia do vencedor*.

1.1 A DISTÂNCIA ENTRE TEORIA E PRÁTICA

Para descobrir por que outros livros fracassaram na tarefa de mudar a sua vida, vamos imaginar que alguém tenha escrito um livro com o atraente título: *Os 7 passos para derrotar Federer e vencer em Wimbledon*.

O primeiro problema com um título como esse é a inevitável distância entre as ideias do livro e a sua capacidade de colocá-las em prática. Por exemplo, suponhamos que a Regra 1 diga:

"Sempre jogue a bola onde Federer não possa alcançá-la."

Essa certamente é uma ótima regra, e você definitivamente venceria Wimbledon se fosse capaz de fazer isso. Infelizmente, saber *o que* fazer e *ser capaz* de fazer são duas coisas completamente diferentes. Provavelmente, se você jogasse contra Federer, não seria capaz nem de rebater o saque dele, quanto mais devolver a bola de forma que ele não alcançasse. E esse é o problema!

A maioria dos livros aponta *o que* você deveria fazer, mas não *como* pode adquirir as habilidades mentais e emocionais necessárias para fazer com que as coisas aconteçam em sua vida cotidiana. Por exemplo, essas obras podem aconselhá-lo a "ser positivo" e listar todos os benefícios de ser positivo. Mas quais são as ações passo a passo que lhe proporcionarão, de fato, uma atitude positiva em relação à vida, mesmo quando você está enfrentando problemas?

Voltando à nossa analogia do tênis, se você quiser arremessar a bola onde Federer não possa alcançá-la, tem de desenvolver

Os 7 passos para derrotar Federer e vencer em Wimbledon.

uma devolução matadora. E isso significa muito trabalho. O seu treinador vai filmá-lo jogando e analisar seus movimentos em todos os detalhes. Ele lhe dirá como mudar a postura, o modo como segura a raquete e as suas ações. Então, você terá de praticar as sugestões milhares de vezes até que tudo se torne automático. Você terá de dominar uma enorme quantidade de *detalhes*, antes de poder rebater a bola para o chão, fora do alcance de Federer. Isso só se alcança com uma combinação de técnicas e regras corretas, além de muita disciplina e esforço. E o mesmo é verdadeiro na sua vida.

Você vai precisar fazer muito mais do que simplesmente acordar todos os dias e recitar sete frases, como se elas fossem mantras mágicos que vão transformar a sua vida. Se você não pensa dessa forma, pode muito bem fechar este livro agora.

Felizmente, *A Bíblia do vencedor* contém instruções passo a passo, em vez de apenas descrever objetivos que estarão sempre fora do seu alcance. Cada uma das instruções tem ações práticas para você e foi comprovada nas batalhas das competições internacionais e na vida cotidiana. Elas só estão neste livro porque funcionam. Você vai descobrir que assumirá a responsabilidade pessoal por cada item e *os fará acontecer*.

1.2 O SEU PROJETO E A SUA *BÍBLIA DO VENCEDOR*

O segundo problema é que, não importa quão boas sejam as regras, você jamais vai vencer o torneio de Wimbledon, a menos que tenha os atributos físicos corretos. Nenhum homem de 65 anos já venceu em Wimbledon, nem alguém com um metro e cinquenta de altura ganhou uma medalha de ouro na prova de salto dos Jogos Olímpicos. Colocando de forma simples, qualquer manual que pretenda transformar você em um vencedor deve levar seriamente em consideração os fatos sobre quem você é.

É absolutamente vital que você compreenda, de saída, quão *único* é.

Vamos começar com o seu cérebro. Como o seu cérebro está conectado de forma diferente de todos os outros, você literalmente vê e sente o mundo de um modo único e só seu. Não existem duas pessoas que vejam e sintam o perfume de uma rosa exatamente da mesma forma,

porque o modo como o seu cérebro processa as informações capturadas por seus olhos e nariz é diferente do de qualquer outra pessoa. De forma semelhante, os seus genes afetam as sensações que a comida lhe causa, o que explica o motivo pelo qual eu não suporto beterraba, mas meu amigo adora. Mesmo os alimentos considerados bons ou ruins para o organismo são únicos para cada pessoa. Um exemplo extremo são as bananas – essa fruta é uma excelente fonte de potássio para algumas pessoas, mas tão tóxica para outras que podem morrer depois de uma simples mordida. Além de tudo isso, existem também diferenças na sua história de vida, experiências, emoções, sonhos, medos e pensamentos.

Você é muito mais diferente de todas as outras pessoas do que imagina. E, assim, qualquer programa que valha a pena seguir precisa ser feito sob medida, com os seus aspectos únicos em mente. Vencer não é um negócio de "tamanho único". Atletas têm programas projetados para a própria constituição específica, e não é de surpreender que, no jogo muito mais complexo da vida, você precise de um programa feito sob medida também. O simples fato de uma pessoa famosa e bem-sucedida ter usado uma técnica mental particular para melhorar seu desempenho não significa necessariamente que a mesma técnica vai funcionar para você.

A Bíblia do vencedor vai ajudar você a identificar seus pontos fortes e fraquezas específicos. Você conseguirá ver-se mais claramente do que jamais se viu antes. Depois, de posse dessa informação, verá como construir sua própria *Bíblia do vencedor*, com vinte páginas. Ela será uma pequena pasta de plástico contendo fotos e pontos de discussão planejados especificamente para causar o máximo de impacto mental e emocional sobre você. Será algo rápido e fácil de fazer.

Você terá, então, dois livros:

A BÍBLIA DO VENCEDOR

Este é o livro que você está lendo agora, que é um recurso e um livro de instruções para ajudá-lo a construir a sua própria *Bíblia do vencedor*.

A SUA PRÓPRIA *BÍBLIA DO VENCEDOR*

Essa é a pequena pasta que você mesmo vai construir, com o seu nome e a sua foto na capa. Você vai usar a sua *Bíblia do vencedor* TODOS OS DIAS. Como tem um máximo de vinte páginas de fotos e pontos de discussão, você será capaz de lê-los em poucos minutos.

Mas essas páginas terão mais efeito sobre você do que qualquer outro livro porque foram feitas especialmente para você. As imagens se conectarão diretamente com as suas emoções, de um modo que palavras isoladas jamais poderão. A cada dia, você será reenergizado e ajustará a sua concentração.

Se você usar a sua *Bíblia do vencedor* todos os dias, descobrirá que realmente funciona. Você não apenas saberá exatamente o que fazer, mas também terá a força emocional para fazê-lo. Você vai crescer e se transformar em uma pessoa melhor, mais feliz e mais poderosa. À medida que isso for acontecendo, você vai precisar remover páginas da sua *Bíblia do vencedor* que já não são mais necessárias, porque já superou seus velhos problemas. Você vai, então, substituir essas páginas por páginas novas, que continuem a desafiar a "pessoa nova e melhor" que você se tornou. É por isso que você vai usar uma pasta com folhas acondicionadas em plásticos transparentes para montar a sua *Bíblia do vencedor*. Isso lhe permitirá retirar e acrescentar páginas rapidamente, conforme a necessidade. Desse modo, a sua *Bíblia do vencedor* se tornará um manual *vivo e dinâmico*. Ela mudará e crescerá com você, ajudando-o a criar e viver a sua própria "vida projetada". Uma vida criada sob medida para lhe dar poder, paz e satisfação.

A SUA *BÍBLIA DO VENCEDOR* SERÁ O LIVRO MAIS PODEROSO QUE VOCÊ JÁ TEVE EM MÃOS!

1.3 VOCÊ NÃO É UM COMPUTADOR

Outro problema com os livros tradicionais de autoajuda é que eles normalmente o tratam como se você fosse algum tipo de computador, que pudesse ser instantaneamente reprogramado. Essas obras dão a impressão de que a sua vida será maravilhosa se você simplesmente tiver os "pensamentos corretos" em seu cérebro. Mas existem três grandes motivos pelos quais você não é um computador e por que essa metodologia está fadada ao fracasso:

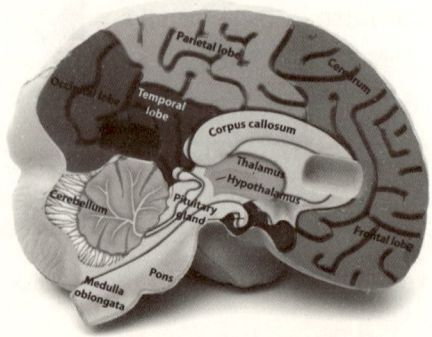

1. O seu cérebro não tem um potente processador central que controla tudo, como o seu computador. Ao invés disso, o seu cérebro é formado por muitos módulos independentes – ou "minicérebros" –, executando independentemente suas próprias ações.
2. Muitos desses módulos nem sequer funcionam baseados em lógica ou palavras. Portanto, tentar reprogramá-los com palavras ou "frases inteligentes" não vai funcionar nunca se são eles que estão causando os seus problemas.
3. Alguns dos seus módulos estão profundamente escondidos em seu subconsciente, e você normalmente não tem acesso a eles. Isso significa que você não pode reprogramá-los usando ferramentas normais. Você precisará das ferramentas especiais que eu desenvolvi, ao longo dos anos, para ajudar os meus atletas de elite.

Vou explicar esses três pontos cruciais um pouco mais detalhadamente, porque compreendê-los é vital se você quiser mudar a sua vida permanentemente.

1. MÓDULOS INDEPENDENTES

Você deve saber que o seu cérebro tem um módulo separado e independente, cuja função primária é decodificar sons e compreender a fala. Há outro módulo independente para processar todas as informações que vêm da sua pele, outros módulos para controlar as posições dos seus membros e outros ainda para a visão. Todos esses módulos operam independentemente, segundo seu próprio ritmo e no momento oportuno. O fato de serem independentes explica por que uma pessoa que sofre um derrame pode perder a habilidade de falar, enquanto o restante de sua vida permanece relativamente igual. É por isso que uma pessoa pode desenvolver o mal de Parkinson e ter problemas para controlar os músculos, enquanto a lógica e o intelecto permanecem intactos. Os módulos individuais normalmente não são tão afetados pelos outros módulos.

Agora, aqui está o ponto-chave: existem muitos módulos independentes responsáveis por controlar diferentes aspectos da sua "personalidade".

Por exemplo, uma estrutura é responsável pelo "planejamento executivo" e por gerenciar as consequências das suas ações futuras, enquanto uma região totalmente separada de seu cérebro é responsável por suas emoções e pelo que você *sente*. Não existe um local central que coordena ou controla todos esses módulos para produzir a sua "personalidade". Todos eles conversam entre si e normalmente conseguem chegar a algum tipo de acordo geral sobre o que está acontecendo no mundo e o que você deve fazer em seguida. Eles unem-se para produzir o seu "comportamento" e a sua "personalidade". O modo como eles fazem isso muda de tempos em tempos. Às vezes, um módulo é mais "mandão" do que outro e "consegue o que quer", outras vezes, é outro módulo que vence. Isso é algo um tanto confuso, portanto não é de surpreender que cause muitos problemas – particularmente quando os módulos lhe dão instruções conflitantes sobre o que você deve fazer.

2. OS MÓDULOS NEM SEMPRE FUNCIONAM BASEADOS EM LÓGICA OU PALAVRAS

Você pode constatar que o seu cérebro não funciona totalmente baseado em palavras ou lógica porque não precisa *aprender* a como sentir fome, e nem é necessário haver palavras relacionadas à fome em seu cérebro para você estar faminto – particularmente se está sem comer há muito tempo. Você "sente" fome naturalmente porque nasceu com os circuitos cerebrais ligados à fome já conectados e prontos para agir. De outra forma, teria morrido de fome nos primeiros dias de vida. Além dos circuitos cerebrais que estão conectados ao seu bem-estar físico – como os circuitos da fome de que acabamos de falar –, você também nasceu com milhões de circuitos emocionais que foram ajustados e estão prontos para controlar o seu comportamento sem que você esteja consciente do que eles estão fazendo. Embora esses circuitos emocionais pré-ajustados fossem ideais para ajudar os homens primitivos a sobreviver na selva, eles frequentemente são inadequados para nos fazer felizes e bem-sucedidos na sociedade moderna – como você verá em breve. Não é de espantar que a vida, às vezes, seja uma batalha.

3. MÓDULOS INCONSCIENTES E ESCONDIDOS

Mas, certamente, esse não é o fim dos nossos problemas. Muito do que esses módulos fazem e por que fazem é escondido de você – o proprietário do seu próprio cérebro! Em muitos casos, os planos secretos desses módulos explicam por que você frequentemente faz as coisas erradas, mesmo sabendo exatamente o que deveria fazer. Às vezes, ser altamente motivado e querer fazer a coisa certa não basta. Os seus módulos inconscientes ainda estão, de alguma forma, controlando o seu comportamento contra a sua vontade. A menos que você saiba como reprogramar esses módulos ocultos, estará fadado ao fracasso, apesar de ter todos os melhores pensamentos e ideias do mundo.

1.4 A ANALOGIA DO CAIAQUE

Uma forma como eu explico a influência dos nossos módulos escondidos para os meus atletas é lhes contando sobre uma corrida de caiaque que disputei contra Steve Ferguson. Steve é campeão de caiaque e, quando eu o desafiei para uma corrida de 100 metros, ele estava extremamente confiante, acreditando que me derrotaria com ampla margem. Quando nos alinhamos em nossas raias, a coisa parecia completamente desequilibrada. Steve era todo músculos e um largo sorriso, enquanto eu já estava tendo problemas só para manter o meu caiaque estável. Mas, quando foi dada a largada, tudo mudou, e o sorriso foi apagado de seu rosto. Sem que Steve soubesse, eu havia modificado o leme que controlava seu caiaque, que ficara permanentemente virado para a direita. Assim que Steve deu duas remadas poderosas, seu caiaque começou a virar violentamente na direção errada. Houve muito barulho e muita água espirrada, enquanto ele em vão lutava para controlar o caiaque e mantê-lo na direção correta. Enquanto isso, eu deslizava suavemente sobre a água na direção da linha de chegada, dando apenas remadas suaves.

O ponto central dessa história é que podemos pensar em nossos "remos" como os nossos "pensamentos lógicos e conscientes". Eles estão acima da água, são visíveis e dedicamos uma quantidade enorme de esforço a eles. Enquanto todo esse esforço consciente está em ação, nossas emoções inconscientes estão operando *sob a superfície*, como um leme oculto – exercendo forte influência sobre o nosso comportamento, sem nem mesmo percebermos.

Se os nossos "remos" e "lemes" mentais não estão alinhados na mesma direção, nenhuma quantidade de esforço nem de "água espirrada" vai permitir que alcancemos nossos objetivos. Não importa quanto nos esforcemos e tentemos mudar de direção, nada vai funcionar.

Este livro vai lhe fornecer as ferramentas e instruções específicas que lhe permitirão ir "abaixo da superfície" e alinhar os seus lemes emocionais. Quando você fizer isso, será capaz de quebrar o ciclo das mudanças temporárias e repentinamente começar a progredir em direção aos seus objetivos muito mais facilmente do que toda a força de vontade do mundo lhe permitiria.

1.5 A NATUREZA NEM SEMPRE TORNA AS COISAS MELHORES

Eu quero que você observe a imagem do tabuleiro de damas e decida quanto o quadrado com a letra A é mais escuro do que o quadrado com a letra B. A melhor maneira de pensar nisso é tentar imaginar a quantidade de tinta a mais que teria sido necessária para pintar o quadrado A, comparada à que foi usada para pintar o quadrado B. Se você pensar que o dobro de tinta foi utilizado, diria também que A é duas vezes mais escuro que B. Se você pensar em 30% a mais de tinta, diria também que A é 30% mais escuro. Tente.

Edward H. Adelson

Bem, é difícil de acreditar, mas os dois quadrados são exatamente iguais! Se você não acredita em mim, pegue um pedaço de papel e coloque-o sobre a figura para cobri-la. Agora, faça dois furos no papel, de forma que você só possa ver os quadrados A e B e nada mais. Você pode se surpreender com o que vai ver.

Essa simples demonstração mostra que o seu cérebro pode lhe dar uma resposta errada, sem você nem perceber. O seu bom senso e a sua intuição não estão sempre certos. Então, o que você precisa é de um livro como *A Bíblia do vencedor*, baseado em uma neurociência sólida, para ajudá-lo a ir além do seu estado humano normal. Assim, você pode deixar de ser um homem ou mulher "normal" e passar a ser um "super-homem" ou "supermulher". Alcançar isso exige que cada módulo do seu cérebro seja analisado e sintonizado com as ferramentas mentais especificamente projetadas para cada um dos seus módulos. Afinal de contas, você não usa uma chave de fenda para apertar uma porca nem uma chave de boca para apertar um parafuso. Do mesmo modo, as ferramentas mentais, projetadas para ajustar seus circuitos lógicos, não vão funcionar para ajustar seus circuitos emocionais, e vice-versa.

Ir além das suas habilidades normais e naturais e se tornar sobrenatural é um tema recorrente neste livro, que é uma obra baseada em uma ciência sólida, a qual lhe será apresentada de forma facilmente compreensível e ilustrada, com exemplos práticos que poderão ser usados todos os dias. A natureza nem sempre torna as coisas melhores. É "natural" que os seus dentes se deteriorem. Por isso, é importante se elevar para além da própria "natureza", e não apenas escovar os dentes, mas também ajustar o cérebro.

1.6 UMA CAIXA DE FERRAMENTAS ABRANGENTE

Outro problema dos livros de autoajuda é que eles geralmente trazem apenas um pequeno número de ideias limitadas, infinitamente repetidas. Isso faz sentido em termos de marketing, porque você lê o título e pensa: "*Uau, eu só preciso aprender seis pequenos truques e serei uma pessoa feliz, inteligente e rica.*" Mas você realmente acha que a vida é tão simples assim?

Pense por um momento em todas aquelas coisas que você precisa fazer para vencer em Wimbledon. Em primeiro lugar, é preciso observar a sua forma física e nutrição. Apenas esses dois tópicos são suficientes para encher um livro. Depois, há a questão de decidir qual estratégia você precisa usar contra cada jogador. Que oponentes são mais vulneráveis a um bom saque e voleio? Quem tem problemas com a deixadinha? Quanto mais você sabe sobre tênis, mais você percebe quão complexo é o jogo e por que você não pode fazer tudo sozinho. É por isso que os campeões têm treinadores altamente habilidosos e extremamente bem remunerados.

Agora, pense em quanto a vida é mais complexa do que o tênis. É provável que seis simples ideias possam transformá-lo e prepará-lo para *tudo* o que a vida vai lhe apresentar? Se fosse tão fácil assim, essas ideias teriam sido desenvolvidas há milhares de anos, e provavelmente as teríamos tatuadas na pele ao nascer.

A vida é um processo extremamente complexo, e é por isso que é tão excitante e rica. Essa riqueza significa que você precisa de um conjunto abrangente de habilidades e ferramentas na sua "Caixa de Ferramentas" mental.

1.7 REGRAS × FERRAMENTAS

É importante explicar logo no começo deste livro a diferença entre "regras" e "ferramentas". Um exemplo de regra pode ser: "Não coma chocolate no jantar." Essa é uma boa regra, se você estiver tentando emagrecer. É uma regra baseada em lógica, e você só pode obedecer a ela se usar muita força de vontade e autocontrole.

Mas as regras raramente funcionam sozinhas porque dão trabalho de mais e vão contra a sua natureza. Afinal de contas, é por isso que você precisa de uma regra, em primeiro lugar. Ela lhe diz para fazer algo que você *naturalmente* não quer fazer. O que você *realmente* precisa é de ferramentas que modifiquem seus desejos naturais, de modo que não queira comer aquela barra de chocolate no jantar, para começar. Esse é o tipo de ferramenta que vai produzir uma mudança permanente em sua vida, porque, quando você usá-la, não vai mais precisar lutar contra si mesmo. Usando a nossa analogia do caiaque, "o seu leme" estará alinhado – e, como resultado disso, você vai alcançar mudanças quase sem esforço. De fato, esse é um tema comum que ouço repetidamente dos meus clientes. Eles não conseguem acreditar em como foi fácil finalmente fazer uma mudança permanente, depois de todos aqueles anos na montanha-russa, lutando e batalhando.

Vamos pensar um pouco nessa ideia de ferramentas mentais, considerando o que acontece quando você aprende a usar um cinzel ou um bisturi. Você não vai dominar esses tipos de ferramentas imediatamente, mas torna-se mais habilidoso à medida que os usar. O mesmo acontece com as ferramentas mentais. Quanto mais você usá-las, mais poderosas elas se tornarão. Isso é o oposto do que acontece com as regras. Você pode aprender uma regra como "Não coma chocolate no jantar" em um piscar de olhos. Mas aprender uma regra como essa não vai realmente ajudá-lo muito, não é? Afinal de contas, quantas pessoas estão acima do peso porque não *sabiam* que comer hambúrgueres e batatas fritas todos os dias faria com que engordassem?

Como *A Bíblia do vencedor* contém muitas ideias e ferramentas, você vai voltar a ela repetidas vezes e fará isso porque frequentemente são necessárias tempo e experiência de vida para absorver totalmente algumas das lições em suas páginas. Você pode até pensar que domina determinada ferramenta na primeira vez que a usa, mas é mais do que provável que você vai perceber mais tarde que algumas das frases deste livro assumem um significado mais profundo à medida que você se torna mais familiarizado com as ferramentas que elas descrevem (ver Capítulo 10, "Romãs").

Assim como ninguém se senta para ler cada página da Bíblia Sagrada ou do Alcorão de uma vez, você também não vai ler *A Bíblia do vencedor* dessa forma. Você vai perceber que retorna a várias seções, enquanto progride em seu desenvolvimento. Você também perceberá que as ferramentas de uma seção se combinam e acrescentam coisas às ferramentas de outra seção de uma forma que você não esperava. Talvez uma lição sobre esportes o ajude em sua vida cotidiana, ou talvez compreender como seu cérebro funciona seja útil em suas atividades esportivas. Gradualmente, os conceitos na *Bíblia do vencedor* começarão a se encaixar, de forma que o livro se tornará muito mais valioso do que a simples soma de todas as histórias individuais ou lições juntas.

1.8 EQUILÍBRIO E "CONTRARREGRAS"

E por falar em regras, quando se trata da vida real, quase sempre existe uma "*contrarregra*" para cada regra. A maioria dos livros não fala dessas "contrarregras" porque quer lhe oferecer uma fórmula simples, fácil de seguir. Mas a vida nunca é tão simples assim. Por exemplo, você provavelmente já leu sobre a importância de "nunca desistir" – que vencer envolve perseverança e determinação. Em muitos casos, esse conselho *está* correto. Os vencedores *são* muito mais perseverantes e *realmente* lutam com mais determinação, muito depois que a maioria das pessoas já desistiu. Mas também não há nenhum sentido em trabalhar como um louco dando telefonemas, publicando anúncios e investindo todas as suas economias em agulhas para gramofones depois que o CD foi inventado. Nesse caso, parar e mudar de direção é absolutamente a coisa certa a se fazer. A chave em relação a todas as regras é saber quando usá-las e como encontrar o equilíbrio certo entre elas. Quando você deve ir um pouco mais a fundo e quando deve parar e mudar de direção? *A Bíblia do vencedor* não apenas lhe fornece todas as diferentes regras, mas também o ajuda a escolher quais e quando usá-las.

1.9 IMAGENS E ALEGORIAS

A Bíblia do vencedor ilustra cada conceito ou ideia com histórias e imagens vívidas, de modo que elas possam ser facilmente lembradas e gravadas a ferro quente em sua mente. É como quando você acorda depois de um sonho. Se o sonho foi poderoso e real o suficiente, ele pode, às vezes, influenciar a forma como você se sentirá pelo resto do dia. Essa sensação pode ser positiva ou negativa, dependendo do tipo de sonho que você teve.

As imagens e histórias neste livro serão muito mais poderosas do que qualquer sonho, porque vão influenciá-lo pelo resto de sua vida.

1.10 O QUE É UM VENCEDOR?

Se vamos falar sobre nos tornarmos vencedores, precisamos explicar brevemente o que é um verdadeiro vencedor. Neste livro, um vencedor não é apenas alguém que tem uma prateleira cheia de troféus. Mike Tyson ganhou 500 milhões de dólares e foi o inquestionável Campeão dos Pesos-Pesados do Mundo, mas não foi um "vencedor". Sua vida pessoal era um caos total, ele passou um tempo na cadeia e terminou sua carreira de boxeador praticamente arruinado. Da mesma forma, muitas estrelas de Hollywood levam uma vida pública empolgante, mas, na intimidade, são esmagadas por um grande vazio e pela falta de propósito. Pessoas como essas podem ser bem-sucedidas, mas não são "vencedoras".

Vencedores aprendem a viver a vida em Technicolor. Tons entediantes de cinza são substituídos por cores vivas. A vida não é mais plana e bidimensional, subitamente explode em três ou quatro novas dimensões, torna-se mais *real* do que o real. Experimentar a vida dessa forma é uma habilidade que tem de ser aprendida e não vai ser adquirida com frases inteligentes ou "sendo positivo" – mas *compreendendo* e vendo genuinamente o mundo com olhos mais espertos e sábios.

Vencedores verdadeiros são pessoas multidimensionais que levam  uma vida plena e variada, tanto profissional quanto pessoalmente. Eles não apenas tiram o melhor de cada dia, mas também enriquecem todos os que entram em contato com eles. Essas pessoas possuem uma verdadeira paz interior e uma satisfação que lhes dá mais felicidade e prazer do que qualquer quantidade de troféus, fama ou dinheiro.

VIVER É ALGO TÃO ESPANTOSO QUE SOBRA POUCO TEMPO PARA QUALQUER OUTRA COISA. EMILY DICKINSON, POETISA NORTE-AMERICANA

Então, vamos começar...

VOCÊ TEM TRABALHO A FAZER!

02
COMEÇANDO A SUA PRÓPRIA *BÍBLIA DO VENCEDOR*

VOCÊ NÃO ENTRA EM UMA ACADEMIA DE GINÁSTICA, PEDE AO INSTRUTOR QUE LHE MOSTRE COMO SE FAZ UM EXERCÍCIO SUPINO E DIZ A SI MESMO: "ÓTIMO, AGORA QUE EU APRENDI A FAZER UM EXERCÍCIO SUPINO, VOU INSTANTANEAMENTE DESENVOLVER UM PEITORAL COMO O DO ARNOLD SCHWARZENEGGER." VOCÊ SABE QUE TEM QUE COLOCAR ESSE CONHECIMENTO EM PRÁTICA E TREINAR MUITO. O MESMO ACONTECE NA SUA VIDA.

Você não vai revolucionar a sua vida e o seu cérebro simplesmente lendo algumas coisas com a sua mente lógica e dizendo a si mesmo "Ah, sim, é claro, agora eu sei o que fazer". Ao contrário, para mudar a sua vida, você precisa colocar esses conhecimentos em prática. E a forma como você coloca os conhecimentos em prática é tão importante quanto os próprios conhecimentos. É por isso que este livro traz instruções que você precisa seguir passo a passo – na ordem correta.

Talvez, você já seja uma pessoa bem desenvolvida e bem-sucedida, e fazer isso vá contra o seu orgulho. Talvez, você já conheça "mentalmente" muitos dos componentes deste livro. Tudo bem. Você está em boa companhia. Algumas das pessoas mais bem-sucedidas do mundo – sejam atletas, sejam grandes executivos – ficaram surpresas ao descobrir que eram capazes de levar a vida ainda mais adiante, seguindo este programa. Então, se ele é bom o suficiente para pessoas que já eram incrivelmente bem-sucedidas, talvez seja bom o suficiente para você.

Este programa é progressivo, e cada passo é baseado no passo anterior. Alguns dos passos iniciais podem parecer triviais, mas eles formam os alicerces fundamentais para um posterior conhecimento mais avançado. Então, não pule nenhuma etapa.

2.1 DANDO OS PRIMEIROS PASSOS

A primeira coisa que você vai fazer é começar a preparar a sua própria *Bíblia do vencedor*. Esse será um livro que ninguém, além de você, jamais verá. Provavelmente, terá apenas entre quinze e vinte páginas, mas, como eu mencionei antes, essas serão as páginas mais poderosas que você algum dia teve em mãos. Você as folheará todos os dias, e elas mudarão a sua vida dramaticamente. A sua *Bíblia do vencedor* vai conter pelo menos sete seções diferentes, e o que você vai colocar em cada uma delas será completamente único e somente seu. No começo, você não saberá exatamente o que deve compor a sua *Bíblia do vencedor*, mas, à medida que for lendo os capítulos deste livro, descobrirá coisas sobre

si mesmo que não sabia. Será uma empolgante jornada de descobertas que ganha velocidade rapidamente. A sua *Bíblia do vencedor* será apenas uma das ferramentas que você vai desenvolver – mas é um ponto--chave do seu alicerce.

Então, vamos começar para valer.

Você vai montar a sua *Bíblia do vencedor* em uma pequena pasta organizadora, disponível na maioria das livrarias. Normalmente, esse tipo de pasta contém vinte plásticos transparentes tamanho A5 que podem arquivar quarenta páginas. Isso é mais do que suficiente para você trabalhar, em qualquer momento.

Existem quatro vantagens em usar esse modelo de pasta catálogo com plásticos. A primeira é que você pode atualizar ou substituir qualquer página rapidamente. Isso é importante, porque a capacidade de melhorar constantemente faz parte da atitude de ser um vencedor. À medida que você cresce e se aperfeiçoa, descobrirá que o que era importante ontem não é mais importante hoje. A sua *Bíblia do vencedor* será um livro essencial e em constante evolução que vai refletir o seu crescimento e mudar com você.

Em segundo lugar, como você vai folhear as páginas da sua *Bíblia do vencedor* todas as manhãs, precisará que as folhas plásticas protejam as páginas, para não rasgarem ou amassarem. Se você tentar usar uma pasta com argolas, vai perceber que as páginas logo vão rasgar ao redor dos furos e ficar frouxas. A terceira vantagem é que essas pastas são finas e resistentes, e você pode levá-las consigo a qualquer lugar.

A quarta vantagem é a mais importante de todas. Como as páginas da pasta são pequenas, você só poderá inserir um conceito em cada página. Isso é perfeito, porque você não deve ler diariamente toda a sua *Bíblia do vencedor*. Em vez disso, o que você deve fazer é folhear as páginas até os seus olhos naturalmente se concentrarem no conceito mais importante para aquele dia específico.

2.2 CRIANDO UMA CAPA

O primeiro passo para fazer a sua *Bíblia do vencedor* começa com a criação da capa. Aqui está a capa para a minha própria *Bíblia do vencedor*. Obviamente, a minha fotografia e o meu nome não vão transmitir nenhum poder a você, mas você ficará surpreso ao ver quão poderosa a capa se tornará quando tiver o seu nome, a sua fotografia e as palavras *Bíblia do vencedor* nela.

Existem duas formas de criar a sua *Bíblia do vencedor*:
- Escrevendo e inserindo imagens com o computador.
- Criando manualmente cada uma das páginas, utilizando caneta/papel/tesoura.

Fazer as páginas no computador significa que você poderá

atualizá-las facilmente. Se você acessar o site The Winner's Bible (www.winnersbible.com - site em inglês), poderá baixar um modelo em branco da *Bíblia do vencedor* com todas as seções já prontas para preencher.

Alternativamente, você pode usar uma caneta esferográfica ou hidrográfica para escrever em uma folha de papel e então colar uma foto sua na primeira página.

A foto da capa deve mostrar apenas você, e ninguém mais. Não use uma imagem na qual estão também os seus amigos ou alguma coisa acontecendo ao fundo. Essa é a sua *Bíblia do vencedor*, e a foto da capa deve capturar a sua essência. Há espaço suficiente nas páginas a seguir para os amigos e a família. Escolha a sua foto cuidadosamente. Talvez seja um retrato que mostra as suas melhores características, por exemplo, se você tem orgulho do seu rosto feliz e sorridente, olhos brilhantes e belo sorriso, então esse é o tipo de imagem que deve usar. Uma foto que mostre a sua personalidade e as coisas de que gosta em si mesmo. Se você for um atleta, talvez queira uma foto sua em *close-up* durante um evento com o qual ficou particularmente satisfeito. Talvez você esteja no pódio dos vencedores, ou talvez seja uma foto sua se alongando, numa sessão de treinamento. Uma foto que mostre toda a sua força e velocidade. A escolha é sua. Mas assegure-se de que não haja mais nada nem ninguém na foto para distrair seus pensamentos da essência de si mesmo.

2.3 SEUS OBJETIVOS E IMAGENS

A sua *Bíblia do vencedor* deve conter, quando concluída, pelo menos sete seções principais que vão abranger todos os aspectos da sua vida. A primeira seção vai conter os seus objetivos, porque são eles que lhe dão energia e propósito na vida. Até certo ponto, os seus objetivos definem quem você é. É claro que quase todos nós já escrevemos uma lista de nossos objetivos pessoais em algum ponto de nossa vida. Isso é uma coisa boa a se fazer, mas não é nem de longe o suficiente. O problema com as listas é que elas não se aprofundam o bastante em sua alma para despertar suas emoções. Para mudar a sua vida, você precisa *sentir* os seus objetivos. Você precisa sentir o *gosto* e o *cheiro* deles. Palavras são muito incertas para isso. Você precisa de imagens poderosas nas quais possa mergulhar, além de um modo muito especial de trazê-las à vida.

2.4 TÉCNICAS DE VISUALIZAÇÃO

Por exemplo, suponhamos que um de seus objetivos seja ter um barco. Bem, você pode simplesmente escrever a frase "Ter um barco" como um item em uma longa lista de objetivos. Ou você pode encontrar fotos de um barco que realmente gostaria de possuir e colocá-las em sua *Bíblia do vencedor*.

Mas como você pode usar essas imagens para transformar seus objetivos em algo vivo e acionar os circuitos em seu cérebro que vão mudar a sua vida?

Uma das muitas técnicas que você vai aprender se chama *visualização fixa*. A técnica consiste em olhar *muito* atentamente para a imagem, sem tirar os olhos dela, por cerca de dois minutos. Enquanto você faz isso, os seus olhos vão naturalmente se mover para capturar diferentes aspectos da imagem. É claro que você pode piscar quantas vezes precisar.

Se você fizer isso, e se o iatismo for a sua paixão, você vai descobrir que a imagem se transforma de uma simples fotografia para uma experiência genuína com poder emocional. Você pode começar olhando

atentamente para o convés e "ver" a si mesmo ao leme, comandando o barco. Você pode mesmo sentir o leme em suas mãos, enquanto conduz o barco pelas ondas. Embora você não esteja realmente na foto, poderá se colocar nela, enquanto se concentra. Então, um momento depois, os seus olhos podem se mover para outra parte do convés, onde você pode imaginar um bom amigo sentado com uma xícara de café. Você ouve a risada dele e sente o cheiro do café, em meio à atmosfera do ar salgado do mar. Alguns momentos mais tarde, os seus olhos podem se fixar nas velas. Você sente o vento passando suavemente por elas, enquanto o sol brilha em seu rosto.

Este é o tipo de objetivo que você precisa ter se quiser levantar da cadeira e alcançar alguma coisa. Um objetivo *vivo*, vibrante e tangível. Um objetivo que você pode sentir – o gosto, o cheiro – e tocar. Todos os seus sentidos se envolvem com o processo de visualização. Cheiros, sons, toques, visões, sensações, gostos. E quanto mais você pratica a visualização, mais naturalmente isso vai acontecer. Você não vai ter de procurar pelas sensações; o seu subconsciente vai liberá-las uma a uma, por si só.

Então, dispense alguns minutos tentando mergulhar na imagem do barco e ver se você consegue se tornar parte da cena. Se barcos não são algo de que goste, encontre uma imagem que funcione para você. Talvez seja ter e montar um cavalo. Talvez sejam férias maravilhosas em algum lugar. Seja o que for, encontre algumas imagens dos objetivos que você gostaria de atingir e, depois, veja se consegue se colocar nas fotos e fazê--las ganhar vida. Tente agora.

2.5 CONSTRUINDO HISTÓRIAS

Um modo de você ajudar o seu subconsciente a produzir todas essas sensações é criar pequenas histórias antes de começar a sua visualização. Deste modo, você não verá apenas um barco; imaginará um belo dia no mar, velejando com os amigos. Embora inventar histórias como essas seja um processo consciente, você descobrirá que esses pensamentos chegam naturalmente ao seu subconsciente, onde estarão automaticamente disponíveis durante a visualização, para ajudá-lo a produzir cenas vívidas.

Outra maneira de tirar o máximo proveito das suas imagens é realmente *sentir* os seus objetivos, emocionalmente. Para isso, você deve se conectar totalmente com eles, para que não sejam simplesmente imagens mentais vazias. Cada imagem precisa se tornar uma experiência emocional. Existe uma razão científica sólida para isso, que está relacionada ao modo como o seu cérebro funciona. Neste momento, você não precisa entender esses processos cerebrais porque está apenas começando a sua *Bíblia do vencedor*. Voltaremos a esse assunto mais tarde, pois vai ajudá-lo a ter experiências de visualização ainda mais poderosas e motivadoras.

Com um pouco de sorte, você já deve ser capaz de obter algum tipo de energia das suas imagens. Visualizar imagens como essas todas as manhãs não vai lhe custar nenhum tempo! Ao contrário, elas vão, na verdade, acrescentar horas de produtividade e aproveitamento ao seu dia, porque você se sentirá mais poderoso. Você terminará tendo mais tempo porque fará as coisas mais rapidamente, em vez de andar de um lado para o outro ineficientemente, desperdiçando o seu dia.

Espero que agora você possa constatar por que as suas "listas" do passado não funcionavam de verdade. Listas são muito fracas e vazias quando comparadas a imagens vibrantes.

2.6 O QUE FAZ BOAS IMAGENS?

Nem todas as fotografias funcionam igualmente bem para fazer os seus objetivos ganharem vida. Enquanto você seleciona as imagens, assegure-se de que elas:
- Contêm uma história na qual você possa se envolver.
- Sejam de excelente qualidade fotográfica.

Por exemplo, voltando à imagem do barco, note que eu escolhi uma foto com um homem velejando no oceano, em vez de uma imagem estática de um barco atracado em uma doca. Isso é importante, porque todas as manhãs, quando usar a sua própria *Bíblia do vencedor*, você vai visualizar ativamente como seria fazer parte do seu sonho. Então, escolha imagens que não apenas capturam o seu objetivo, mas também como a sua vida será e o que você estará fazendo quando alcançar o seu objetivo.

E não se limite apenas a uma imagem para cada objetivo. O seu barco não é apenas um objeto – ele lhe permite *fazer* coisas, como velejar até uma ilha e fazer um churrasco na praia. Então, você pode adicionar imagens de pessoas se divertindo em um churrasco ou deitadas na areia, tomando sol. Ou talvez o seu barco o leve até um lugar silencioso, onde você possa fugir de tudo. Um lugar para ler um livro depois de ter passado um dia agradável velejando. Nesse caso, uma imagem da cabine é tudo de que você precisa.

O outro ponto sobre as suas imagens é que elas devem ser de altíssima qualidade e terem muita riqueza de detalhes, para estimular os seus sentidos. Como as imagens estão mais próximas da realidade, permitem que você mergulhe mais profundamente na cena. Elas tornam-se mais vivas e reais.

Você pode recortar fotos de revistas ou pode usar um programa de busca na internet, como o Google Images, para ajudá-lo. A vantagem das revistas é que a maioria das fotos é de alta qualidade e foi tirada por fotógrafos profissionais, embora haja a dificuldade de se encontrar as imagens exatas. Usar revistas também é um pouco mais complicado, já que você tem de recortar as fotos e depois colá-las nas folhas de papel A5.

A internet tem um enorme acervo de fotos que você pode acessar rapidamente usando a combinação certa de "palavras de busca", mas você precisa ter certeza de que a qualidade das imagens seja boa o suficiente. Se optar por imprimir as suas imagens, é importante usar papel de boa qualidade e fazer o trabalho em uma boa impressora.

2.7 ENCONTRANDO AS SUAS IMAGENS

Agora, dispense alguns minutos para elaborar uma lista de objetivos. Essa será a sua "lista de compras" para as imagens que precisará encontrar. Como todas as listas de compras, você a jogará fora quando tiver todas as imagens de que precisa.

Não se preocupe se nessa etapa a sua lista de objetivos for incompleta ou se você não tiver certeza deles. Encontrar objetivos *autênticos* e compreender como atingi-los é um ponto-chave neste livro. Enquanto você continua a ler, vai aprender mais sobre si mesmo, e os seus objetivos vão provavelmente mudar e se expandir. Nesse momento, simplesmente comece a montar a sua pasta, para que possa aprender a usá-la todas as manhãs.

Uma coisa com a qual você precisa tomar cuidado no começo é escolher imagens que são realistas para a sua vida neste momento. Não comece escolhendo uma imagem de um luxuoso iate de 200 pés que custa 100 milhões de dólares. Um barco como esse não é um objetivo – é uma fantasia prematura e potencialmente perigosa! É melhor você começar com um iate de 55 pés, porque as suas imagens podem ser atualizadas passo a passo, até que você finalmente tenha o iate de 100 milhões de dólares. Se quiser, você pode inserir a imagem do iate nas páginas finais da sua *Bíblia do vencedor*, para não perder de vista o seu objetivo a longo prazo. Mas, no dia a dia, a primeira seção da sua *Bíblia do vencedor* deve conter os seus objetivos imediatos. É importante compreender que a mudança é um processo que se dá passo a passo.

Também vale a pena ter em mente que perseguir uma fantasia impossível é incrivelmente destrutivo. Portanto, encontre objetivos que sejam um desafio genuíno e profundamente satisfatório, mas ao mesmo tempo realisticamente atingíveis se você trabalhar 200% melhor do que trabalha agora.

2.8 IMAGENS PARA OBJETIVOS QUE NÃO SÃO MATERIAIS

Você provavelmente considerou relativamente fácil encontrar algumas imagens excelentes para todas as coisas materiais que gostaria de ter na vida. Mas todos nós sabemos que as posses materiais, uma carreira bem-sucedida, fama e fortuna não nos fazem necessariamente felizes. É claro que vale a pena ter todas essas coisas e que uma casa de 3 milhões de dólares geralmente é muito mais confortável do que uma casa de 300 mil. Esses são ótimos objetivos, e este livro o ajudará a atingi-los. Mas a paz verdadeira, o contentamento e a felicidade vêm de ter um "sentido" verdadeiro na vida, ótimos relacionamentos e de perceber o potencial total das suas habilidades naturais – o que eu gosto de chamar de "Futuro Ótimo". Somos lembrados disso todas as vezes que lemos um tabloide ou revista com alguma reportagem sobre mais uma celebridade cuja vida desmoronou, apesar de toda a fama e fortuna.

Muitas pessoas têm objetivos que, na verdade, não tornam a vida delas mais feliz. O trágico é que elas passam a vida inteira perseguindo-os.

Portanto, os seus objetivos mais importantes não serão coisas materiais, como uma casa ou um carro novos. Em vez disso, serão algo como:
- Descobrir e realizar o potencial pleno de suas habilidades naturais.
- Superar os seus pontos fracos e as coisas que o puxam para trás.
- Libertar-se de sua história e criar a sua própria vida projetada.
- Aumentar o seu poder pessoal.
- Melhorar os relacionamentos.
- Superar os obstáculos.

Então, como você encontra imagens vibrantes para esses objetivos não materiais? Afinal de contas, é fácil encontrar uma foto de um barco, mas onde você encontra uma imagem que o motivará a "nunca desistir e pensar de modo positivo"? E que tipo de imagem vai ajudá-lo a "agir com dignidade e não se deixar levar pela emoção" durante uma reunião de negócios? Para essas questões profundas, as seções posteriores deste livro trazem explicações sobre uma variedade de ferramentas que você pode usar para solucioná-las. Mas aqui está uma técnica que se encaixa muito bem à sua *Bíblia do vencedor* e que é muito útil.

2.9 HERÓIS E MENTORES

Encontre algumas imagens de mentores que personificam o que você está tentando atingir e coloque-as em sua *Bíblia do vencedor*. Por exemplo, se "nunca ceder" e "agir com dignidade" são dois dos seus objetivos, talvez uma imagem de Nelson Mandela seja um excelente ponto de partida.

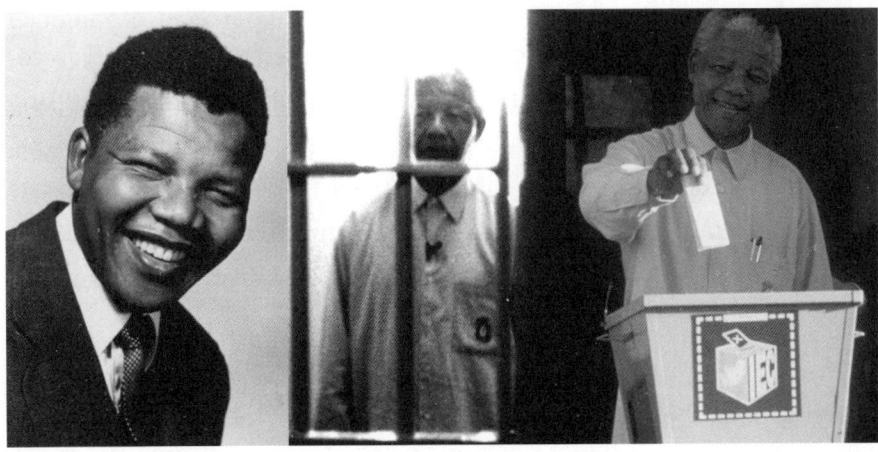

Eis um homem que passou vinte e sete anos de sua vida na prisão, a maior parte deles em confinamento na solitária. Pense em como deve ter sido difícil para ele não perder a fé em seu sonho, enquanto os dias se escoavam e nada parecia mudar do lado de fora. O *apartheid* permanecia, e os negros continuavam sendo mortos. Sozinho em sua cela vazia, com pouco contato com o mundo exterior, deve ter parecido a ele que sua vida estava sendo desperdiçada – por absolutamente nada. Depois de três anos, a maioria das pessoas teria desistido. Depois de dez anos, até mesmo a pessoa mais forte começaria a fraquejar quando percebesse que os melhores anos de sua vida estavam se escoando. Mesmo assim,

Mandela manteve a cabeça erguida por assombrosos vinte e sete anos. E, quando finalmente foi libertado, não buscou vingança; em vez disso, demonstrou uma incrível capacidade de perdoar, o que ajudou a curar uma nação inteira. Não podemos deixar de nos inspirar por uma pessoa como essa.

Mas talvez um herói do esporte seja um exemplo melhor para você.

Se esse for o caso, talvez você queira escolher alguém como Lance Armstrong. Depois de ter sido diagnosticado com câncer no testículo e após anos de quimioterapia, radioterapia e cirurgias, ele quebrou um recorde mundial, vencendo sete vezes o *Tour de France*. Esse é um resultado muito singular.

Apenas você pode saber quais imagens funcionarão melhor para você.

2.10 SUA FAMÍLIA E AMIGOS

Enquanto você está no processo de escolher as imagens de seus heróis e mentores, não se esqueça das fotos de sua família e amigos. É muito fácil se ocupar com a sua missão de vida e se esquecer de dedicar tempo e energia mental às pessoas que realmente fazem a sua vida valer a pena. Ver fotos da sua família e amigos enquanto folheia as páginas da sua *Bíblia do vencedor* pode lembrá-lo de que precisa dar aquele telefonema ou deixar os afazeres de lado para fazer algo especial que tornará o dia *deles* mais feliz. Afinal de contas, um verdadeiro vencedor não está preocupado apenas consigo mesmo. Ele está sinceramente interessado em todos os que têm um contato próximo com ele. Outra vantagem de ter fotos da família e amigos na sua *Bíblia do vencedor* é que eles sempre estarão com você quando você estiver longe, viajando.

2.11 POR QUE OBJETIVOS SÃO IMPORTANTES?

Você pode estar se perguntando por que deveria fazer todo esse esforço para encontrar imagens dos seus objetivos e usá-las todas as manhãs. Para entender por que isso é tão importante, imagine que você é acordado às 6 horas todas as manhãs e arrancado da cama por uma pessoa muito autoritária. Essa pessoa grita com você pelas duas horas seguintes e obriga-o a erguer e abaixar barras pesadas de ferro, até você desmaiar de exaustão. Não levaria muitas semanas para você começar a temer o som dos passos dela se aproximando todos os dias da porta do seu quarto às 6 horas da manhã. Seria ainda mais angustiante se, depois de toda a gritaria, os objetos tivessem sempre de voltar ao lugar em que estavam guardados inicialmente.

Agora, imagine exatamente o mesmo cenário, mas desta vez você está treinando para as Olimpíadas, e a pessoa autoritária é o seu treinador. Como as coisas mudam nessa nova situação! As manhãs não são mais temidas. Ao contrário, cada esforço é um passo vital na direção de seu objetivo, que é chegar ao lugar mais alto do pódio, visto por milhões de pessoas. Fama, fortuna e satisfação pessoal esperam por você. Os músculos cansados no fim de cada sessão proporcionam-lhe uma satisfação silenciosa.

Em ambos os casos, você está fazendo exatamente a mesma coisa. Ambas as manhãs são difíceis e exigentes e ainda assim completamente diferentes, simplesmente porque uma delas tem um objetivo, e a outra não.

Objetivos fornecem-lhe a motivação de que você precisa para completar as tarefas que vão transformar a sua vida. Se os seus objetivos são indistintos ou apagados, sua motivação certamente vai fracassar, porque somente a disciplina não é capaz de sustentá-lo a longo prazo. A motivação precisa ser constantemente alimentada, com *entusiasmo positivo*.

2.12 VENCEDORES TÊM DIFERENTES OBJETIVOS

A maioria das pessoas não faz a menor ideia do esforço necessário para ser um atleta campeão. Embora tenhamos a noção abstrata de que atletas treinam muito, a realidade é incrivelmente mais brutal quando você tem de enfrentá-la no dia a dia. Apesar de eu ter trabalhado com vários campeões e campeãs mundiais, foi apenas quando me apaixonei por uma delas e fomos morar juntos que compreendi a realidade assustadora do que é preciso fazer para ser o melhor do mundo. Minha namorada acordava todas as manhãs e dava 100 voltas na piscina, antes mesmo de tomar café. Mas essas voltas não eram as voltas suaves que eu ou você daria na piscina, deslizando em nossa zona de conforto. Cada uma daquelas voltas era desconfortavelmente vigorosa, e cada braçada era motivada por pura força de vontade. Esse tipo de esforço mental contínuo, durante todo aquele tempo, esgotaria pessoas como você e eu. Mas ela não havia terminado ainda. Depois do café, ela saía de casa de bicicleta e pedalava oitenta quilômetros. Cada volta do pedal queimava suas pernas e raspava seus pulmões. Mesmo assim, sob chuva, granizo ou sol forte, ela saía e forçava a si mesma até o limite. E então, no fim do dia, já exausta, ela calçava os tênis de corrida e percorria dez quilômetros, em uma velocidade que você ou eu não conseguiria sustentar por trinta segundos, muito menos por trinta minutos. Ela esforçava-se tanto que na manhã seguinte mal podia andar quando se levantava da cama. Cada passo que dava era doloroso, apesar da meia hora de massagem que recebera na noite anterior. Durante dez minutos, ela andava como alguém que estivesse se recuperando de um acidente de carro: lentamente e com grande dificuldade. Gradualmente, seus músculos relaxavam, e, depois de uma xícara de café preto, era mais uma vez hora de apanhar a bolsa e voltar para a piscina.

Talvez eu conseguisse me forçar a fazer aquilo por um dia, ou por uma semana, no máximo; mas ela fazia aquilo sete dias por semana, cinquenta semanas por ano – *nos últimos quinze anos!* Ser capaz de aguentar aquele nível de dor durante todo aquele tempo está muito além da tolerância do indivíduo médio. É fácil dizer "quinze anos" – mas pare por um segundo e pense nos últimos quinze anos da sua vida e tudo o que você conquistou. Agora, tente imaginar suportar tamanho nível de dor e esforço todos os dias, por todos aqueles anos. Mesmo quando ela estava cansada, dolorida e desanimada, de algum modo conseguia se levantar, continuar e fazer todo aquele esforço mais uma vez.

Mas esse ainda não é o final da história. Como ela era uma atleta profissional e ganhava a vida correndo, tinha de confrontar todos os outros atletas a cada duas semanas e colocar seu corpo à prova. Era como um homem de negócios passando pela avaliação anual – a cada duas semanas! Ou como um estudante que fizesse as provas finais a cada quinze dias. Não havia como se esconder. Se ela não tivesse um bom desempenho, simplesmente não ganharia o dinheiro. Era brutal. Como alguém consegue sustentar esse nível de esforço por tanto tempo? Ninguém pode tolerar essa quantidade de dor ou sustentar esse nível de esforço com pura força de vontade. Simplesmente não é possível.

Os objetivos dos campeões são duráveis, vibrantes, claros e realistas.

Pela minha experiência com vencedores, sei que eles conseguem fazer isso porque seus objetivos são muito mais reais e vibrantes do que os das outras pessoas. Vencedores *acreditam* em seus objetivos, mesmo quando ninguém mais acredita. Seus objetivos jamais enfraquecem, mesmo quando as coisas ficam muito *realmente* difíceis. Eles ainda acreditam e podem encontrar aquele sopro extra de energia para continuar, mesmo em situações impossíveis. Você pode querer dar uma "olhadinha" no Capítulo 12, "Uma inabalável crença em si mesmo", para ver como as crenças dos vencedores realmente são. Tenho certeza de que você ficará surpreso ao constatar como as crenças deles são diferentes, comparadas às suas. Depois de ler aquele capítulo, você provavelmente perceberá que a sua crença em si mesmo é possivelmente 2/10, comparada aos 10/10 de um campeão. Você precisa de objetivos e crenças como os deles. É por isso que fazer com que seus objetivos ganhem vida é a primeira parte da sua *Bíblia do vencedor*. E conforme você for lendo este livro e fazendo os exercícios nele contidos, descobrirá que é capaz de atingir o nível de crença que o sustentará, tornando mais agradável cada um de seus dias. Os seus objetivos não lhe dão apenas o poder de seguir em frente; eles proporcionam-lhe a capacidade de apreciar sinceramente a jornada. E este contentamento é parte do que o sustenta. Talvez agora você possa ver mais claramente por que simplesmente ter uma "lista de desejos" de objetivos nunca iria realmente funcionar.

2.13 A VISUALIZAÇÃO INFLUENCIA TODO O SEU DIA

Vamos lembrar o motivo pelo qual estamos fazendo isso. É porque os cinco minutos que você passa usando a sua *Bíblia do vencedor* no começo de todos os dias vão influenciar dramaticamente todos os seus sentimentos e pensamentos pelas próximas vinte e quatro horas! Parece difícil de acreditar, mas é realmente verdade, como você descobrirá em breve, e por conta própria. Depende apenas de quão *profundamente* você se conecta com suas imagens.

Para ter uma ideia de como isso pode acontecer, imagine que o telefone toca no início do dia e alguém lhe diz que você vai receber uma visita da rainha. Mesmo que a sua mente esteja ocupada com milhares de pensamentos nesse dia, esse único pensamento vai dominar todos os outros. Em qualquer outro dia, pensamentos negativos, distrações e preocupações podem desanimá-lo. Mas, hoje, você vai se concentrar no grande evento: "A rainha vai chegar!" Você vai se lembrar desse grande acontecimento constante e automaticamente; ele vai moldar os seus pensamentos. E a mesma coisa acontecerá a você, se tiver visualizado os seus objetivos com sucesso no começo do dia. Não importa o que aconteça – você terá "o grande acontecimento" gravado firmemente em sua mente, influenciando-o para melhor. Quando isso acontecer, você estará subconscientemente mais atento a oportunidades, enquanto vive o seu dia normalmente. Você pode ver ou ler algo, ou encontrar alguém que normalmente passaria despercebido; mas, hoje, se for importante, você se concentrará naquilo ou naquela pessoa com toda a sua capacidade.

Como resultado disso, você pensará que teve "mais sorte" e que houve mais "coincidências positivas" em sua vida. Você fará o dobro do trabalho de um dia normal e, o que é mais importante, aproveitará mais o seu dia. E, quando finalmente for para a cama à noite, perceberá que está indo dormir com a satisfação e a paz silenciosa de quem teve um dia produtivo.

Um dos erros mais comuns que eu encontro é que as pessoas pegam um pedaço de papel e "escrevem seus objetivos" ou "os visualiza" uma vez por ano, acreditando que isso vai funcionar. Mas não é o suficiente, porque essa prática não faz com que os objetivos, emoções e imagens sejam gravados profundamente no subconsciente. Fazer esse exercício uma vez por ano ou uma vez por mês só afeta as camadas externas, racionais e lógicas. Para mudar profundamente o modo como você se comporta, os seus objetivos devem penetrar as camadas emocionais e subconscientes, porque estas são as camadas que controlam as suas motivações (ver Seção 5.1, "O seu sistema límbico – emoções", no Capítulo 5). Fazer com que eles penetrem profundamente no cérebro exige tempo e repetição.

2.14 A VISUALIZAÇÃO DÁ UM *"UPGRADE"* NO SEU CÉREBRO

Visualizar os seus objetivos fornece-lhe dois importantes benefícios, além de sustentar a sua motivação. Em primeiro lugar, *seus pensamentos podem realmente alterar a bioquímica e as conexões de seu cérebro.* Em outras palavras, *você pode reprogramar o seu cérebro.* A visualização é diferente de outros processos de pensamento e, se for feita corretamente, desenvolverá novos circuitos em seu cérebro, contribuindo para que você tenha um desempenho melhor. É o equivalente a dar um *"upgrade"* no seu cérebro. Em segundo lugar, o seu cérebro vai liberar neurotransmissores adicionais à medida que você ativa sentidos e emoções durante a visualização (neurotransmissores são elementos químicos do cérebro que completam os circuitos e, portanto, permitem que o cérebro funcione). Esses neurotransmissores lhe darão uma energia extra mais poderosa e duradoura do que qualquer estimulante. E quanto mais você praticar a visualização de seus objetivos, mais poderosos eles se tornarão e mais energia você obterá.

A vida é curta, por isso você vai querer tirar o maior proveito de cada dia (ver Capítulo 13, "*Carpe diem*").

2.15 ISTO NÃO É *O SEGREDO*

Mas vamos ser bem claros. Ter objetivos claros não é o bastante. Portanto, você precisa *fazer* alguma coisa com seus objetivos e suas crenças. É nesse ponto que livros como O segredo não são eficazes. Esse tipo de livro tende a fazer o leitor pensar que basta *apenas* acreditar em algo com força suficiente para que o universo magicamente proporcione esse algo, que é possível dessa forma atrair sucesso e boa sorte. Mas nada poderia estar mais longe da verdade! Existem milhares de pessoas na Etiópia e no Zimbábue que estão morrendo de fome, mas isso não ocorre porque elas atraíram a pobreza como resultado de suas crenças interiores. É uma consequência da situação política e econômica dos países. Da mesma forma, não existe um único medalhista olímpico dos 100 metros rasos que não tenha treinado exaustivamente durante anos, além do desejo e crença que nunca arrefecem.

Ter objetivos claros, atitude positiva e acreditar em si mesmo é apenas o primeiro passo no seu caminho para se tornar um vencedor. Você também precisa se tornar mais eficiente, mais poderoso e mudar de atitude em relação à vida. Isso significa que precisa entender os seus Quatro Pilares (ver Capítulo 4). Mas, antes de começarmos esta empolgante aventura, vamos recapitular os primeiros passos para se tornar um vencedor.

2.16 COMO USAR A SUA *BÍBLIA DO VENCEDOR* DIARIAMENTE

Você não tem de ler todas as páginas nem visualizar todas as imagens quando usar a sua *Bíblia do vencedor* todas as manhãs. Simplesmente folheie a pasta, e *a sua mente vai selecionar automaticamente as páginas que são importantes para você*. Isso vai mudar diariamente. Então, mesmo que, em breve, a sua *Bíblia do vencedor* esteja cheia de muitas coisas diferentes – além das imagens –, você só precisará passar cinco minutos examinando-a todas as manhãs.

Lembre-se, você deve folhear a sua *Bíblia do vencedor* TODOS OS DIAS.

É importante sempre fazer isso em um lugar silencioso, onde você não seja interrompido. O banheiro é o local preferido de muitas pessoas.

A sua *Bíblia do vencedor* deve ser confidencial. Ninguém precisa saber da existência dela. Essa confidencialidade assegura que você tenha a liberdade de escrever qualquer coisa.

ITENS DE AÇÃO

- Liste os seus objetivos.
- Encontre imagens para os seus objetivos.
- Construa histórias para os seus objetivos.
- Pratique a Visualização Fixa.

PONTOS IMPORTANTES

- Os seus objetivos vão mudar e amadurecer à medida que você for lendo este livro.
- Não se preocupe se você não souber ainda quais são os seus autênticos objetivos; os capítulos posteriores deste livro o ajudarão a encontrar seu verdadeiro propósito e os objetivos que vão enriquecer todos os aspectos de sua vida.
- Isso inclui os objetivos que não são apenas materiais, como desenvolvimento pessoal, amigos, aumentar a sua felicidade e poder mental, etc.

O QUE A SUA *BÍBLIA DO VENCEDOR* DEVE CONTER AGORA

Você apenas começou a construção de sua *Bíblia do vencedor*, mas ela já deve conter:

- Os seus objetivos materiais.
- Os seus objetivos de carreira.
- Mentores/heróis.
- A sua família.
- Os seus amigos.

03
SEUS PONTOS FORTES, SUAS FRAQUEZAS E SEUS ERROS RECORRENTES

3.1 AVALIANDO SEUS RECURSOS

Agora que você começou a sua *Bíblia do vencedor* e colocou lá seus objetivos, está na hora de descobrir um pouco mais sobre você mesmo – afinal, você é a matéria-prima que vamos remontar para conseguir atingir esses objetivos.

Nenhum general que se preze entra em uma batalha sem antes avaliar seus pontos fortes e suas fraquezas ou saber em que aspectos é vulnerável. Um general não iria apenas olhar de relance suas tropas e dizer: "Sim, parece bom, vamos para a guerra."

Em vez disso, ele analisa cada divisão de sua tropa, cada tipo de arma e conclui quão eficiente serão, dado o terreno e o estado do inimigo.

Da mesma forma, você precisa fazer mais do que dar uma olhada em si mesmo. Você precisa do que eu chamo de uma Auditoria Independente de seus pontos fortes e de suas fraquezas. E uma vez que tiver feito essa auditoria, precisa ver os resultados claramente à sua frente, todos os dias, em sua *Bíblia do vencedor*. Desta forma, você aproveitará ao máximo seus pontos fortes e evitará tropeçar em suas fraquezas.

Ser capaz de avaliar precisamente suas fraquezas e saber o que fazer a respeito delas é uma das habilidades cruciais presentes em todos os vencedores. É um assunto repetido à exaustão nos negócios, esportes e na vida em geral. Muitos boxeadores vencem uma luta simplesmente porque percebem que são vulneráveis ao soco devastador de seu oponente e usam esse conhecimento para se posicionarem de modo a nunca receberem o golpe. Eles conhecem suas fraquezas e sabem como contorná-las.

Se, neste momento, sua vida não anda exatamente como você gostaria, então é muito provável que você esteja fazendo algo errado – particularmente se há um padrão recorrente em seu comportamento. Padrões recorrentes são geralmente um sintoma de que você tem uma fraqueza oculta, da qual não está ciente. Encontrar essas fraquezas e curá-las é um processo muito estimulante, porque a vida repentinamente ganha uma nova centelha, e coisas boas simplesmente "começam a acontecer" com você de novo. Da mesma forma, se você conhecer seus pontos fortes, será mais provável que os coloque em uso todos os dias. Uma vez que tenha reconhecido completamente seus pontos fortes e suas fraquezas, você, então, estará pronto para aprender algumas das ferramentas mentais especiais que uso com meus atletas de elite... e poderá colocá-las em uso em benefício próprio. Mas você precisa conhecer o diagnóstico antes de poder escolher a ferramenta correta.

3.2 O ESPELHO DISTORCIDO

A razão pela qual você precisa de uma Auditoria Independente é porque nenhum de nós realmente se vê clara ou objetivamente. A princesa Diana realmente acreditava que ninguém a amava, que ninguém se importava com ela. Seu sentimento de baixa autoestima era tão intenso que ela até teve problemas de bulimia, em uma tentativa de melhorar a aparência e quem sabe ser mais amada. E, ainda assim, quando ela morreu, milhões de flores foram espalhadas por toda a Inglaterra em uma espontânea expressão de amor e afeição por ela. Foi, provavelmente, a maior demonstração de amor que a Inglaterra jamais testemunhou, a nação inteira estava de luto. Se Diana pudesse ao menos ter visto como as pessoas realmente a viam enquanto ainda estava viva!

Da mesma forma, você pode não estar totalmente ciente de suas fraquezas e de seus pontos fortes. É como olhar para um espelho distorcido. Então, qual é a solução? Como você poderia ver a si mesmo como realmente é?

3.3 AUDITORIA ANÔNIMA

Uma possibilidade de conhecer melhor esses pontos é pedir ajuda a alguém que o conheça muito bem. Alguém de sua família, um melhor amigo ou colega de trabalho que você respeite. Mas disso insurgem dois problemas:

1. Seus amigos teriam de ser totalmente sinceros com você. Infelizmente, esse nível de sinceridade traz o risco de atrapalhar sua amizade. Afinal, quantas amizades sobreviveriam se um dos amigos próximos dissesse ao outro: "Você está bem gordinho e precisa perder vinte quilos." Agora, pense como seria duro para eles falar sobre os aspectos mais íntimos de sua personalidade.
2. Seus amigos precisariam levar esse exercício muito a sério. Eles teriam que pensar a respeito, e não simplesmente dar a você uma resposta superficial. Você está buscando uma visão genuína deles, mas isso é algo raro de encontrar. Questionários e escalas de nota, tipicamente usadas por psicólogos, tampouco serão adequados para isso. Afinal, receber uma nota seis, em uma escala de zero (introvertido) a dez (extrovertido), não o ajudará em nada. Você pode ser um vencedor em qualquer valor da escala. E, além disso, o que você *faz* com uma nota seis? Um *feedback* só é valioso se você puder fazer algo com ele, se puder fazer algum tipo de mudança em sua vida. Mas ainda bem que eu pensei sobre os dois problemas e descobri uma solução para você.

ANÔNIMO

O primeiro problema será resolvido se seus amigos lhe derem um *feedback* de tal maneira que você nunca saiba qual deles fez determinado comentário. Em outras palavras, se o *feedback* for totalmente anônimo.

Veja como funciona. Você convida um *mínimo* de cinco pessoas para dar *feedback* sobre você – não há número máximo. Chamaremos essas pessoas que você convidou de seus "auditores". Cada auditor, então, escreve uma série de parágrafos curtos a seu respeito.

PARÁGRAFOS DE FORMATO LIVRE

O segundo problema será resolvido se seus auditores receberem instruções precisas e incisivas que os desafiem a pensar sobre você de maneira profunda e detalhada. Então, eles devem ter a opção de não apenas descrever seus pontos fortes e fraquezas, mas também de dizer o que eles acham que você deveria fazer a respeito desses pontos fortes e fraquezas.

A melhor maneira de explicar como isso funciona é dar a você um exemplo real de uma situação que aconteceu entre vocês.

3.4 UMA MULHER SOLITÁRIA

Uma mulher muito inteligente, na casa dos 40 anos, veio um dia me visitar. Ela era atraente e extrovertida, com uma vasta gama de interesses. Mas, a despeito de todo o charme que emanava, estava solteira havia muitos anos e parecia não conseguir encontrar o homem certo. Como parte de minha consulta com ela, pedi que fizesse uma Auditoria Independente. Quando ela me trouxe o resultado, uma das respostas mencionava um hábito irritante que ela tinha de "interromper a fala das pessoas". Quando seu interlocutor estava no meio de uma frase, ela interrompia-o e terminava a frase para ele, ou mudava de assunto. Seu auditor independente disse que esse hábito a tornava agressiva aos olhos dos outros, como se ela soubesse de tudo. Era como se ela estivesse o tempo todo tentando provar algo. Conversar com ela parecia ser um "trabalho difícil", e as pessoas nunca podiam simplesmente relaxar e conversar descontraídas.

Esse *feedback* foi uma completa surpresa para minha cliente. Ela era uma boa mulher, com uma alma genuinamente gentil e cuidadosa, sempre com a intenção de fazer o bem, e não tinha a menor ideia de que as pessoas a consideravam alguém "difícil". Mas era verdade. Ela estava sempre interrompendo. Não me lembro de ter conseguido terminar uma única frase durante nossa primeira consulta. Depois de sondar um pouco, descobrimos que esse era um sintoma de um problema mais profundo dentro da História ou dos Pilares Psicológicos dela (ver Capítulo 4). Ocorre que a mãe dela era uma bem-sucedida mulher de negócios que atingira o sucesso colocando-se constantemente no limite, nunca satisfeita com o próprio desempenho. Ela era mãe solteira e queria que a filha, minha cliente, fosse ainda mais bem-sucedida. A mãe acreditava que, se a autodisciplina tinha funcionado para ela, imporia, então, o dobro para a filha. Como resultado, a infância da minha cliente transcorreu inteira sob infindáveis críticas sobre seus erros, juntamente com punições muito severas pelas falhas cometidas. Não é de surpreender que ela tenha crescido sentindo que "não era boa o suficiente". Agora, mesmo tendo se tornado uma importante executiva corporativa, com três diplomas acadêmicos *magna cum laude* – de honra ao mérito –, ela inconscientemente ainda sentia que precisava "mostrar a si mesma" que era melhor, o tempo todo. Nas conversas, ela sempre precisava provar que era a mais inteligente, que sabia o que a outra pessoa estava pensando e que tinha a resposta perfeita. Como ela se enquadrava na faixa do 1% da população com QI mais alto, frequentemente conseguia perceber o que seu interlocutor ia dizer bem antes de ele terminar a frase e ficava muito ansiosa por ter que aguardá-lo concluir o que estava dizendo para só então poder dar a resposta "inteligente" dela. Isso tinha um impacto devastador em sua vida social. Como eu disse, interiormente ela era uma mulher gentil, calorosa e genuinamente carinhosa, mas parecia arrogante e "difícil" de se lidar – como seu auditor independente revelara.

Uma vez que percebeu o que estava acontecendo e que lidamos com as questões emocionais inadvertidamente deixadas em seu Pilar Histórico por sua mãe, a vida da minha cliente foi transformada. As pessoas, de repente, começaram a ligar para ela. Ela era convidada para mais jantares e eventos sociais. E, como quis o destino, ela encontrou sua alma gêmea em uma dessas festas, e vivem felizes desde então. Tudo porque ela descobriu algo sobre si mesma que não tinha percebido durante quarenta anos – fazendo uma auditoria.

Esse exemplo também ilustra por que questionários ou avaliações psicológicas padronizados nunca funcionarão. Você nunca conseguirá um questionário que cubra todos os problemas possíveis, como "interromper as pessoas", por exemplo. Isso significa que você precisa de um sistema absolutamente flexível e que, ainda assim, sonde profundamente a pessoa analisada, com direcionamento preciso.

Auditores devem receber instruções claras, acompanhadas de um exemplo, como esse que acabei de mencionar, o que vai encorajá-los a pensar além da obviedade.

Instruções e exemplos de auditorias podem ser baixados do site The Winner's Bible.

Os auditores devem escrever tudo em uma série de parágrafos independentes. Cada parágrafo deve conter um único ponto forte ou fraqueza, além de qualquer sugestão relativa a esse ponto em particular. Não há limites para a extensão de cada parágrafo. Cada auditor pode escrever muitos ou poucos parágrafos, como quiser, e enviar a carta de *feedback* anônimo pelo correio. Mas pode acontecer de a caligrafia e o estilo de comunicação serem reconhecidos e, consequentemente, revelarem a identidade do auditor. Considere essa possibilidade quando for pedir a alguém que faça a sua auditoria ou quando você for o auditor de alguém.

3.5 ESCOLHA COM CUIDADO

Antes de convidar alguém para ser um de seus auditores, você precisa pensar muito cuidadosamente se é a pessoa certa. Ser muito engraçado ou um grande amigo seu não necessariamente qualifica alguém para ser um bom juiz de seu caráter. Essas pessoas podem conhecer você de modo superficial e descontraído ou podem não ter discernimento

suficiente para fazer uma análise correta. O que você realmente precisa procurar é alguém que:
- Tenha tido contato com você em situações variadas – particularmente em situações de estresse ou quando você precisou fazer escolhas;
- Tenha conhecimento suficiente sobre você para enxergar profundamente e entender o que o motiva e o leva a fazer o que faz. Isso significa que devem ser pessoas com certo nível de sofisticação emocional e intelectual.

Quando for considerar quem deve constar em sua lista, você deveria até pensar de maneira mais ampla e pedir a um(a) ex-namorado(a) que participe. Afinal, ele(a) compartilhou tanto momentos bons quanto ruins ao seu lado. E, como agora tem certo distanciamento, pode analisá-lo mais objetivamente. Claro, tudo isso depende de vocês estarem em paz um com o outro.

Você também pode querer a opinião de um irmão, uma irmã, de seus pais ou filhos. Outro grupo interessante de pessoas a se considerar é o de seus colegas de trabalho – e não apenas seu chefe. Você precisa de pessoas que conheçam a sua reação quando está sob pressão, chateado, entediado ou desinteressado. As coisas que você diz ou faz quando não está em evidência; sua reação com pessoas com as quais não gosta de trabalhar. O ponto aqui é você poder colher as mais diferentes opiniões. Você não precisa se restringir a cinco pessoas. Na verdade, este é o *mínimo* que você pode escolher.

Não há máximo.

A qualidade das pessoas que escolher será diretamente refletida na qualidade do *feedback* que receberá.

3.6 AUTOAVALIAÇÃO

O tempo que seus amigos levarem para fazer sua auditoria é o momento oportuno para você fazer uma auditoria de si mesmo. Será muito interessante comparar sua avaliação com as observações de seus amigos.

Enquanto faz essa análise, é importante pensar sobre si mesmo da maneira mais ampla possível. O caso da mulher solitária (mencionado no Subcapítulo 3.4) e a forma como se comunicava com as pessoas é um bom exemplo de como você precisa distanciar-se de si mesmo para fazer uma autoavaliação precisa. Para ajudá-lo nessa tarefa, no site The Winner's Bible, há uma lista de pontos fortes e fraquezas para você considerar.

3.7 ERROS RECORRENTES

Outro microscópio importante para olhar dentro de seu caráter é listar seus erros recorrentes.

Embora relacionados às suas fraquezas, os erros recorrentes são ligeiramente diferentes. Erros são coisas negativas que você continua fazendo repetidas vezes. Talvez você confie demais nas pessoas ou seja um mau juiz de caráter. Talvez você sempre se apaixone pelas pessoas erradas, atraentes à primeira vista, mas que acabam machucando-o e não contribuem em nada para o seu crescimento. Talvez seja o contrário – você se apaixona por excelentes pessoas, mas, pelo fato de elas serem boas para você, seu excesso de confiança e crença de que sempre vai ser dessa forma o induzem a tratá-las mal. Talvez você sempre finalize seus projetos em tempo recorde, mas sem se dedicar adequadamente para entender certos detalhes, e então, dentro de cinco meses, todo o tempo e esforço dispensados não sirvam de nada. Erros recorrentes podem acontecer das mais diferentes maneiras nas mais diversas áreas da vida, tais como relacionamentos, finanças, trabalho, lazer e assim por diante. Então, pegue uma folha de papel e registre o que você acha que são seus cinco melhores pontos fortes, suas cinco maiores fraquezas e todos os erros recorrentes que você comete.

3.8 SUAS HABILIDADES

Pontos fortes e fraquezas aplicam-se normalmente a aspectos de sua personalidade. É muito importante avaliar a força de suas *habilidades* e decidir se há ou não lacunas em seu arsenal. Por exemplo, em corridas de carros, encontrei diversos corredores com habilidades excepcionais, capazes de pilotar um carro no limite do controle, mas não tinham o conhecimento técnico para montar a suspensão do carro ou a habilidade de encontrar uma solução perfeita para determinada questão em particular. Embora sejam corredores brilhantes, faltam-lhes habilidades cruciais.

Nas categorias mais amadoras do esporte motorizado, isso não chega a ser um problema, já que eles podem contar com suas habilidades de pilotagem excepcionais para vencer. Mas, em categorias mais profissionais, rapidamente percebem que todos os outros têm um controle similar sobre o carro, só que agora seus oponentes também têm habilidades adicionais. Talvez você seja um homem de negócios fazendo incorporação de empresas e aquisições, capaz de entender uma planilha de olhos fechados, mas talvez não compreenda as mudanças que ocorrem no cenário político. Nesse caso, embora possa negociar acordos brilhantes, comprando e vendendo empresas com base no valor corrente, talvez um dia você seja pego por uma mudança repentina na política global. Talvez um aperto nos créditos globais afete o padrão de gastos de seus consumidores, ou alguma ação governamental para reduzir a produção de petróleo afete seu negócio de forma inesperada. Então, reserve um momento para pensar em todas as habilidades de que você precisa para se destacar nos negócios, esportes e na vida cotidiana, depois escreva aquelas que considera passíveis de ser melhoradas e adicione-as ao restante da autoavaliação.

A esta altura, você deve ter uma lista de pontos fortes, fraquezas, erros recorrentes e habilidades. Como fez das vezes anteriores, escreva-os em uma folha de papel e acrescente-a às páginas de sua *Bíblia do vencedor*. Nas seções subsequentes, mostraremos a você exatamente o que fazer com elas.

MEUS CINCO MELHORES PONTOS FORTES

1 ....
2 ....
3 ....
4 ....
5 ....

MINHAS CINCO MAIORES FRAQUEZAS

1 ....
2 ....
3 ....
4 ....
5 ....

ERROS RECORRENTES

....
....

HABILIDADES QUE PRECISO MELHORAR

....
....

3.9 O ESPELHO PERFEITO DE ALI

Antes de vermos como você vai usar sua lista de pontos fortes, fraquezas e erros recorrentes para melhorar sua vida, vale a pena parar por um instante para relembrar por que esse exercício é tão importante. Como de costume, podemos aprender uma lição valiosa com Muhammad Ali. Antes de sua famosa luta com George Foreman, no Zaire, Ali foi para o campo de treinamento de sempre, no alto da montanha. Ele tinha uma equipe de treinadores, técnicos, empresários e fisioterapeutas. Como parte de seu regime de treino diário, lutava com uma série de competidores pesos-pesados, que eram trazidos ao campo um de cada vez, para passar uma semana. Depois de cada sessão, Ali perguntava aos rapazes com quem lutara como eles achavam que ele estava se saindo. Os companheiros de luta sempre diziam a Ali que ele era rápido, poderoso e habilidoso e que, com certeza, venceria o grande George Foreman.

Um dia, um novo lutador chegou, e, depois de uma sessão exaustiva de treino, Ali fez-lhe a mesma pergunta: "Como você acha que eu estou, comparado a George Foreman?" O novo lutador respondeu: "Ele vai esmagar você! Ele é enorme e muito forte, vai receber seus socos como se não fossem nada e depois vai castigá-lo. Simplesmente você não é forte o suficiente para atingi-lo."

Houve um protesto imediato dos treinadores e técnicos na sala. "Tire esse cara daqui! Ele está arruinando nossa energia. Precisamos ser positivos, não perder o foco e acreditar em nós mesmos. Ele é uma influência negativa." Ali levantou a mão, pedindo que todos ficassem quietos. "Dobre o salário dele – ele fica até o momento em que disser que eu tenho condições de vencer George."

Embora Ali tivesse a última palavra nos negócios e uma Crença Inabalável em seu futuro ideal (ver Capítulo 12, "Uma inabalável crença em si mesmo"), ele era capaz de aceitar as próprias fraquezas e conseguia enxergar quem realmente era. Após avaliar as próprias fraquezas, Ali aprendeu a ultrapassá-las. Infelizmente, muitas pessoas vivem em um mundo de fantasia, feito de exageros e excesso de autoconfiança, que não é pautado na realidade. Vemos o pior disso em programas de televisão, como *The X Factor*, *Pop Idol* e *American Idol*, nos quais pessoas sem talento algum, como Robert Unwin, vêm ao palco. Eles seguiram sonhos sem ao menos estimar quem realmente eram e sem trilhar o caminho das pedras que antecede o sucesso. Felizmente, Robert era uma pessoa encantadora e modesta, que prontamente aceitou a crítica dura, mas acurada, feita pelo apresentador do programa Simon Cowell. Mas o ponto aqui é que bastaria uma pequena reflexão genuína das pessoas próximas a Robert para prevenir que ele expusesse sua falta de talento cantando em público. Ele poderia, então, ter se concentrado em outras coisas mais produtivas em sua vida.

É por isso que a auditoria anônima é tão incrivelmente valiosa. Muitas vezes, nossos familiares e amigos próximos não conseguem nos dizer certas coisas, pois isso envolve interação pessoal com alta carga emocional. O contato visual, a expressão em seu rosto, uma resposta imediata, tudo é muito difícil para eles. Mas a Auditoria Independente anônima permite-lhes fazer isso de forma amável, sem precisarem se preocupar com a carga emocional.

Por outro lado, há pessoas como Paul Potts, um vendedor de telefones celulares que participou do programa britânico *Britain's Got Talent*, um concurso de talentos artísticos, com total falta de confiança e autoestima. Ele estava tão inseguro que quase cancelou sua presença, mas acabou mostrando um talento tão incrível que foi o vencedor daquela série e acabou assinando um contrato de gravação de 2,4 milhões de dólares. Seu desempenho foi tão emocionante que levou juízes e plateia às lágrimas. Você pode assistir à participação de Paul no programa no site: www.paulpottsofficial.com (site em inglês). É um clipe incrivelmente emocionante que certamente trará lágrimas aos seus olhos, então é definitivamente válido que você use fones de ouvido, para que sinta o impacto completo (o clipe também está postado no YouTube).

A questão é que, às vezes, ficamos estagnados por não perceber nossas fraquezas e, em outras vezes, por não perceber nossos pontos fortes. Paul Potts vivera uma vida de insegurança e baixa autoestima, até que lhe foi dado o *feedback* preciso dos juízes. Uma vez que recebeu aquele *feedback*, sua vida mudou imediata e permanentemente. Ele ficou confiante em seu discurso e passou a emanar uma poderosa energia, em contraste direto e impactante com sua tímida conduta anterior.

3.10 UMA VIDA NÃO EXAMINADA

Conforme a famosa frase de Sócrates:

"Uma vida não examinada não vale a pena ser vivida."

O fundamento por trás dessas palavras e a razão pela qual você está fazendo o exercício de analisar pontos fortes, fraquezas, erros recorrentes e habilidades dão-lhe a chance de assumir o controle de sua vida e de dar forma a ela. A não ser que faça isso, você acabará vivendo uma vida formada inadvertida e acidentalmente por eventos externos. Mas, se examinar sua vida e entender as próprias ações, terá a oportunidade de se elevar acima do acaso e projetar sua vida. A análise não é a parte glamourosa do automelhoramento, mas é a *fundação* na qual você vai construir suas mudanças. É a plataforma que lhe permitirá crescer e se tornar uma alma avançada, em vez de um adulto com personalidade de criança.

04
OS QUATRO PILARES

NOTA DO AUTOR: OS DOIS PRÓXIMOS CAPÍTULOS SÃO OS QUE MAIS EXIGIRÃO DE VOCÊ NESTE LIVRO. NELES, EXPLICAREI A AMPLA ABORDAGEM QUE USO QUANDO LIDO COM ATLETAS. TAMBÉM MOSTRAREI UM POUCO DO EMBASAMENTO CIENTÍFICO POR TRÁS DAS FERRAMENTAS QUE ESTARÃO À SUA DISPOSIÇÃO APÓS A LEITURA DESTES DOIS CAPÍTULOS. É NECESSÁRIO ENTENDER ESSES CONCEITOS, POIS PERMITIRÃO QUE VOCÊ TRABALHE EXATAMENTE OS PONTOS QUE PRECISAM DE REPARO, PELO MOTIVO CORRETO E COM AS MELHORES FERRAMENTAS DISPONÍVEIS PARA ESSA TAREFA. AINDA QUE VOCÊ ESTEJA ANSIOSO PARA TESTAR ALGUMAS DAS TÉCNICAS EXPLANADAS A SEGUIR, PEÇO QUE SE EMPENHE EM LER SOBRE O QUE COSTUMO CHAMAR DE "OS QUATRO PILARES". LOGO VOCÊ PERCEBERÁ O VALOR DE COMPREENDER ALGUMAS DAS TÉCNICAS MAIS AVANÇADAS EM MINHA ABORDAGEM.

4.1 MINHA TÉCNICA COM ATLETAS DE ELITE

Ao longo de meu exercício profissional, estabeleci os pontos sobre os quais residem informações cruciais a respeito de meus clientes. São quatro pontos, que costumo chamar de "Os Quatro Pilares" da personalidade de alguém. O diagrama a seguir mostra esses Quatro Pilares e como eles se conectam entre si (explicarei o motivo de terem sido dispostos dessa maneira específica na próxima seção, "A interação entre os Quatro Pilares").

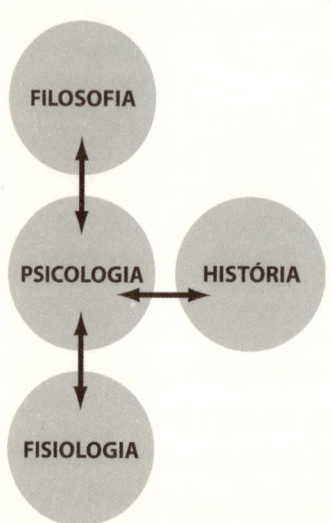

Dada a importância desses Quatro Pilares, meu primeiro passo em uma entrevista preliminar com um novo atleta, a despeito de quão bem-sucedido ele possa ser, é tentar conhecer o interior do que forma cada pilar. Se eu não começar dessa forma, serei capaz apenas de sugerir mudanças *temporárias* para suas performances, em vez de promover as mudanças *permanentes* e profundas que meus clientes procuram. É por isso que sempre tomo notas detalhadas e faço perguntas que investiguem o cliente como um todo logo no começo do processo. Ao ter certeza de que sei o que constitui seus pilares, passo alguns dias analisando toda a informação que coletei, antes mesmo de começar a desenvolver o programa que será aplicado a cada cliente. Observe e verá que é esse o tipo de abordagem usada pelos bons cirurgiões antes de operar um paciente. Não importa quanto o cirurgião seja competente com o bisturi, ou quão completo seja o equipamento a seu dispor, ele também deve ser capaz de entender o que está acontecendo dentro do corpo de seu paciente. Quanto mais claro for o entendimento do cirurgião acerca do que está certo ou errado com seu paciente, mais eficiente será a utilização de seu equipamento. E o mesmo acontece com você. Se conseguir entender o que está se passando em sua cabeça, e a razão por trás disso, estará em uma posição bem melhor para usar as ferramentas mostradas nos capítulos seguintes, enquanto continua a construir sua própria *Bíblia do vencedor*. O que é realmente interessante sobre este processo é que você descobrirá coisas sobre si mesmo que nunca pensou serem possíveis. E essa será a chave para libertar seu potencial.

Será como fazer um raio X de sua personalidade.

Então, vamos começar com uma breve introdução de cada um dos *Quatro Pilares*:

A) SUA FISIOLOGIA

O que chamamos de Fisiologia é seu corpo em carne e osso, as "porcas e parafusos" de que você é feito. Isso não inclui somente seu corpo, mas também seu cérebro e a mistura única de componentes químicos que ele cria e que define quem você é. Grande parte da fiação de seu cérebro é determinada por seus genes e pelas experiências que você teve quando criança, quando as conexões do cérebro estavam sendo estabelecidas pela primeira vez. Esse cabeamento tem um impacto enorme em seu comportamento, em sua performance e em seu estado de felicidade atual. Um exemplo simples que ilustra quão forte é o impacto de sua Fisiologia em seu comportamento é o que acontece quando você ingere bebida alcoólica. O álcool é um componente químico interessante porque afeta diferentes partes do cérebro de maneiras muito distintas. Em doses moderadas, o álcool reduz a eficiência dos módulos frontais, responsáveis pelo planejamento e avaliação de riscos, ao mesmo tempo que estimula aquelas regiões mais profundas dentro do cérebro, relacionadas ao prazer. Ao beber alguma coisa alcoólica, você comporta-se de modo diferente porque os mecanismos de avaliação de seu cérebro foram alterados. A interação entre os módulos que perfazem sua personalidade muda sob a influência do álcool, e a definição do papel desempenhado pelos módulos que dominam seu comportamento também sofre alteração.

Um ponto fundamental deste livro é indicar que seu cabeamento cerebral não é fixado de maneira definitiva e permanente, como é o cabeamento em seu computador. Você pode usar as ferramentas contidas aqui para reprogramar o cérebro de modo a superar seus genes e sua História e, fazendo isso, conseguir mais felicidade e produtividade em sua vida. Mas o que eu quero dizer com "História"?

B) SUA HISTÓRIA

Sua História é a soma de todas as suas experiências de vida. Mais importante do que uma lista de datas de eventos que aconteceram com você, o que chamo de História é o modo como você *interpretou* esses eventos e como eles agora afetam sua vida diária. Para a maioria de nós, os eventos do passado instalaram-se sorrateiramente nas regiões inconscientes do cérebro sem que sequer percebêssemos e continuam a influenciar nosso comportamento atual. É desse modo que nossa História continua a projetar diariamente uma longa sombra sobre nossa vida. Infelizmente, essa influência histórica nem sempre se dá para nosso benefício. Acordamos a cada manhã, e, seguindo um padrão predeterminado, os mesmos tipos de pensamentos invadem nossa cabeça da mesma forma, todos os dias, não importando se são ou não os mais apropriados. E assim repetimos nossos padrões comportamentais prévios, aceitando sem questionar antigas visões sobre nós mesmos, mesmo que isso reduza nossa efetividade e felicidade na vida.

Somente ao tentar compreender a forma como nossa História afeta sutilmente nossas estruturas cerebrais inconscientes, será possível nos libertar com sucesso para viver o presente e construir um futuro com grande potencial.

C) SUA PSICOLOGIA

Essencialmente, sua Psicologia pode ser explicada como "os pensamentos que povoam sua mente" e as regras não escritas que governam seu comportamento. Alguns desses padrões de pensamento serão lógicos, e haverá palavras ou frases ligadas a eles, enquanto outros estarão enterrados dentro dos circuitos emocionais inconscientes.

Se você pretende realizar uma grande mudança, precisa ter ferramentas para mudar ambos os padrões de processos psicológicos. Muito frequentemente, essas regras desprovidas de palavras ou lógica, aquelas dirigidas pela emoção, são as que mais nos trazem conflitos. É por isso que você logo aprenderá a usar ferramentas como a intensificação das emoções (ver Capítulo 9), especialmente criadas para diagnosticar e modificar esses circuitos emocionais escondidos. Quando colocar essas ferramentas em uso, provavelmente ficará surpreso, assim como a maioria dos meus clientes fica, ao ver quão rapidamente estará apto a reformular sua Psicologia e a superar permanentemente problemas que o incomodam há anos (ver Seção 7.1, "O cão e o osso", no Capítulo 7).

D) SUA FILOSOFIA

Sua Filosofia é o conjunto de suas crenças sobre a forma como o universo trabalha e qual é o seu papel nele. Se suas crenças não estiverem de acordo com a sua realidade, você estará vivendo conforme regras erradas, lançando-o em um constante estado de frustração, pesar e impotência, independentemente de quanto você tente mudar.

Considerando que esse assunto é tão importante e diz respeito a grandes questões como "O sentido da vida", escrevi um livro sobre isso intitulado *The ant and the Ferrari* (A formiga e a Ferrari).

4.2 A INTERAÇÃO ENTRE OS QUATRO PILARES

Uma coisa tão importante quanto os Quatro Pilares em si é a forma como eles estão conectados uns aos outros. Foi por isso que os organizei da maneira mostrada no diagrama que abre este capítulo.

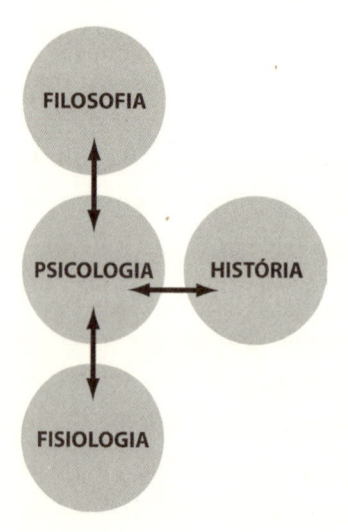

Inicialmente, vou destacar algumas características do diagrama. Em primeiro lugar, observe que o Pilar Histórico está ligado ao Pilar Psicológico por uma seta dupla. Essa seta dupla é de vital importância, porque os pilares influenciam-se entre si, o que pode gerar um ciclo contínuo extremamente poderoso. Cada célula do diagrama é conectada por setas apontando em ambos os sentidos, e isso significa que é possível obter integração entre os diferentes Pilares. Pequenas ondas de mudança poderiam circular em ambas as direções, formando uma espiral entre os dois Pilares para fomentar mudanças maiores ao longo do tempo. Essas mudanças, por vezes, podem propiciar melhorias significativas em sua vida, mas também podem causar grandes danos e debilitar alguma função sua.

Deixe-me ilustrar como essa espiral pode acontecer e por que ter uma seta apontando para ambos os sentidos é tão importante. Vamos considerar o que acontece com uma criança quando os pais a criticam por fazer alguma coisa que a tinha deixado particularmente orgulhosa. Imagine uma menina que tenha praticado trompete por horas e até pense ter aprendido a tocar perfeitamente uma peça musical. A criança infla os pulmões e toca o melhor que pode. Mas, no fim de seu recital, em vez de aplaudir, a mãe aponta alguns erros no tempo e nas notas perdidas, isso magoa profundamente a criança, fazendo-a duvidar do próprio talento.

E as coisas não param por aí. Uma vez que a criança comece a acreditar que não tem nenhum talento, passa a interpretar suas experiências de maneira diferente. Se, em seguida, ela tiver algum tipo de problema em seu próximo recital, interpretará isso como uma confirmação de que "não é boa o suficiente", em vez de enxergar o evento como um sinal de que precisa praticar mais (ver Seção 12.4, "A história de Loretta", no Capítulo 12). É assim que a espiral começa a se formar. Já que não acredita em si mesma, a criança não pratica como deveria. Como não pratica como deveria, acaba produzindo outro resultado ruim, mais uma vez confirmando que é um "fracasso". Depois de um tempo, a prática do trompete deixa de ser uma diversão, uma realização. E a sensação de "ser um fracasso" pode atingir outras áreas de sua vida.

Esse exemplo ilustra como a História afeta a Psicologia e como a Psicologia afeta a História de alguém. O que você experimenta na vida (sua História), sem dúvida, afeta os tipos de "pensamentos que povoam sua mente" (sua Psicologia). Mas os "pensamentos que povoam sua mente" (sua Psicologia) também funcionam como um filtro e influenciam o modo como você *interpreta* eventos que acontecem com você (sua História).

Essa "seta de mão dupla" não apenas mostra como pequenos problemas podem sair do controle, mas também nos dá uma enorme esperança. Explica por que aprender a usar as ferramentas deste livro para produzir mudanças, ainda que pequenas, em qualquer um de seus Pilares, pode, repentinamente, promover mudanças maiores em sua vida!

Mas esse fluxo não apenas circula de um Pilar para o outro. Também há um fluxo do segundo Pilar para o terceiro e até mesmo para o quarto, e, então, talvez haja um retorno para o primeiro. Já vimos que sua História pode afetar sua Psicologia, mas a sua Psicologia também afeta a sua Fisiologia. Se você pensar que é um fracasso e só prestar atenção ao que acha que está errado em sua vida, sua Fisiologia será afetada.

- O equilíbrio químico em seu cérebro será alterado.

- Seu cérebro fará conexões de maneira diferente.

Dessa forma, não apenas a sua História afeta seus pensamentos (Psicologia), mas também esses pensamentos, por sua vez, afetam sua Fisiologia. Cria-se dessa forma um efeito cascata. Mas, assim que a fiação do cérebro e seu equilíbrio químico forem alterados, você começará a pensar de forma diferente, o que fará o fluxo voltar a influenciar sua Psicologia.

Essa combinação de idas e vindas do fluxo de interação entre os Pilares explica como alguém pode rapidamente entrar em uma espiral e cair em depressão, talvez mesmo em uma situação dificílima de sair, inclusive correndo risco de vida. Uma experiência ruim (História) pode produzir um processo de pensamento negativo (Psicologia) que, em seguida, altera o equilíbrio do cérebro (Fisiologia). Lembre-se de que um cérebro equilibrado de forma instável produz mais pensamentos negativos, e, assim, um ciclo perigoso tem início.

4.3 USANDO OS QUATRO PILARES

Sempre que trabalho com um atleta, eu insisto na análise dos Quatro Pilares, voltando ao assunto quantas vezes forem necessárias. Faço isso porque me ajuda a perceber as questões mais importantes para o meu cliente e depois – somente depois – consigo definir as melhores e mais eficientes ferramentas para o caso dele. Você fará a mesma coisa consigo. Então, vamos aprofundar um pouco mais o que são os Quatro Pilares, pois você usará esse conhecimento para continuar desenvolvendo sua própria *Bíblia do vencedor*.

05
UMA INTRODUÇÃO AO PILAR FISIOLÓGICO

O CÉREBRO NÃO FUNCIONA REALMENTE COMO A MAIORIA PENSA. ESTA É UMA DAS RAZÕES PELAS QUAIS TANTAS PESSOAS JAMAIS ALCANÇAM A FELICIDADE OU SEU POTENCIAL MÁXIMO.

A coisa mais importante a considerar sobre o cérebro é que ele não é uma espécie de supercomputador. Seu cérebro é composto por vários módulos diferentes, cada um deles com uma função própria e uma "personalidade" distinta. O modo de funcionamento desses diferentes módulos explica por que às vezes fazemos coisas ridículas ou parecemos ter duas (ou mais) personalidades diferentes. Esses módulos cerebrais distintos também explicam por que é *tão* difícil romper com maus hábitos e melhorar a si mesmo. Assim como não existe um único "eu" dentro do cérebro tomando todas as decisões, não há apenas um módulo ou um "programa de computador" que deva ser atualizado. Portanto, para aprimorar nossa mente, precisamos entender como funcionam as diferentes partes do cérebro e como afetam nosso comportamento. Ou seja, é necessário compreender sua fisiologia.

5.1 O SISTEMA LÍMBICO: EMOÇÕES

O sistema límbico está arraigado profundamente no cérebro. É responsável por nossos impulsos e emoções inatas. Controla aspectos como o desejo sexual, fome, vícios, emoções, raiva, felicidade, motivação e o medo de coisas perigosas, como cobras ou aranhas.

Nem todos os aspectos controlados pelo sistema límbico demandam aprendizados. Algumas coisas são inatas. Não precisamos aprender a sentir fome nem a achar uma pessoa atraente, assim como não aprendemos a ter medo de altura. Se um homem vê uma mulher que considera sexy, ele não precisa parar e pensar por alguns minutos antes de decidir se ela é bonita. Ele apenas olha para ela e, imediatamente, sente-se estimulado. Há uma razão para isso. O sistema límbico evoluiu em tempos pré-históricos para nos impelir a fazer e sentir de forma automática coisas que aumentariam nossas chances de sobrevivência.

Para entender como o sistema límbico controla nossas reações, basta pensar em como reagimos ao escutar um som alto e inesperado: depois do susto, o corpo reage a esse sentimento com um sobressalto. Isso acontece porque, há milhares de anos, o som repentino e ameaçador provavelmente significaria que estávamos prestes a ser atacados por alguma coisa extremamente perigosa, como um tigre. Reagir e sobreviver ao ataque de um tigre não é o tipo de experiência que podemos *adquirir* por tentativa e erro. Temos de acertar de primeira! Ouvimos o barulho e saímos imediatamente do caminho do tigre, caso contrário, seremos devorados. Não há segunda ou terceira chance de aprender pela experiência. Não há tempo de fazer nenhuma espécie de racionalização complexa para *analisar* o que está acontecendo e o que se deve fazer. Precisamos reagir imediatamente e de modo instintivo.

Por isso, os cérebros que desenvolveram formas automáticas de alarme e defesa tiveram mais chances de procriar e sobreviver. Foi assim que o sistema límbico evoluiu e passou a ter influência tão poderosa sobre o nosso comportamento. Outros medos naturais, como o que se costuma sentir de altura, impedem-nos de entrar em situações em que provavelmente poderíamos nos ferir e, por isso, também estão conectados ao sistema límbico. O mesmo se aplica a outros "impulsos", como sexo, fome, raiva, etc. Cada um desses ajudou-nos a sobreviver ou a nos reproduzir e transmitir nossos genes.

Infelizmente, muitos desses impulsos naturais não são adequados à vida moderna. Todos nascemos com medo de altura. Mesmo os bebês, que jamais caíram ou se machucaram, têm medo de altura, conforme pode ser demonstrado pelo teste do "precipício visual". Nesse experimento, um bebê deve engatinhar sobre uma superfície acrílica transparente, à prova de balas, que pode suportar facilmente o peso de um adulto. Debaixo dela, o chão recebe uma pintura quadriculada que termina abruptamente, como um "precipício" (ver figura acima). Ainda que a superfície acrílica seja contínua, e o bebê possa sentir o chão sob seus pés e mãos, ele para obstinadamente na borda do "precipício", mesmo que a mãe o esteja chamando no final do caminho.

Esse medo inerente de alturas significava uma enorme vantagem quando éramos homens primitivos. Ele ajudou-nos a evitar situações em que poderíamos cair de precipícios ou de árvores. Nos tempos primitivos, quebrar algum osso era um grande problema, pois reduzia a capacidade de caçar e, portanto, de sobreviver. Mas, na vida moderna, esse mesmo medo de altura nos deixa nervosos na hora de viajar de avião. O avião acelera na pista, e, de repente, estamos vendo o mundo lá embaixo e nos sentindo desconfortáveis. Em caso de turbulência, o coração dispara, e as mãos ficam suadas, mesmo que se tente parecer indiferente. Sentimos um medo atávico de voar, já que nosso bom e velho sistema límbico não foi atualizado para a vida na sociedade moderna. No entanto, a verdade nua e crua é que temos 65 vezes mais chances de morrer dirigindo um carro de uma cidade a outra do que voando entre elas. Deveríamos ficar mais assustados ao entrar em um carro do que ao decolar. Nossa capacidade de racionalizar e nossos circuitos emocionais não estão em sintonia. Para muitos de nós, voar com frequência ajuda a amortecer o sistema límbico. Mas a verdade é que ainda não aprendemos a reprogramar nosso sistema límbico de forma eficaz para atender às demandas da vida moderna.

Mas o sistema límbico não está envolvido apenas com coisas negativas ou perigosas, também controla os sentimentos prazerosos. Ele é ativado quando estamos apaixonados ou felizes, porque esses são acontecimentos importantes, cujas emoções despertadas desejamos que se perpetuem, já que parecem fazer a vida valer a pena. Os centros de prazer no sistema límbico também são muito afetados por drogas, como a cocaína e a nicotina, por isso os usuários sentem uma sensação tão agradável ao consumi-las e têm tanta dificuldade em abandoná-las. Finalmente, o sistema límbico também está relacionado com os vários níveis dos processos de aprendizagem e retenção de informação, já que registra nossas experiências e as sensações que despertam, induzindo-nos a querer repetir as agradáveis e evitar as que podem vir a nos ferir de alguma forma.

Assim, percebe-se que o sistema límbico é um importante regulador do nosso comportamento. Você só precisa pensar sobre como fica motivado a conseguir comida quando está faminto ou em como pode se empenhar para conquistar alguém quando está apaixonado. Em muitos casos, o sistema límbico *toma decisões* sem percebermos. Nossos circuitos lógicos e conscientes fazem pouco além de justificar posteriormente o que os circuitos límbicos inconscientes já decidiram fazer.

Voltando ao exemplo do homem que vê uma mulher sexy: no momento em que olha para ela, seu sistema límbico dispara um sinal de atração. Uma fração de segundo depois, ao caminhar em direção a ela, os circuitos lógicos do homem acendem e começam a justificar as ações dele. Eles informam que ela parece "interessante" ou "feliz", ou uma das muitas diferentes razões lógicas pelas quais ele deve falar com ela. O homem acredita que tomou uma decisão racional e consciente, mas as pesquisas mostram que a lógica não teve nada a ver com isso: o sistema límbico tomou a decisão, e o cérebro apenas o acompanhou obedientemente, elaborando toda sorte de justificativas.

A capacidade do sistema límbico de controlar nosso comportamento foi revelada em experimentos nos quais foram implantados minúsculos microeletrodos em partes do sistema límbico de voluntários na pesquisa. Quando os eletrodos foram ligados, foi como se o pesquisador pudesse controlar os desejos, decisões e até mesmo a personalidade dos sujeitos por controle remoto. Poderiam ser sexualmente excitados ou ficar irritados, famintos ou felizes – tudo isso apenas pelo toque de um botão. Gostamos de pensar que somos pessoas racionais e sofisticadas, mas, se pudéssemos olhar dentro de nosso cérebro, provavelmente ficaríamos chocados ao descobrir como muitas de suas ações foram iniciadas por esse primitivo, e em grande medida oculto, módulo.

O desafio que enfrentamos é:
- O sistema límbico é um módulo primitivo em comparação com outras partes do cérebro.
- Nos animais, o sistema límbico desenvolveu-se muito antes de os "módulos racionais" aparecerem e foi um dos principais motivos de os animais terem sobrevivido na natureza.
- Não moramos mais na selva, e os desafios enfrentados atualmente para sermos bem-sucedidos ou felizes são muito diferentes, uma vez que as condições de vida mudaram significativamente.
- Apesar disso, o sistema límbico continua a exercer uma *poderosa* influência sobre o comportamento humano, a maior parte dela ainda positiva. Mas, algumas vezes, pode ter uma influência

devastadora em nossa vida e felicidade, porque nos induz a fazer coisas que não condizem com a vida que levamos.

O que dificulta a cura dos aspectos negativos do sistema límbico é o fato de que ele opera abaixo do radar. Estamos cientes das palavras e pensamentos produzidos por nossos módulos lógicos e racionais e, por isso, muitas vezes tentamos ajustar nosso comportamento, conversando com esses módulos lógicos. O sistema límbico, porém, recusa-se obstinadamente a mudar.

Isso explica por que é tão difícil abandonar o vício das drogas, perder peso ou pensar de forma positiva quando nos sentimos deprimidos. Não importa quantas vezes digamos a nós mesmos "Vamos lá", "Anime-se!", "Seja positivo" ou "Não se preocupe", simplesmente não conseguimos alterar nosso humor. O sistema límbico é um sistema emocional e, por isso, não responde muito bem à lógica ou aos pensamentos racionais que nos passam pela cabeça. Para recondicionar nosso comportamento, é preciso mais do que frases inteligentes e argumentos lógicos, uma vez que o sistema límbico simplesmente não entende o pensamento lógico.

Entender como assumir o controle do tantas vezes inoportuno sistema emocional e mudá-lo foi um dos avanços fundamentais que conquistei em meu trabalho com atletas de elite. E vou compartilhar isso com você nos próximos capítulos.

5.2 OS LOBOS FRONTAIS

Todos os mamíferos possuem um sistema límbico bem desenvolvido, mas apenas os primatas têm lobos frontais mais potentes. As partes mais lógicas e racionais da personalidade ficam nos lobos frontais. Eles desempenham um papel crucial no julgamento, no planejamento a longo prazo e no conhecimento adquirido com a experiência. Os lobos frontais produzem muitos dos comportamentos e atributos considerados essenciais para distinguir os humanos dos animais inferiores.

Parte da função dos lobos frontais é ajudar a controlar e frear as emoções primitivas do sistema límbico no inconsciente. Por exemplo, quando alguém nos irrita, o sistema límbico produz um lampejo de raiva que, se não for controlado, leva a uma explosão violenta. No entanto, os lobos frontais assumem o controle rapidamente, pois aprendemos por meio de muitas interações sociais que agredir alguém não garantirá, necessariamente, o resultado que desejamos, e ainda teremos de lidar com consequências desagradáveis: ou a pessoa que atingimos revidará ou acabaremos tendo problemas com a polícia.

Os lobos frontais também nos ajudam a levar em conta os sentimentos das outras pessoas, então, ao perceber que uma pessoa atraente está se insinuando para nós, imaginamos como nosso companheiro se sentiria, caso o traíssemos. Essa reflexão ajuda a dominar qualquer instinto sexual primitivo que poderíamos ter, e o resultado é que não traímos nosso parceiro. Os lobos frontais contribuem para a pessoa ser alguém superior, menos egoísta e mais sofisticada.

Um desempenho limitado dos lobos frontais resulta em diversos tipos de problemas comportamentais. O exame do cérebro de criminosos violentos muitas vezes mostra que pontos-chave de seus lobos frontais, responsáveis por amortecer e controlar os temperamentos, não funcionam corretamente. De certo modo, esses criminosos agem como homens primitivos, controlados por seus circuitos emocionais desenfreados.

Outro problema enfrentado é que, enquanto o sistema límbico se desenvolve cedo e por conta própria, sob o controle dos nossos genes, os lobos frontais são em grande parte desprogramados e levam mais de vinte anos para se desenvolver. Os lobos frontais são como um livro em branco, em que podemos escrever quase tudo que desejarmos, enquanto o sistema límbico tem muitas de suas páginas completamente preenchidas, com pouco espaço para acréscimos. Isso tem vantagens e desvantagens. Significa que somos livres para aprender com nossas experiências, mas também que, se não treinarmos os lobos frontais de modo correto, agiremos de forma primitiva, pouco sofisticada.

Uma pequena etapa da caminhada para se tornar um vencedor é aprender a melhorar o desenvolvimento dos lobos frontais e sua interação com o sistema límbico, de tal forma que ultrapassemos uma pessoa normal e nos tornemos um "super-homem" ou uma "supermulher". Isso é possível porque, ao fazer as escolhas certas na vida, há a possibilidade de desenvolver circuitos poderosos que realmente conectem os lobos frontais ao sistema límbico. O estabelecimento desses circuitos dá origem às pessoas que consideramos sábias, gentis e inteligentes. Aquelas que ainda podem experimentar as emoções em toda sua glória, mas que não são controladas irracionalmente por elas.

Pelo fato de a maior parte dos lobos frontais ser desprogramada, serão os últimos módulos conectados e desenvolvidos nos seres humanos. Em parte, essa é a razão pela qual os adolescentes parecem tão irresponsáveis. Os lobos frontais de alguém mais jovem simplesmente não são maduros o suficiente para controlar os desejos mais profundos. O problema é que, em muitos adultos, os lobos frontais também estão apenas parcialmente conectados.

Nesse ponto, devemos salientar que o sistema límbico não é um módulo "mau", nem os lobos frontais são módulos "bons". Nada poderia ser menos verdadeiro. Ambos exercem papéis muito positivos na vida humana. O sistema límbico é de importância vital, porque permite acessar as emoções e nos leva a agir de determinada maneira. Sem esses aspectos, a vida não teria nenhum sentimento, valor ou propósito. Em contrapartida, os maus pensamentos gerados pelos lobos frontais podem provocar estragos das mais diversas ordens em nossa vida.

O principal, como acontece com a maioria das coisas da vida, é conseguir o equilíbrio correto entre os dois sistemas, para que cada um exerça a influência correta no momento adequado. É por isso que existem milhões de conexões entre o sistema límbico e os lobos frontais. Essa é uma das razões para utilizar as técnicas de visualização, descritas no capítulo 2, na leitura diária de sua *Bíblia do vencedor*. Nossas técnicas induzem o sistema emocional a despertar exatamente ao mesmo tempo que o sistema lógico traça seus objetivos. É estabelecida uma forte ligação que realmente reflete as conexões do cérebro entre o sistema límbico e seus lobos frontais. *Com isso, você está começando a reprogramar seu cérebro.* Seus objetivos vão gradualmente adquirir maior carga emocional, e, como todos sabemos, as emoções são importantes incentivadores e reguladores do comportamento.

5.3 SUAS MÚLTIPLAS PERSONALIDADES

Mas outras coisas que acontecem no cérebro são ainda mais interessantes do que isso. O cérebro tem dois hemisférios mais ou menos equivalentes: o esquerdo e o direito. O hemisfério esquerdo controla o lado direito do seu corpo, e o hemisfério direito controla o esquerdo. Os dois hemisférios parecem ser iguais e têm funções semelhantes, mas há diferenças interessantes entre eles. Assim como há dois hemisférios, também temos dois lobos frontais distintos.

Normalmente, esses dois lobos frontais estão interligados e "conversam" entre si sem nos darmos conta. Entretanto, em condições especiais de laboratório, é possível anestesiar um hemisfério, mantendo o outro desperto. Quando isso acontece, obtêm-se alguns resultados bastante surpreendentes, como mostra o experimento narrado a seguir.

Depois de anestesiar o hemisfério direito de um adolescente, os pesquisadores perguntaram-lhe: "O que você gostaria de ser quando crescer?" O hemisfério esquerdo "desperto" respondeu: "Um contador." Depois que a anestesia do lobo direito passou, o hemisfério esquerdo do garoto foi colocado para dormir. Mais uma vez, perguntaram-lhe o que gostaria de ser quando crescesse. Dessa vez, o hemisfério direito respondeu: "Piloto de carro de corridas." Era como se houvesse duas personalidades diferentes dentro de seu cérebro.

Um exemplo ainda mais surpreendente das personalidades distintas, escondidas em diferentes partes do cérebro, foi revelado quando os "fios" entre os dois hemisférios de um paciente foram cirurgicamente cortados durante uma cirurgia. Após a operação, ambos os hemisférios estavam totalmente funcionais, exceto pelo fato de que não podiam se comunicar entre si. Agora, o lado esquerdo do corpo do paciente estava controlado inteiramente pelo hemisfério direito, e o lado direito, pelo hemisfério esquerdo. Um dia, o paciente com esse "cérebro dividido" foi irritado por alguém. O hemisfério direito dele, mais excitável, instruiu a mão esquerda a pegar um machado que estava próximo dele e atacar a pessoa. Felizmente, o hemisfério esquerdo percebeu o que estava acontecendo e instruiu a mão direita a segurar a mão esquerda, impedindo-a. Por alguns segundos, as duas mãos lutaram, antes de o hemisfério direito acalmar-se e o machado cair.

Esse tipo de diálogo acontece o tempo todo em nosso cérebro, mas normalmente não estamos cientes disso porque nossos dois hemisférios "conversam entre si" e chegam, sem que notemos, a um consenso. O hemisfério esquerdo é mais lógico e racional, enquanto o direito é sempre mais aventureiro. Se acontecer de os dois hemisférios não concordarem, é o hemisfério esquerdo que geralmente tem a palavra final, porque, na maioria das pessoas, é o lado dominante. Assim, mesmo que você *desejasse* ser um piloto de corridas, porque parece emolgante e glamouroso, provavelmente perceberia que é quase impossível sobreviver trabalhando com isso, a menos que você seja extremamente talentoso e tenha pais ricos para ajudá-lo no começo. Portanto, o hemisfério esquerdo dominante diz que, afinal de contas, faz mais sentido ser um contador.

Há muitos outros módulos no cérebro, cada um com seus "próprios objetivos" e "personalidade". Em função da construção e forma únicas em que cada módulo opera, é necessário usar diferentes técnicas para treiná-los e melhorá-los. Como mencionado anteriormente, não se trata de um processo do tipo "tamanho único". Isso ajuda a explicar por que você pode ser tão desenvolvido em algumas áreas da vida, mas precise se esforçar tanto em outras. Talvez você venha usando técnicas bem-sucedidas em uma área e tenha tentado, sem êxito, aplicá-las em uma área distinta. Afinal, as ferramentas que ajudam um matemático a solucionar com sucesso uma fórmula são bem diferentes das que ajudam um artista a pintar uma obra-prima.

5.4 MÓDULOS LIGADOS ÀS HABILIDADES ESPORTIVAS

O cérebro não controla apenas a personalidade e as habilidades mentais, também controla os músculos e, portanto, as habilidades esportivas. É por isso que a principal diferença entre Tiger Woods ou Roger Federer e outros atletas menos capacitados está no cérebro. É lá que residem todas as habilidades esportivas excepcionais, e não em seus músculos. Em meu próximo livro: *The Winner's Bible for Elite Sports* (Bíblia do vencedor para Esportes de Elite), que fará parte da série *Bíblia do vencedor*, você aprenderá tanto a ter uma atitude vencedora em relação à competição (habilidades mentais) quanto a identificar a maneira mais eficiente de religar aqueles circuitos em seu cérebro responsáveis por controlar os músculos, as reações emocionais, a visão e a coordenação (suas habilidades físicas).

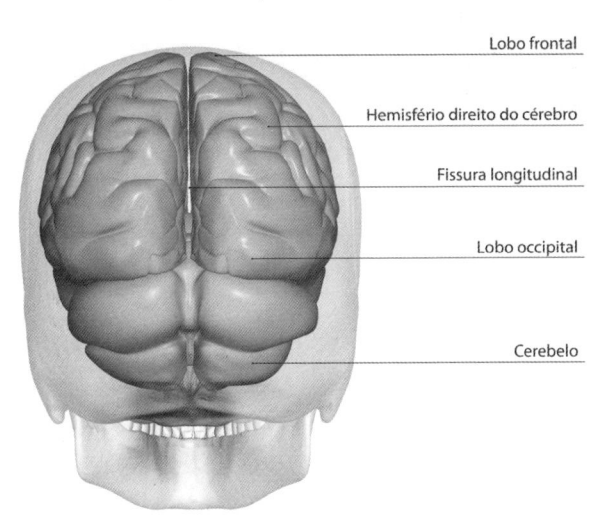

Lobo frontal
Hemisfério direito do cérebro
Fissura longitudinal
Lobo occipital
Cerebelo

Vamos começar levando em conta o que acontece quando o tenista campeão Roger Federer recebe um saque de seu rival Rafael Nadal. A primeira tarefa de Federer é calcular a trajetória da bola – ou seja, *para onde ela vai?* Isso é feito principalmente no "lobo occipital", que está envolvido no processamento de informações visuais. Como resultado de anos de treinamento, o lobo occipital de Federer está conectado de forma diferente do nosso. Testes demonstram que o tenista pode identificar com precisão a direção da bola antes que Nadal bata na bola. Federer pode fazer isso porque aprendeu a analisar de forma automática as nuances sutis do saque de bola de Nadal e os mínimos detalhes de como Nadal move os braços e as pernas na preparação do saque. Seria impossível para nós fazer o mesmo, pois teríamos de esperar até que a bola tivesse cruzado a rede. Parece que Federer tem reflexos sobre-humanos. Mas alguns testes também mostraram que seus reflexos são semelhantes aos das pessoas consideradas normais. Ele só reage mais rápido porque começa a calcular a trajetória da bola muito antes do que faria qualquer outra pessoa.

Federer leva vantagem por possuir circuitos adicionais no lobo occipital, mas ele não nasceu com a capacidade de analisar bolas de tênis, teve de aprender por meio da prática e da experiência. Do mesmo modo que podemos aprender a reconectar todos os módulos do nosso cérebro – sejam relacionados ao esporte ou ao comportamento – e transformá-los em módulos superpotentes.

Meu objetivo em apresentar as estruturas cerebrais não era dar uma lição de neurociência, e sim mostrar que o desempenho de alto nível de algumas pessoas – tanto na área dos esportes quanto nos negócios ou na vida – depende essencialmente do desempenho dos módulos cerebrais e de como eles interagem entre si. Não é apenas uma questão de "estar motivado", de "treinar pesado" ou de "ter os pensamentos corretos" (embora essas coisas também sejam vitais). Mas, fundamentalmente, o desempenho de alto nível, em todos os aspectos da vida, depende em parte de saber como reconectar os circuitos cerebrais.

Cada um de nós é naturalmente conectado de forma diferente, em função dos genes, e cada módulo responde de maneira diferente às intervenções distintas de um treinamento. Devemos estar cientes de nossas conexões naturais e também conhecer formas eficientes de aprimorá-las.

É por isso que compreender nossa fisiologia e incrementá-la é um dos fundamentos sobre o qual construímos nosso sucesso. Voltaremos a esse módulo repetidas vezes, analisando-o sob diversos ângulos.

5.5 INVERTENDO OS ÓCULOS DE PROTEÇÃO E RELIGANDO O SEU CÉREBRO

Antes de examinar os outros três pilares da personalidade, vamos demonstrar o poder que temos para reconectar o cérebro e alterar nosso desempenho.

É possível fazer óculos especiais com lentes prismáticas que viram o mundo de cabeça para baixo. Ao olhar através desses óculos dentro de um ambiente fechado, o teto parece estar no nível do chão, e o chão, no do teto. Quando essas lentes são usadas pela primeira vez, fica difícil realizar qualquer tarefa, até mesmo as mais simples, como colocar um copo sobre a mesa ou andar. Nada disso é surpreendente, conforme ilustrado na imagem da cama de cabeça para baixo.

Para se ter uma ideia de como a vida seria difícil se tivéssemos que usar esses óculos invertidos, basta tentar desenhar uma imagem que vemos em um espelho. Logo descobrimos que é quase impossível.

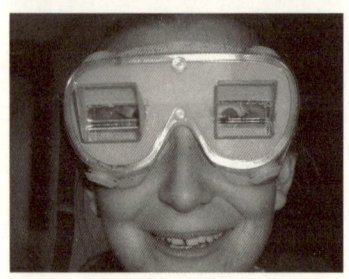

Mas o aspecto realmente surpreendente é que, depois de usar os óculos invertidos por alguns dias, o cérebro vai perceber a inversão e tentar corrigir isso. Ao erguer o braço, por exemplo, você vai "ver" sua mão se mover para baixo. Mas, então, o cérebro trabalha arduamente para resolver o dilema e, incrivelmente, dentro de alguns dias, terá desenvolvido novos circuitos capazes de automaticamente fazer as correções necessárias. Quando os novos circuitos entram em ação, você passa a enxergar tudo de forma correta, embora todas as imagens ainda estejam de cabeça para baixo em seus globos oculares.

Se pensarmos sobre isso por um momento, perceberemos quão notável é essa façanha de reconexão. A visão é um processo incrivelmente complexo que envolve o reconhecimento de objetos e a resolução de como se movem um em relação ao outro. Ser capaz de recalcular tudo isso, para que uma imagem "de cabeça para baixo" apareça voltada para cima e, portanto, completamente normal, é algo assombroso. Especialmente se considerarmos que vimos o mundo de certa maneira durante toda a vida. Conseguir isso requer grandes mudanças no modo como a informação é processada e na forma como o cérebro é "conectado". Temos de superar anos de experiência e aprendizagem e fazer isso em tempo real, sem atrasos.

Se o cérebro pode ser treinado para inverter automaticamente um mundo de cabeça para baixo, fazendo tudo parecer normal, então ele pode ser treinado para fazer praticamente qualquer coisa.

06
INTRODUÇÃO AO PILAR HISTÓRICO

6.1 HIPNOSE ACIDENTAL

Há um tipo especial de acontecimento histórico que pode ocorrer em qualquer fase da vida. Um pequeno incidente, aparentemente inofensivo, pode produzir uma grande mudança em nossa personalidade. Sem uma época definida, isso pode acontecer até mesmo no fim da vida adulta. Chamo esse tipo de acontecimento especial de "Hipnose acidental". Em muitos casos de hipnose acidental, não nos lembramos mais do acontecimento em si, e, ainda assim, ele continua a ter um enorme efeito sobre nós, todos os dias da nossa vida.

O efeito ao qual me refiro é parecido com o que ocorre se alguém nos hipnotiza para pensarmos que uma cebola é, na realidade, uma maçã. Se o hipnotizador trabalhar corretamente, não saberemos que fomos hipnotizados, então não entenderemos por que todos nos olham de um modo estranho quando comemos a cebola. É possível que algo parecido esteja acontecendo com você hoje em dia, em algumas áreas de sua vida. Talvez você esteja fazendo ou sentindo coisas em sua vida diária para as quais não tem nenhuma explicação e cujas origens desconhece.

A razão pela qual isso se chama "acidental" é que ninguém pretendia deliberadamente mudar nossa personalidade, mas isso acabou acontecendo. Foi um acidente.

Para dar um exemplo simples de como a hipnose acidental funciona, vamos supor que uma menina de 7 anos chamada Patrícia vê um grupo de meninas "legais" brincando juntas no intervalo das aulas. Patrícia quer se juntar às meninas no pátio da escola, então caminha em direção ao grupo. Quando se aproxima, pergunta se pode brincar com elas. Infelizmente, Jill, a líder do grupo, responde: "Você não pode ficar com a gente porque é muito feia. Nós não gostamos de você, vá embora."

Muito provavelmente, a resposta de Jill é apenas uma resposta qualquer que pode ter muito pouco a ver com a aparência de Patrícia. Na verdade, pode até ser que Jill tenha dito que Patrícia era "feia" porque sentia inveja da menina e temia não ser mais o centro das atenções do grupo caso Patrícia fosse a nova integrante. Seja qual for a razão, esse tipo de insulto e crítica acontece com frequência em parques infantis, a maioria das vezes sem qualquer base na realidade. Mesmo que não houvesse qualquer verdade por trás da afirmação de que "Patrícia é feia", essa simples frase pode ter deixado uma cicatriz profunda no coração da menina. Isso aconteceu porque Patrícia estava desesperada para se juntar ao grupo e sentia-se solitária enquanto caminhava na direção das outras garotas. As palavras de Jill penetraram direto no coração da menina porque ela estava emocionalmente vulnerável e com as defesas baixas. Daquele momento em diante, Patrícia passou a se considerar feia ou impopular, e esse tipo de certeza pode se manifestar em todos os tipos de comportamentos incomuns e inesperados. Mesmo que Patrícia se esqueça totalmente desse episódio, ainda pode continuar se sentindo insegura e agir como se fosse feia.

É importante notar também que a hipnose acidental não resulta apenas daquilo que as pessoas dizem. Sua mãe pode ter simplesmente "erguido as sobrancelhas e suspirado" porque você falhou ao realizar alguma tarefa. Uma comunicação não verbal como essa pode ter o mesmo efeito que as palavras e também tem um impacto muito poderoso sobre nós.

Um exemplo real de como a hipnose acidental funciona pode ser ilustrado pelo caso de uma modelo bem-sucedida de Nova York que um dia veio me pedir ajuda. Apesar de ter sido capa da revista *Vogue*, ela agia como se "não se encaixasse" e como se fosse pouco atraente. Sua mente lógica dizia-lhe que ela tinha boa aparência porque estava constantemente conseguindo novos e importantes trabalhos, e ela até poderia olhar-se no espelho e dizer: "Sim, sou mesmo atraente." Mas, em um nível emocional profundo, minha cliente era incrivelmente insegura e buscava de forma constante a confirmação de que era atraente, além de aceita e querida. Essa insegurança provocou estragos em seus relacionamentos. A princípio, muitos homens eram atraídos por sua aparência deslumbrante, mas, em poucas semanas de encontros, o comportamento "carente" dela afastava-os. Para chamar atenção ou tentar provar que era uma pessoa digna de amor, ela falava constantemente sobre si mesma, em vez de apenas relaxar e aproveitar o relacionamento, e isso a tornava chata e irritante aos olhos de qualquer namorado. Previsivelmente, quanto mais homens minha cliente afastava, mais insegura se tornava e assim retroalimentava a situação, a ponto de ficar tremendamente insegura e desistir completamente de namorar.

Estava claro para mim que havia uma incompatibilidade entre sua mente lógica e sua mente emocional, mas as tentativas de racionalização ou de tentar convencê-la de que era bonita ou bem-sucedida pareciam não alterar a forma como minha cliente se sentia em relação a si mesma. Comecei a investigar e descobri que a causa dessa incompatibilidade era muito simples. Aos 11 anos, ela começou a crescer rápido demais. Como tinha as pernas muito longas e finas, precisou usar um aparelho ortopédico durante quase um ano para que ficassem retas.

Aos 11 anos de idade, com quase 1,80 metro de altura e usando um aparelho nas pernas, minha cliente destacava-se em meio a todos os outros adolescentes. Na época, ela ouviu muitos comentários dos colegas sobre sua aparência. Vindo de adolescentes, não é surpresa que muitos dos comentários fossem negativos. Mas, em um ano, o aparelho pôde ser retirado, e ela desabrochou, transformando-se em uma jovem incrivelmente atraente e atlética. No entanto, o dano emocional já estava feito. Ela ainda se sentia diferente e pouco atraente, mesmo que evidentemente esse não fosse mais o caso.

Quando a conheci, ela estava com 40 anos, e sua carreira de modelo já havia terminado. Minha cliente era então dona de um negócio bem-sucedido, mas estava solteira, solitária, trabalhando sem parar. Completamente exausta, sua vida parecia vazia e sem sentido. Enquanto conversávamos, ficou claro que seus horários de trabalho excessivos e sua obsessão com o sucesso estavam relacionados à mesma insegurança de sempre e à necessidade de ser aceita. O ano em que havia passado com um aparelho nas pernas, exibindo uma aparência incomum, projetou nela uma sombra que estragaria os trinta anos seguintes de sua vida, ainda que ela tivesse se tornado uma linda moça. Os diversos tipos de terapia, cursos de autoaperfeiçoamento e aconselhamento não ajudaram a resolver aquele problema profundo que vinha desde sua época de formação. Esse é o problema com a hipnose acidental.

É possível afirmar que a hipnose acidental:

É SURPREENDENTEMENTE COMUM

Poucos indivíduos escapam ilesos de seu período de crescimento. As experiências que a maioria das pessoas tem durante essa fase de alguma forma ainda projetam uma sombra sobre o que elas são hoje, mesmo que essas experiências tenham caído no esquecimento e não reflitam mais quem somos e em que etapa da vida estamos.

É PROFUNDAMENTE IMPACTANTE

Em muitos casos, as consequências da hipnose acidental podem ser muito debilitantes. Não é raro que até mesmo pessoas altamente qualificadas, com grande conhecimento e sabedoria para conduzir a vida, usem apenas uma fração de seu potencial e, consequentemente, só produzam uma fração da felicidade que merecem.

PERMANECE OCULTA DA MAIORIA

É comum as pessoas desconhecerem a forma como suas histórias as afetam. Não entendem realmente o que está errado com sua vida e não conseguem encontrar uma solução para o que as aflige. Nem mesmo percebem qual é o maior de seus problemas. Tudo o que sabem é que a vida não funciona tão bem como deveria.

FREQUENTEMENTE PODE TER CURA RÁPIDA E PERMANENTE

Muitas vezes, a cura é relativamente rápida e quase sempre permanente, bastaria apenas usar as ferramentas corretas. Essa é a verdadeira tragédia. As pessoas passam décadas subutilizando seus talentos e habilidades e desperdiçando sua vida, quando apenas alguns ajustes possibilitariam que experimentassem uma existência plena e feliz.

Há mais dois pontos importantes que gostaria de ressaltar sobre a hipnose acidental. Em primeiro lugar, nem sempre significa algo negativo. Às vezes, pode ter um impacto profundo e positivo (como relatado no Capítulo 23, "A bússola de Albert". Em segundo, não surge apenas das coisas que as pessoas nos dizem. Lembra-se das sobrancelhas erguidas daquela mãe?

Até agora, você deve estar se perguntando o que distingue a hipnose acidental das situações normais enfrentadas diariamente durante a fase de crescimento. Não estávamos agora mesmo falando de coisas boas e ruins que têm influência sobre nós? Pois a resposta é que há coisas especiais sobre a hipnose acidental que a tornam um pouco diferente.

A hipnose acidental normalmente:
- Ocorre quando você está emocionalmente vulnerável ou sob estresse.
- É causada por alguém de nosso relacionamento, a quem respeitamos ou queremos impressionar: uma pessoa que admiramos, um familiar, um professor, um treinador.
- Acontece quando se é jovem e impressionável.
- Não nos permite saber quais acontecimentos se transformarão em casos de hipnose acidental.
- Tem efeito a longo prazo sobre nossa personalidade, muito depois de o acontecimento ter sido esquecido.

A hipnose acidental tem tanto poder sobre nós porque as emoções são despertadas *durante* o evento. Quando isso ocorre, o bom e velho sistema límbico dispara, até porque fomos feridos e ele quer evitar que essa má experiência seja repetida no futuro. No que diz respeito ao sistema límbico primitivo, ser chamado de feio não é diferente de ter os dedos queimados no fogo. Todo o sistema límbico sabe que fomos expostos a uma "experiência dolorosa", e o objetivo único é que aprendamos imediatamente a evitar definitivamente esse risco. Da mesma forma que o sistema límbico nos ajudou a evitar o tigre sem que tivéssemos de passar por muitas lições.

Assim, quando o sistema límbico dispara, libera substâncias químicas especiais nas partes do cérebro envolvidas com a memória de longo prazo, que fixam de forma permanente os incidentes emocionalmente significativos. Por isso, é provável que possamos recordar exatamente onde estávamos quando soubemos da morte da princesa Diana, mas possivelmente não lembremos nada do que aconteceu um dia antes de sua morte. Para a maioria das pessoas, a morte de Lady Di foi um acontecimento emocionante, e por isso pode ser recordado fácil e claramente.

Em resumo, eventos emocionais marcantes têm essa capacidade especial de marcar nossa alma e, se os acontecimentos são ruins, podem reduzir nossa capacidade de satisfação para o resto da vida.

Isso também ajuda a explicar por que acontecimentos ocorridos na infância muitas vezes têm um efeito mais poderoso sobre nós. Quando somos jovens, ainda não sabemos como nos proteger dos acontecimentos ou como interpretá-los necessariamente de forma correta porque a razão e os lobos frontais estão ainda pouco desenvolvidos. Isso permite que o sistema límbico se deixe levar e estabeleça, muitas vezes, conceitos inadequados sobre nós mesmos e sobre quem somos. Por exemplo, se um homem foge com outra mulher, abandonando a família, as ações dele podem ser acidentalmente interpretadas por sua filha como se nenhum homem fosse confiável. Por ser tão jovem, ela ainda não aprendeu a julgar cada pessoa como um indivíduo e pode não estar totalmente ciente de todos os fatos que levaram à separação dos pais. Por estar emocionalmente ligada ao pai, sua perda é imensa. A partir de então, isso pode ter um efeito poderoso sobre a forma como ela vê a si mesma e as outras pessoas. Voltando à analogia com o hipnotizador, ela pode, então, ver a cebola como uma maçã ou, em outras palavras, todos os homens como pessoas pouco dignas de confiança.

6.2 OS NÓS EM SUA MENTE

Já conhecemos algumas causas dos aspectos debilitantes do nosso Pilar Histórico. Mas qual é seu efeito? Há uma coisa interessante a ser dita sobre a nossa história que fará sentido para quem já fez massagem. Ocasionalmente, o massagista percebe um pequeno nó muscular mais rígido ao toque dos dedos do que o resto dos músculos. Quando ele explora esse pequeno ponto, percebemos que é muito mais doloroso do que qualquer outro lugar massageado. Esse ponto doloroso origina-se porque os músculos nessa área estão em um estado permanente de miniespasmos. Por algum motivo, essas fibras não se relaxaram nem se liberaram, mesmo que a tensão não seja mais necessária. Embora os músculos possam ter sido forçados anteriormente para um exercício, ou tenham ficado tensos num momento de concentração, isso ocorreu há algum tempo, e eles já deveriam estar relaxados para que pudessem se recuperar. Esses músculos estarem presos a um estado de tensão é bastante contraproducente para a sua recuperação. Mas, com um toque forte e a pressão do massagista, o ponto tenso libera-se gradualmente, e a dor desaparece.

Há três situações interessantes sobre isso:
- Antes que o massagista o encontrasse, não se tinha ideia de que aquele ponto tenso específico estava lá. A sensação era que os ombros estavam tensos como um todo.
- Não era necessário que aquele pequeno grupo de músculos permanecesse

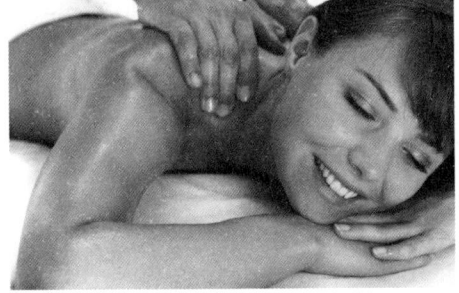

tenso. Na verdade, a contração constante e a incapacidade de relaxar pioraram o espasmo.
- Uma vez que o ponto dolorido foi corrigido, a tensão de todo o ombro melhorou.

A mesma coisa vale para o cérebro. Todos temos circuitos vibrando constantemente em nosso cérebro sem termos consciência deles – como "miniespasmos" de pensamento. Muitas vezes, esses pensamentos inconscientes tornam a vida menos feliz do que deveria ser, assim como o pequeno e intrincado nó muscular que deixa os ombros tensos. Esses circuitos cerebrais podem ter sido historicamente ativados por alguma experiência do passado, da mesma forma que foram nossos músculos.

Mas o que aconteceu já passou, e agora precisamos realmente nos desligar do passado. O problema é que geralmente não sabemos qual pensamento específico está provocando esse desconforto ou mal-estar.

O alívio quando esses circuitos cerebrais desnecessários e ocultos são finalmente relaxados e desligados é, muitas vezes, surpreendente. A parte triste é a quantidade de energia que esses nós mentais consomem e o longo tempo que os temos de suportar, por não saber quais partes da mente devem ser "massageadas" e não ter aprendido as melhores técnicas para desfazê-los.

6.3 SUPERANDO A SUA HISTÓRIA

Superar nossa história não significa gastar anos em terapia revolvendo as brasas da infância, buscando causas para todos os nossos problemas e pondo a culpa em acontecimentos passados. Esse tipo de terapia é bastante lenta e ineficaz do ponto de vista clínico, e há o risco de que se torne tão focada no passado que seja impossível registrar qualquer progresso na solução dos problemas no presente. Você acaba se tornando obcecado por seus problemas e se esquece de buscar a cura.

Superar nossa história, ou qualquer experiência de hipnose acidental, deve ser um processo relativamente rápido e permanente, desde que seja feito corretamente, e requer:

- A compreensão do que está em cada um de seus Quatro Pilares.
- O uso diário da *Bíblia do vencedor*.
- A aplicação de ferramentas mentais especiais (tais como a "Transformação Emocional" ou os "CDs emocionalmente Sobrecarregados", ver capítulos 7 e 9, respectivamente).

A combinação desses três itens será poderosa e eficiente.

6.4 SUA HISTÓRIA INICIAL É DESPROPORCIONALMENTE PODEROSA

O que faz de nossa história um elemento tão importante na construção de quem somos é que, quando jovens, nosso cérebro sofreu grandes mudanças enquanto estava sendo conectado. O cérebro aprendeu a fazer, literalmente, milhões de coisas novas sem que se estivesse consciente de que isso estava acontecendo. Durante os primeiros anos de formação, o cérebro humano realiza mais de 2 milhões de novas conexões a cada segundo, e todas são necessárias na aprendizagem de coisas como decifrar os mistérios da linguagem ou aprender a andar e a enxergar. Na verdade, o cérebro de um recém-nascido não sabe o que fazer com os sinais recebidos pelos olhos, e assim o bebê não pode ver corretamente. Além de imagens difusas, também não percebe a distância entre objetos diferentes nem sabe onde um objeto começa e termina. Tudo é apenas uma grande imagem embaçada, sem qualquer nitidez. Mas, durante o período de alguns meses, o cérebro aprende o que fazer com os sinais recebidos pelos olhos, e, por volta dos 7 anos, a visão da criança já é tão boa quanto a de um adulto.

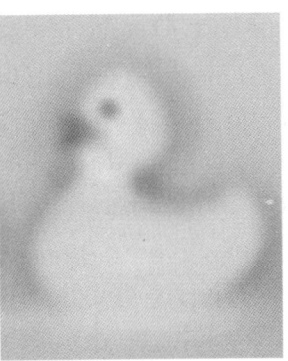

4 semanas   8 semanas   16 semanas

Há outra coisa interessante sobre como aprendemos a ver. Se o cérebro for privado de sinais enviados pelos olhos durante o primeiro ano de vida, *nunca* aprenderá a ver bem, não importa quanto treinamento a pessoa receba posteriormente na vida. Por exemplo, se fosse colocado um tapa-olho em um bebê durante seu primeiro ano de vida, depois de removido, a criança ficaria "cega" desse olho, mesmo que não houvesse nada de errado com o olho propriamente dito. Isso acontece porque o cérebro não teria aprendido a conectar os circuitos da visão. Infelizmente, a cegueira seria permanente, porque há apenas uma oportunidade limitada em que o cérebro pode fazer toda a conexão da visão.

Da mesma forma, você aprende muitas outras coisas nos primeiros anos de vida, sem compreender exatamente o que está acontecendo. Aprende o que é "certo e errado" e o "tipo de pessoa" que você é. O cérebro da criança absorve milhões de mensagens dos pais, professores e amigos e, assim, desenvolve uma hipótese acerca de quem ela é e de como se encaixa no mundo, tendo essas mensagens como base. Infelizmente, por ser uma criança, o cérebro faz isso com um conhecimento muito limitado e, muitas vezes, entende apenas de modo parcial as questões sociais mais complexas. E, assim como as outras coisas que se aprendem quando se é jovem, a maioria dessas lições sociais acaba escondida dentro do cérebro, sem que se possa realmente entender como chegaram lá. Mas, uma vez que elas estejam instaladas, são extremamente resistentes à mudança.

Em contrapartida, é também muito complicado lidar com o que *não* se aprende na infância. Quando alguém é privado de amor e carinho na infância, as principais áreas do cérebro, responsáveis pela personalidade, não se conectarão corretamente. O efeito nesses circuitos defeituosos de personalidade é semelhante ao efeito nos circuitos da visão no cérebro, quando, no primeiro ano de vida, a criança é privada de luz. Sabemos disso porque as imagens do cérebro de pessoas que foram emocionalmente privadas de amor e carinho mostram que as conexões entre os lobos frontais racionais e os circuitos emocionais não funcionam de forma correta. Essas conexões lógico-emocionais podem permanecer mal conectadas por toda a vida adulta no caso de quem teve uma infância muito traumática, do mesmo modo que os circuitos visuais podem ser danificados definitivamente pelo uso de um tapa-olho. Por sorte, esse nível de dano é relativamente raro na sociedade moderna. Mas a questão principal permanece: em grandes áreas da nossa personalidade, a compreensão de quem somos e de como reagimos emocionalmente às situações é definida no início da vida, e essas lições persistem obstinadamente durante anos.

Ainda que muitas das habilidades físicas, visuais e verbais sejam configuradas durante os primeiros sete anos de vida, as habilidades sociais continuam a sofrer mudanças rápidas até o indivíduo completar 20 anos. Isso acontece porque as regiões do cérebro responsáveis pela personalidade e raciocínio sofisticado continuam muito influenciáveis e facilmente conectáveis até os 20 e poucos anos. Essa questão é demonstrada na figura abaixo, na qual as cores ilustram como as diferentes regiões do cérebro amadurecem em momentos distintos da vida.

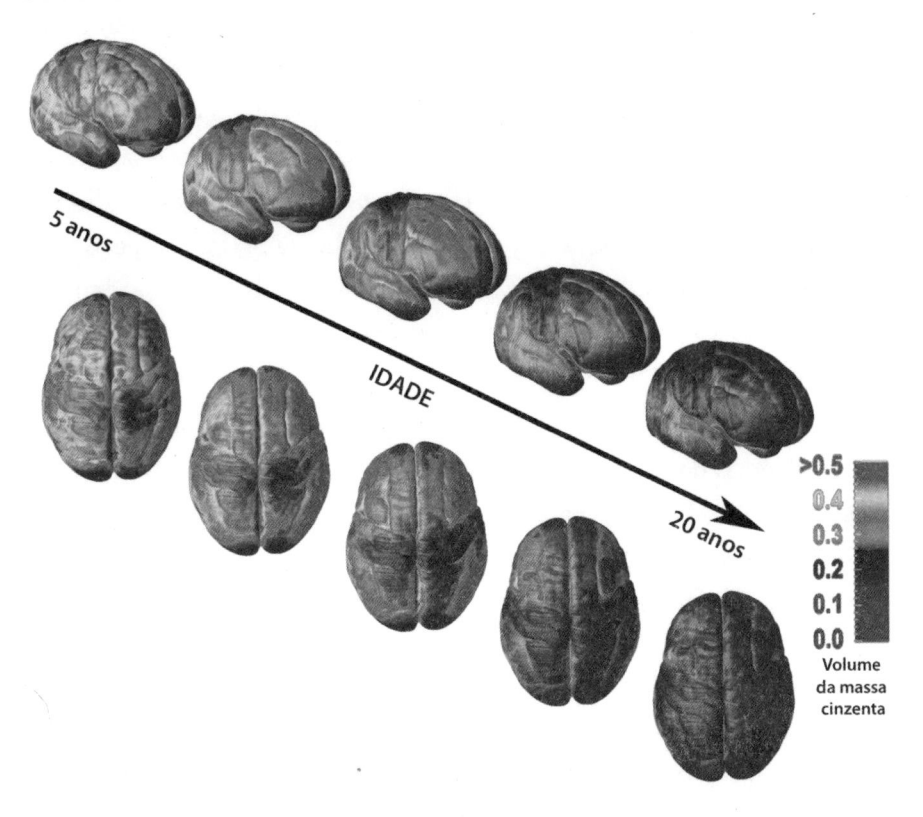

A velocidade de conexão das diferentes regiões do cérebro é perfeitamente compatível com as observações sobre o comportamento humano. Aprendemos as habilidades físicas com mais facilidade quando a parte do cérebro responsável por controlar os músculos – o chamado córtex motor – está sendo conectada. Por isso, é importante para os atletas e músicos adquirirem ou desenvolverem suas habilidades precocemente. Da mesma forma, é bem mais proveitoso aprender um segundo idioma enquanto a parte do cérebro responsável pela linguagem – os chamados lobos temporais – está sendo conectada. Por essa razão, a aprendizagem de uma segunda língua após os 12 anos é muito mais difícil.

Não é surpreendente, portanto, que as bases fundamentais da personalidade e as estratégias usadas para moldar a vida adulta sejam formuladas na infância e na adolescência. Mas *não precisamos ser escravos da nossa história*. Um dos objetivos deste livro é oferecer ferramentas para que você possa se libertar das influências da infância e projetar um futuro ideal.

PONTOS-CHAVE

- Os primeiros anos são uma etapa muito especial na formação do cérebro, porque ele aprende sem esforço milhões de coisas novas.
- Você não tem consciência de grande parte do que aprende nessa época da vida. Parte do que vê, ouve e aprende permanece escondido no fundo do cérebro.
- Além de habilidades físicas, você também desenvolve a base central de sua personalidade.
- Muitas das lições da infância são resistentes a mudanças e continuam a exercer influência desproporcional em sua vida adulta, ainda que tais lições não forneçam uma boa base para nossa personalidade.
- Um dos objetivos deste livro é ajudá-lo a romper com essas certezas adquiridas na infância para que você possa alcançar seu futuro ideal.

6.5 OS OUTROS DOIS PILARES

Já nos inteiramos brevemente do que tratam os pilares Fisiológico e Histórico. Mas existem mais dois pilares: o Pilar Filosófico e o Pilar Psicológico.

O PILAR FILOSÓFICO

O Pilar Filosófico é provavelmente o mais importante de todos. Várias vezes, trabalhando com campeões em seus respectivos esportes, ou enfrentando problemas muito difíceis com algum cliente, descobri que a chave para a solução dos conflitos estava no Pilar Filosófico. Esse pilar é tão importante que escrevi um livro inteiro sobre ele, intitulado *The ant and the Ferrari* (A formiga e a Ferrari em tradução livre). É preciso lançar mão de um pouco de filosofia à medida que continuamos este livro. Para isso, serão introduzidos ocasionalmente alguns trechos de textos de filosofia, sob a forma de pequenas histórias ou ilustrações independentes, em vários capítulos. Meus clientes apreciaram muito essas pequenas histórias, e eu espero que você também venha a gostar delas.

A razão pela qual a filosofia é tão importante é porque o vencedor não precisa apenas entender a si mesmo. Ele também precisa entender o universo em que vive. Não compreender totalmente as regras que regem o universo é como jogar pôquer sem conhecer as regras. Se fizermos isso, com certeza perderemos, não importa quanto nos esforcemos. *The ant and the Ferrari* explica os mistérios profundos do universo e o que eles significam em sua vida cotidiana. Existe mesmo algo chamado verdade? Será que temos o controle do nosso futuro ideal? Como poderemos saber? Podemos encontrar valor e significado na vida? Qual é o lugar da humanidade no universo? Sei que pode parecer estranho, mas ter clareza sobre essas complexas questões filosóficas tem exercido influência profunda e constante sobre os atletas e empresários com os quais tenho trabalhado. Permite que eles abram caminho para um nível superior de desempenho.

Há um trecho na parte final da obra *The ant and the Ferrari* para que você possa constatar por si mesmo como esse tema ganha vida de um modo muito visual.

O PILAR PSICOLÓGICO

As ferramentas que você vai aprender a usar no próximo capítulo são parte integrante da sua Psicologia. O restante deste livro se preocupará principalmente com essas ferramentas, porque elas o ajudarão a superar sua história e a maximizar sua fisiologia. Elas vão garantir que consiga tirar o melhor proveito de cada experiência que a vida lhe apresentar.

Parabéns! Você teve contato com toda a teoria de que precisará para ler o restante deste livro e, agora, deve ter construído uma base muito sólida sobre a qual pode fazer algumas mudanças significativas em sua vida. Você tem sua *Bíblia do vencedor* nas mãos e concluiu sua auditoria independente.

Agora é hora de apresentar algumas das técnicas e ferramentas que usei para mudar radicalmente a vida de alguns atletas de elite e de pessoas comuns. Você terá a chance de compartilhar a experiência de atletas mundialmente famosos e vai me ver em ação, já que ilustrarei cada ferramenta com casos reais de meus clientes. Então, será sua vez de experimentar as ferramentas em si mesmo.

A diversão começa agora.

07
TRANSFORMAÇÃO EMOCIONAL

AGORA É O MOMENTO DE EU APRESENTAR A PRIMEIRA FERRAMENTA QUE PODERÁ AJUDÁ-LO A ALCANÇAR UM MELHOR EQUILÍBRIO ENTRE SEU SISTEMA LÍMBICO EMOCIONAL E SEUS SISTEMAS RACIONAIS. CHAMO ESSA FERRAMENTA DE TRANSFORMAÇÃO EMOCIONAL (PORQUE ME LEMBRA DE UMA ENGENHOSA TÉCNICA CHAMADA "TRANSFORMAÇÃO", ALGUMAS VEZES USADA POR MATEMÁTICOS DE ALTO NÍVEL PARA RESOLVER PROBLEMAS REALMENTE DIFÍCEIS). A SEGUIR, DUAS HISTÓRIAS REAIS PARA ILUSTRAR COMO A TRANSFORMAÇÃO EMOCIONAL FUNCIONA.

7.1 O CÃO E O OSSO

Alguns anos atrás, trabalhei em um projeto de pesquisa com um piloto de corrida excepcionalmente talentoso que venceu um bom número de campeonatos enquanto progredia nos diversos níveis da competição. Seu desempenho era tão impressionante que uma das equipes de ponta da Fórmula 1 o selecionou para se juntar ao seu pelotão de preparação, para que se tornasse piloto da equipe em dois anos. Infelizmente, no ano anterior àquele em que deveria fazer sua estreia na Fórmula 1, ele teve uma péssima temporada, pilotando em uma categoria inferior, chamada GP2. Aquele ano foi tão ruim para ele que a equipe de Fórmula 1 cancelou seu contrato, o que enterrou as chances dele de se tornar piloto da modalidade.

Parte da razão de esse piloto ter enfrentado um ano ruim foi sua inabilidade em lidar com a crescente pressão que precisava enfrentar enquanto galgava posições na tabela da competição. Ele vencia facilmente nos níveis inferiores, como na Fórmula 3, mas, quando começava a se aproximar dos níveis mais altos do esporte, a pressão sobre ele crescia exponencialmente, pois ele se dava conta de que as consequências do fracasso se tornavam muito mais sérias. Uma derrota nos níveis inferiores passava despercebida, ou era justificada por sua inexperiência, mas, em níveis mais altos, cada erro poderia facilmente significar o fim de sua carreira.

Se o piloto fazia um *pit stop* para reabastecer ou trocar os pneus, e um dos mecânicos cometia o menor erro que fosse, ele ficava muito, muito irritado e levava essa raiva consigo para a pista, o que o fazia perder o controle do carro e cometer erros que prejudicavam muito seu desempenho nas voltas seguintes. Ultrapassagens sem qualquer cuidado e freadas na hora errada rapidamente arruinavam os pneus, o que aumentava seu tempo a cada volta e piorava sua colocação na corrida e na classificação geral. Alguns décimos de segundos perdidos no *pit stop* rapidamente evoluíam para segundos, depois minutos; e, no final da corrida, ele estava gritando e culpando o mecânico por seu desempenho ruim. Seu comportamento acabava por irritar também os mecânicos e outras pessoas que trabalhavam com ele, o que gerava erros ainda maiores e mais graves na corrida seguinte. No fim daquela temporada, sua carreira de piloto estava por um fio, e ninguém queria contratá-lo em razão de sua natureza explosiva e de seu desempenho imprevisível. Apesar de ser extremamente rápido e talentoso, lidar com ele era algo difícil.

Esse piloto consultou vários psicólogos especialistas em esportes, para tentar resolver seu problema. Ouviu inúmeros profissionais lhe dizendo que "precisava ficar mais calmo" quando as outras pessoas cometiam erros ou, ainda, que deveria "se concentrar apenas no que podia controlar". Como era de se esperar, nada disso adiantou.

Quando o questionei sobre a causa de toda aquela frustração e raiva, ele disse que era assolado por um intenso e sufocante desejo de ganhar. Ele conseguia ver seu objetivo *muito perto*, ao passo que, quando um mecânico cometia um erro, conseguia ver esse objetivo escapando-lhe por entre os dedos e se sentia impotente para fazer algo a respeito. Era a combinação da importância de seu objetivo, a proximidade dele e a própria inabilidade em atingi-lo que o deixava tão irritado e instável.

Essa descrição imediatamente gerou em minha mente uma imagem que iria transformar o piloto em apenas quinze minutos. A partir de então, ele *nunca mais* voltou a ter um único episódio de raiva ou frustração durante uma corrida. Ele passou a conseguir os ótimos resultados de antes e, no fim do ano seguinte, venceu o campeonato. Equipes de ponta começaram a bater em sua porta, e ele assinou um contrato como piloto de fábrica com uma das mais prestigiadas equipes do mundo. Teve uma gloriosa carreira, ganhando vários campeonatos importantes.

Mas qual era a imagem que eu visualizei e como ela ajudou o piloto?

Disse-lhe que ele me fazia lembrar de um cão que conseguia ver um osso do outro lado de uma cerca de arame farpado. Aquele osso suculento e saboroso estava a apenas alguns centímetros dos olhos do cão. Ele conseguia sentir o cheiro e quase sentir o gosto e queria desesperadamente pegar aquele osso, então começou a bater e arranhar a cerca freneticamente. Mas não importava quanto ele se empenhasse, não conseguia passar, porque o emaranhado da cerca era bem construído. Desesperado, ele cavou furiosamente, na tentativa de passar por baixo, mas falhou novamente, porque a cerca tinha fundações profundas. Isso deixou o cão enlouquecido, porque o osso estava tão perto e, mesmo assim, fora de seu alcance...

Se tirasse os olhos do osso e observasse em volta, o cão veria que, à sua esquerda, a menos de dois metros, havia um portão aberto. Se ele passasse pelo portão, poderia facilmente chegar ao seu objetivo em segundos.

Essa imagem pode não significar muito para você, mas significou bastante para o jovem piloto. A luta furiosa do cão contra a cerca e sua frustração em ver seu objetivo tão próximo, mas fora de alcance, impressionaram-no. Outra razão pela qual essa imagem foi tão eficaz para o piloto foi porque não o envolvia. Como não estava pessoalmente envolvido, ficou muito mais fácil para ele enxergar quanto era estúpido "debater-se contra a cerca". Era óbvio para alguém de fora que o cão agia como um tolo ao investir contra uma cerca e que aquilo não o ajudaria a alcançar seu objetivo. O piloto pôde enxergar isso claramente, e a história ecoou nas emoções e frustrações pelas quais ele estava passando. Quando pensou em minha fábula sobre o cão, o piloto *imediatamente* entendeu como vinha agindo.

Assim, ele foi capaz de usar o que havia descoberto com a história "O cão e o osso" como ferramenta de transformação em sua própria situação. Quando fez isso, imediatamente ficou óbvio para ele que, emocionalmente, não conseguiria nada além de um monte de arranhões se continuasse a "lutar contra a cerca". Ele não precisou "ser convencido" a mudar de abordagem, simplesmente mudou a maneira de encarar a responsabilidade que novas etapas de sua carreira traziam e, dessa forma, parou de culpar o mecânico ou quem quer que fosse toda vez que tinha que fazer um *pit stop* durante uma corrida, por qualquer que fosse o motivo. A partir dali, meu cliente simplesmente passou a se manter sereno e a se concentrar no próprio desempenho, para que pudesse conduzir o carro com maestria cada vez que voltasse à pista.

CHAVES PARA A TRANSFORMAÇÃO EMOCIONAL

- Encontre uma Situação Substituta (por exemplo, "O cão e o osso") que capture vividamente a essência e os sentimentos causados por um evento que esteja lhe causando problemas (a frustração de não ser capaz de alcançar o objetivo/um mecânico ruim).
- É preferível que você não esteja pessoalmente envolvido na Situação Substituta, assim é muito mais fácil ver a situação mais claramente (um cão, em vez de você).

- Tenha certeza de que sua reação natural à Situação Substituta é aquela que funciona em seu benefício (o cão é estúpido, e você nunca se comportaria como ele).
- Tenha certeza de que a Situação Substituta terá um resultado positivo (o cão passa pelo portão/o piloto passa a se concentrar apenas em seu próprio desempenho).

7.2 A NAMORADA COCAÍNA

Vou dar outro exemplo real que ilustra esse procedimento chamado Transformação Emocional. Um homem de negócios extremamente bem-sucedido me procurou, pois estava apaixonado. A mulher por quem tinha se apaixonado era linda, atlética, alegre, extrovertida, espirituosa, inteligente e tinha um senso de humor espontâneo e adorável. Houve química entre eles, e não demorou muito para ele ficar completamente encantado por ela. Mas, depois de quatro meses de relacionamento, meu cliente começou a perceber que ela lhe fazia "mal". Apesar da imagem perfeita de *miss* popularidade, na intimidade ela era uma pessoa egoísta. Era consciente do poder de sua beleza e sabia como usar seu humor travesso para conseguir o que desejava. Ela amava-o, mas era como se seu amor fosse um objeto: um carro, uma casa ou uma partitura, uma "coisa" que ela amava pelo prazer que isso poderia lhe proporcionar. Ela absolutamente não se importava com a felicidade de meu cliente, nem com seus sentimentos. Dava-lhe amor, mas na realidade era apenas uma transação para garantir que *teria* o amor dele, além de afeição, estímulo intelectual e segurança financeira em retorno. Ela não era uma pessoa má e, certamente, não queria magoar ninguém. Provavelmente, nem tinha consciência de quanto seu amor era superficial. Simplesmente era uma garota "adequada" que pensava que podia fazer as coisas de seu jeito e que ninguém sairia magoado enquanto não descobrissem. Em suma, ela não tinha uma bússola moral propriamente desenvolvida com a qual guiar sua vida.

Meu cliente percebeu que, caso as coisas ficassem difíceis ou ele atravessasse uma fase ruim, a moça provavelmente o trocaria por outro homem, apesar das juras de amor que lhe fazia. Quando o questionei sobre as sutilezas do comportamento dela (ver Capítulo 21, "As historinhas do vovô", para mais elucidações sobre essas sutilezas), tornou-se óbvio para nós que ela estava mantendo suas opções em aberto com outros homens e, dado seu longo histórico de infidelidades, esse era outro mau sinal.

Ele *sabia* racionalmente que uma mulher como aquela não poderia ser sua alma gêmea e também *sabia* que ela lhe causava dor e bagunçava sua vida porque sua bússola moral não estava alinhada com a dele. Ainda assim, sempre que a via, seu Sistema Límbico assumia o controle. Ele era atraído por ela como uma mariposa por uma chama. Mesmo que tivessem verdadeiros momentos de enorme felicidade, mais cedo ou mais tarde ela tomaria alguma atitude egoísta e o faria sofrer. Gradualmente, a própria integridade e essência dele começaram a se desvanecer. Ele não era mais o mesmo homem de negócios poderoso e decidido que costumava ser. Começou a dar desculpas para o comportamento da namorada e a aceitar o que ela fazia. Sua "mente" dizia-lhe para deixá-la, que deveria encontrar uma mulher melhor, mas sua "emoção" mantinha-o preso a ela. Nem os muitos conselhos racionais dados por amigos que o apoiavam pareciam ajudar. Ele estava viciado nela.

Para ajudá-lo, tive de encontrar uma imagem como a do "cão e o osso" que capturasse as intensas emoções que ele estava sentindo. O mais importante era fazê-lo enxergar a realidade de sua situação e o mal que a namorada estava lhe causando. Então, contei a ele a história de um jovem e brilhante homem de negócios que tinha passado anos trabalhando em um revolucionário produto eletrônico. Para financiar a pesquisa, ele tinha levantado um milhão de dólares em investimentos, e, dentro de apenas alguns meses de pesquisa e desenvolvimento, o produto estaria pronto.

Uma vez que seu produto estivesse no mercado, ele se tornaria instantaneamente milionário e poderia realizar tudo o que sempre ambicionou. Teria sua própria empresa, seria rico, viajaria e poderia usufruir de toda a efervescência de uma carreira de sucesso no mundo corporativo internacional. Pintei esse quadro tão vividamente quanto pude. Então, contei ao meu cliente como aquele mesmo jovem promissor abriu uma gaveta e retirou de lá um pequeno papelote de cocaína, que dispôs adequadamente e então cheirou. Não haveria mais trabalho naquele dia. Nem no dia seguinte.

Cada um dos dias do rapaz da minha história era desperdiçado com o prazer temporário proporcionado pela "onda" da cocaína e a "ressaca" que, inevitavelmente, vinha a seguir. Semanas vieram e se foram. Ele gastou com drogas todo o dinheiro que recebera, enquanto suas habilidades, fontes e talentos eram desperdiçados. Perdeu carreira, amigos, dinheiro e saúde, enquanto todas as outras atividades emocionantes que normalmente o teriam agradado na vida passavam por ele. Tornou-se um homem pálido, magro, com profundas olheiras.

Essa era uma história trágica sobre oportunidades perdidas e sobre uma jovem vida a bordo de uma montanha-russa rumo a lugar nenhum.

A imagem foi bem clara para o homem de negócios. O rapaz da minha história estava diante da escolha ou a vida de altos e baixos proporcionada pela cocaína ou uma vida rica e plena, e sentia-se impotente. Se meu cliente genuinamente conseguisse ver sua namorada disfuncional como um papelote de cocaína, se conseguisse ver sua atração por ela como um vício, então haveria uma chance de ele colocá-la para fora de sua vida.

Felizmente, a imagem fez sentido para ele. Desejando-lhe boa sorte, ele terminou o relacionamento. Até mesmo mudou o nome dela em seus contatos do celular para "Cocaína", assim, a partir de então, sempre que ela ligasse ou enviasse uma mensagem de texto, ele imediatamente perceberia o perigo que ela significava. O feitiço foi quebrado, ele não estava mais preso ao charme dela.

Quis o destino que aquele homem de negócios logo depois conhecesse uma mulher maravilhosa, que se tornou sua verdadeira alma gêmea. Ele descreveu sua nova namorada como uma parceira que o ajudava a guiar o barco em que estavam rumo ao destino que ambos desejavam, enquanto sua antiga namorada era uma passageira sentada nos fundos, comendo todas as guloseimas da cesta de piquenique, enquanto ele suava nos remos.

7.3 UMA RÁPIDA RECAPITULAÇÃO

Vamos recapitular o que fiz com ambos, o piloto de corrida (O cão e o osso) e o homem de negócios (A namorada cocaína), usando a ferramenta chamada Transformação Emocional. Ambos estavam tendo grande dificuldade com determinado problema que era quase idêntico ao das histórias que ouviram, mas no qual nenhum estava pessoalmente envolvido. *Um problema com dinâmica similar, mas que naturalmente evocava uma resposta emocional exatamente contrária.*

O homem de negócios naturalmente pensou que as pessoas que se tornavam viciadas em cocaína eram fracas e tinham habilidades sofríveis para a vida, mesmo que ele estivesse igualmente viciado em algo nocivo para si. O piloto de corrida considerou o cão um estúpido por estar tão fixado no osso posto imediatamente diante dele, a ponto de mal olhar para os lados, ainda que o rapaz estivesse fazendo a mesma coisa em sua carreira.

Gostaria de fechar este capítulo mencionando novamente como nossas inclinações naturais são destrutivas e por que precisamos de ferramentas como a Transformação Emocional para superá-las. Se você der a ratos a escolha de pressionar uma torneira para obter água aromatizada e adoçada com aspartame (um adoçante artificial sem calorias ou valores nutricionais) e outra torneira com leite integral, eles sempre vão escolher a água. Vão pressionar a torneira continuamente e beber a água até morrer, ainda que o leite fresco e nutritivo esteja disponível. O instinto natural deles os induz a buscar algo doce, em vez de algo saudável. Do mesmo modo, somos naturalmente inclinados a gostar de coisas que nem sempre são boas para nós.

DUAS TÉCNICAS ESSENCIAIS QUE USO AO TRABALHAR COM ATLETAS SÃO:

1. Primeiramente, encontre o que está desequilibrando ou dificultando seu desempenho.
2. Depois, e o mais importante, encontre uma imagem capaz de despertar emoções que possam ajudá-lo a superar suas fraquezas naturais.

08
A RODA DA VIDA

8.1 VIBRAÇÕES

Se o volante de seu carro começa a vibrar, você imediatamente sabe que há alguma coisa errada com ele. Se isso acontecer, você precisa resolver o problema o mais rápido possível, porque esse tipo de coisa vai desgastar os pneus e colocar mais peso na suspensão do carro. Sem mencionar que tornará as viagens mais cansativas, pois você terá de lutar com o volante. O problema é que a causa do tremor nem sempre é óbvia.

8.2 O SEU EQUILÍBRIO ÚNICO

Podemos fazer uma analogia entre essa situação e você. Sua vida é como uma roda, cujo eixo central é sua filosofia-mestra. Espalhados ao redor desse eixo central, do interior para o exterior da roda, estão todos os componentes de sua vida: paixões, *hobbies*, amigos. Todas as coisas que você faz, sobre as quais pensa e que ama. O fato de que você é uma pessoa única, com uma combinação única de pensamentos, torna sua roda única de pensamentos, faz de cada um desses componentes algo singular para você.

Independentemente do que compõe sua roda, é essencial que cada componente seja cuidadosamente equilibrado por seu complementar equivalente. De outro modo, sua vida ainda vibrará fora de controle. Por exemplo, todos nós precisamos de equilíbrio entre "empolgação e estímulo" na vida, com quantidades balanceadas de "relaxamento, reflexão, recuperação e contemplação". Pessoas diferentes exigem quantidades diferentes de cada componente em suas rodas, de maneira a alcançar o equilíbrio ideal. O que representa uma grande quantidade de estímulos para alguém pode não ser nada para outra pessoa. Da mesma forma, algumas pessoas usam a meditação e a contemplação para compensar a vida agitada que levam, enquanto outras buscam cada vez mais emoção.

8.3 EQUILÍBRIO DINÂMICO

Embora cada um de nós tenha seu próprio ponto de equilíbrio, ele não é estático. À medida que a vida passa e muda, devemos constantemente ajustar o peso de nossos componentes e remover ou adicionar novos elementos à nossa roda. Aquilo de que gostávamos quando crianças não precisa ser nosso objeto de afeição quando adultos. Viver é um processo dinâmico, ou pelo menos deveria ser.

> "QUANDO EU ERA MENINO, FALAVA COMO MENINO, PENSAVA COMO MENINO E RACIOCINAVA COMO MENINO. QUANDO ME TORNEI HOMEM, DEIXEI PARA TRÁS AS COISAS DE MENINO."
> 1 CORÍNTIOS 13:11

Não há nada mais triste do que ver adultos correndo por aí como bebês precisando de apoio.

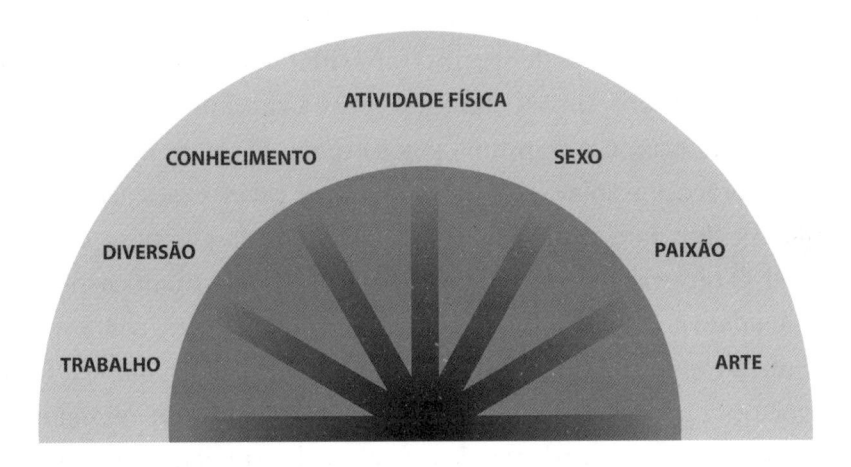

8.4 O SEU EIXO CENTRAL

A parte que afeta o desempenho de uma roda de maneira mais significativa é o eixo central. Ele não apenas suporta o aro, mas também orienta e define a direção da roda. Nessa analogia, sua filosofia principal é o eixo em torno do qual toda a sua vida gira. Seu núcleo filosófico sustenta suas atividades e paixões, além de determinar a direção de sua vida e aonde você chegará. Se os rolamentos filosóficos estiverem soltos, até mesmo as menores colisões na vida podem desviá-lo de seu verdadeiro caminho. Rolamentos soltos também causam outros problemas. Se estão soltos, o menor desequilíbrio em sua roda causará "oscilações de velocidade". Você não terá nenhuma tolerância ou resistência. Mas um eixo sólido e bem construído permite certa facilidade para lidar com os desafios da vida e também fazer progressos, mesmo que, em alguns momentos da vida, sua roda esteja temporariamente fora de equilíbrio por causa de alguma situação de estresse inesperado.

8.5 A PESSOA SÁBIA

Manter o carro em boas condições, mesmo que isso exija um maior desempenho do veículo, envolve certo nível de conhecimento. Uma vibração considerada normal quando o carro é novo pode aos poucos fazer com que o desempenho decaia quando o carro estiver com mais tempo de uso, ainda que você não perceba nenhuma mudança. Um ruído sem importância pode significar pouco para você, mas para um mecânico altamente qualificado pode ser um claro sinal de que há um problema específico – e de proporções consideráveis – a caminho.

O mesmo acontece com uma pessoa sábia. Ela pode ouvir as oscilações, vibrações e solavancos em sua vida e saber exatamente o que precisa ajustar para conseguir o desempenho mais suave e eficiente possível. O próprio processo de viver e seguir adiante significa que você será sacudido e empurrado. Na verdade, algumas vezes, não sentir os solavancos e empurrões da vida é um *mau* sinal, porque pode significar que você está preso a determinada rotina e não está sendo desafiado ou se aprimorando. Um carro parado ou uma vida estagnada é um desperdício de um potencial promissor (ver Capítulo 13, "*Carpe diem*"). Uma pessoa sábia também sabe identificar quando sua roda está se movendo inutilmente, sem sair do lugar ou sem fazer qualquer progresso. É muito frequente e extremamente fácil confundir ação, esforço e movimento com o verdadeiro progresso.

Saber identificar a diferença entre os solavancos externos na rodovia da vida e os problemas internos com a própria roda é a marca registrada de uma pessoa sábia. Um método eficaz é observar padrões repetitivos. Os solavancos na rodovia da vida são normalmente severos e de natureza aleatória, enquanto qualquer ciclo repetitivo, como altos e baixos, estresse, tristeza, desapontamento ou fracasso, é devido, provavelmente, a problemas com sua roda da vida.

É essencial aprender a ouvir os rangidos, vibrações e altos e baixos da vida para conseguir fazer os ajustes necessários, antes que haja muito desgaste. Completar o óleo, uma gota que seja, ou apertar um parafuso solto na sua vida pode poupar um trabalho substancial de reparação mais tarde. Por isso, vale muito a pena reservar um momento, com certa frequência, para analisar sua vida e ver se tudo está equilibrado. Você está em paz? Sente que está utilizando o máximo de seu potencial? Está feliz com suas realizações? Passa por ciclos repetitivos de estresse? Está seguindo adiante e experimentando os solavancos e pancadas da vida ou está preso, patinando no mesmo lugar?

A psiquiatria tipicamente envolve um processo tanto de apertar quanto de soltar o paciente.

8.6 OUTRAS PESSOAS

Algumas pessoas adicionam naturalmente um contrapeso à sua vida, fazendo a viagem parecer mais suave. Com elas por perto, tudo parece mais equilibrado e natural. O progresso vem mais facilmente e de maneira mais divertida. Isso funciona porque, ainda que nenhum de vocês alcance individualmente o equilíbrio perfeito, os pontos fortes dessas pessoas são as fraquezas que você apresenta. Há uma harmonia geral quando vocês se combinam. A sua roda e a dela se mantém em equilíbrio e, quando combinadas, lhe dão a sustentação suficiente para suportar bem mais do que seria capaz se estivesse sozinho.

Quando as duas rodas trabalham simultaneamente dessa forma, é muito importante que os eixos estejam alinhados. Se não estiverem na mesma direção, se não têm os mesmos valores centrais e os mesmos objetivos, os pneus sofrerão muito atrito. Rodas desalinhadas enfraquecem sua própria roda mais rapidamente do que se ela trabalhasse sozinha. E o progresso será mais lento e cansativo.

Há pessoas que muitas vezes são responsáveis por fazer de sua vida uma montanha-russa. Isso não necessariamente significa que você está se relacionando com uma pessoa má, apenas que o equilíbrio dela não combina com o seu. Algumas vezes, essa situação é permanente, porque ambas as partes não estão progredindo e nem aprendendo a balancear suas rodas individuais. Se esse for o caso, então as duas rodas devem permanecer separadas. Mas os solavancos e empurrões causados por alguém em nossa vida também podem ser o resultado de a pessoa o estar desafiando a redirecionar seu trajeto e a sair de sua zona de conforto, num momento em que seu próprio eixo filosófico central ainda não está forte o bastante para tal progresso.

O objetivo é ambas as rodas serem balanceadas de forma independente, sem precisar uma da outra para contrabalancear as próprias fraquezas, ou seja, as duas rodas trabalhando separadas, mas na mesma direção. As pessoas – e o efeito delas sobre nós – são um bom exemplo dos empurrões da vida, quer venham para o mal ou para o bem.

8.7 ITENS DE AÇÃO: VERIFICANDO A SUA RODA

Tire um momento agora para analisar a semana que passou e pensar sobre quanto sua vida está equilibrada. É necessário fazer isso de vez em quando, porque nossas rodas frequentemente precisam de um rebalanceamento. O processo, por vezes, é tão lento que nem nos damos conta dele. Um relacionamento que começou de maneira maravilhosa pode, imperceptivelmente, tornar-se algo que prejudica sua vida, ao invés de melhorá-la. Talvez você esteja acostumado ao passeio de montanha-russa, aceitando-o como parte de uma vida normal, quando não deveria ser assim. Talvez você venha se concentrando mais do que deveria em apenas um determinado aspecto de sua vida, e isso esteja causando certo desequilíbrio. Então, pegue uma folha de papel e responda às seguintes questões:

RELACIONAMENTOS:
- Você e seu parceiro estão equilibrando um ao outro ou, de alguma forma, foram perdendo a sincronia ao longo do tempo?
- Há mais altos e baixos repetitivos em seu relacionamento agora do que quando vocês se conheceram?
- Seus eixos estão alinhados, e vocês estão indo na mesma direção?
- Vocês estão ficando menos dependentes um do outro, mas, ao mesmo tempo, mais em sintonia e mais apaixonados? (O verdadeiro amor não deve ser baseado em necessidade ou dependência.)
- O relacionamento de vocês está estagnado, ou vocês estão estimulando-se e desafiando-se mutuamente?

TRABALHO/DIVERSÃO/PESSOAS:
- Quanto tempo em sua semana (em porcentagem) você dispensou pensando nos componentes de sua roda da vida?
- Você está muito focado em apenas um ou dois itens?
- Seu equilíbrio entre trabalho e diversão está correto?
- Você colocou componentes suficientes ao redor de sua roda ou ela está esparsamente preenchida?

PROGRESSO:
- Você fortaleceu seu eixo principal de filosofia e está mais seguro/feliz consigo mesmo?
- Você está indo na direção certa?
- Você está mais próximo de seu futuro ideal nesta semana do que na anterior?
- O que você está fazendo para ter certeza de que está mais próximo de seu futuro ideal?
- O que você fez nesta semana para equilibrar ainda mais a sua roda?

- Sua vida está estagnada? Você se sente como se estivesse preso em um barranco?
- Mover sua roda é algo que lhe está exigindo muito esforço, sem haver qualquer progresso real em direção a seus objetivos?

O objetivo de pensar nessas coisas não é obter uma lista de itens com os quais ficar insatisfeito, mas é para:
- Encontrar *o que precisa* ser trabalhado.
- Realmente *fazer* algo a respeito disso.

Escreva as respostas para essas questões em uma folha de papel. No topo da página, anote a data e, depois guarde-a dobrada em sua *Bíblia do vencedor*. É importante que você seja minucioso ao fazer suas anotações, além de mantê-las a salvo em sua *Bíblia do vencedor*, dessa forma, sempre terá disponível:
- Uma prova material para lembrá-lo de onde e como sua vida estava em determinado ponto.
- Uma lista de coisas das quais precisa estar ciente e às quais precisa estar atento.
- Um plano de ação.

Da próxima vez que você passar pelo processo de balanceamento de sua roda, será mais fácil constatar quanto você foi eficaz e quanto progresso foi feito.

09
TÉCNICA COM ÁUDIO PARA INTENSIFICAR AS EMOÇÕES

UMA DAS MAIS PODEROSAS FERRAMENTAS QUE VOCÊ PODE USAR PARA SUPERAR PROBLEMAS E RECEBER UMA NOVA DOSE DE ENERGIA EM SUA VIDA É O QUE CHAMO DE SOBRECARGA EMOCIONAL. COMO DE COSTUME, A MELHOR MANEIRA DE EXPLICAR ESSA TÉCNICA É USANDO UM EXEMPLO DA VIDA REAL.

9.1 UM TÉCNICO RÍGIDO

O técnico de um time de futebol europeu veio me procurar certa vez porque passava por um momento de enorme pressão da imprensa de seu país e ele já estava de certa forma constrangido por isso. Mesmo alcançando alguns dos melhores resultados internacionais nos últimos dois anos, o time dele havia perdido inesperadamente alguns jogos importantes contra países que deveria derrotar. Para piorar as coisas, o técnico era estrangeiro, e no time havia muitos jogadores internacionais, astros vindos de todas as partes do mundo. Não era de se estranhar que todos os jornais e fãs de futebol culpassem diretamente o técnico pelo desempenho ruim do time. Programas esportivos de rádio faziam diversos quadros, dando a oportunidade de os ouvintes dizerem o que fariam se fossem o técnico do time, além das infindáveis colunas na imprensa escrita, em que jornalistas davam sua opinião sobre como o técnico deveria agir. Sempre que o time jogava mal, era culpa do técnico, mas, quando ia bem, era por causa do brilhante talento individual dos jogadores, nesse caso, o técnico não tinha mérito algum no resultado. O técnico estava sendo massacrado, e isso o consumia. Aonde quer que fosse, as pessoas tinham uma opinião sobre ele, frequentemente uma crítica.

Embora as críticas façam parte da vida de um treinador internacional, ele estava começando a se tornar emocionalmente instável, porque os ataques estavam extremamente agressivos e vinham acontecendo havia mais de seis meses, ininterruptamente. Há um limite para o que uma pessoa consegue aguentar. Quando encontrei o técnico pela primeira vez, achava que ele estava fazendo um trabalho impressionante ao lidar com toda aquela pressão. No lugar dele, outros técnicos já teriam desabado e desistido havia muito tempo. Mas esse homem era forte, um soldado calejado com personalidade "à prova de balas" e excepcionais habilidades mentais. Eu não tinha certeza se podia ajudá-lo, mas resolvi aceitar o desafio. Meu procedimento habitual é começar o processo com duas sessões. A primeira dura normalmente cerca de uma hora, e, como você agora já sabe, meu objetivo é descobrir o que está em cada um dos Quatro Pilares do cliente. De modo algum, tento ajudá-los nessa sessão. Depois, passo alguns dias refletindo sobre o que está nos Quatro Pilares antes de voltar para uma segunda sessão, na qual eu tento fazer uma mudança permanente na vida dele. Se eu estiver certo, essa segunda sessão deve ser suficiente para resolver o problema específico que motivou o cliente a me procurar. Não deveriam ser necessárias dúzias de sessões continuadas ou meses de terapia. Se funcionar, funcionou! Depois disso, o cliente é dispensado com algum dever de casa que eu passo para ele. Eu só vou vê-lo novamente se outro problema surgir, ou se eu não tiver obtido sucesso na primeira rodada, mas até agora isso não aconteceu.

Comecei minha primeira sessão com o técnico explorando o que estava nos Quatro Pilares dele e analisando a maneira como estavam conectados. Conduzi essa investigação sem que ele realmente soubesse o que eu estava fazendo. Nem por um momento, eu mencionei os Quatro Pilares e nunca perguntei explicitamente a ele sobre sua Filosofia ou Situação Psicológica. Simplesmente fiz a ele várias perguntas e segui as pistas dadas pelas respostas – aonde quer que elas fossem me levar. Não falei sobre os problemas que ele estava tendo com a imprensa ou o turbilhão emocional pelo qual estava passando. Em vez disso eu queria entender como funcionava sua mente, pois, se eu conseguisse descobrir isso, poderia fazer uma mudança duradoura no modo como ele lidava com a pressão no trabalho. Eu queria tratar a causa subjacente, e não apenas os sintomas.

9.2 ENCONTRANDO A SATISFAÇÃO INTRÍNSECA

Uma das muitas questões propostas ao técnico foi: "Conte duas coisas que lhe proporcionaram verdadeiro prazer na vida."

A primeira coisa que mencionou foi o recente casamento de sua filha, que o deixou extremamente feliz. Pedi que ele explicasse exatamente o que o fazia tão feliz. Ele disse-me que estava orgulhoso por sua filha ter se casado com um homem perfeitamente adequado para ela – ele achava que a filha tinha feito a escolha "correta". Ele estava orgulhoso pelo fato de o casamento não ter sido somente uma celebração: tinha sido organizado com perfeição e transcorrera sem falhas – como um "relógio". Tudo estava "certo".

O segundo evento considerado importante por ele foi quando o seu time estava jogando com o maior rival. A partida seria fora de casa, em um estádio lotado por uma multidão agitada, portanto as chances estavam contra eles. O oponente marcou primeiro, fazendo um gol bonito. Cinco minutos depois, um importante jogador do meio-campo machucou-se e teve que ser substituído. Com isso, a probabilidade de vitória era quase impossível. Mas o meio-campista substituto entrou em campo e, no primeiro passe de bola, ultrapassou a defesa do adversário com vantagem, possibilitando que seus colegas fizessem um gol, empatando o jogo. Tudo estava funcionando como um "relógio". Todas as jogadas ensaiadas do técnico e a disciplina imposta durante os treinos tinham produzido uma máquina que funcionava perfeitamente sob pressão – mesmo quando um componente-chave teve que ser substituído. O time, então, conseguiu uma vitória histórica, que o técnico descreveu como "imensamente satisfatória".

Depois de ouvir as duas histórias, estava muito claro para mim que um dos principais motivadores dele, o que o levava a um estado de "Satisfação Intrínseca", era algo descrito pelas palavras "perfeição", "retidão", "precisão" e "ordem" (ver Capítulo 14, "Os seus motivadores intrínsecos"). Eu disse isso a ele e também mencionei minha suspeita de que ele gostava de ser o "condutor". Isto é, ele sentia prazer e via sentido em juntar um grupo diverso de pessoas muito habilidosas para ajudá-las a atingir um resultado expressivo. Eu poderia dizer logo de saída, pela expressão no rosto dele, que havia tocado em um ponto fundamental. Agora a questão era: *Como usar essa descoberta para possibilitar a ele sobreviver ao turbilhão enfurecido da mídia, além de ajudá-lo a encontrar a paz verdadeira, a despeito de toda a crítica?*

Para ser bem-sucedido em minha tarefa, eu teria de desconectar o estímulo externo gerado pelas críticas da mídia, das emoções normais e negativas que esses duros comentários produziam no cérebro dele. Depois, teria de reconectar a "crítica da mídia" a um conjunto inteiramente diferente de emoções, porque a crítica precisava se conectar a alguma coisa. Não podia ser deixada pendendo no vácuo. Para fazer isso, eu produzi um CD especialmente para ele. Mas, antes de contar sobre o CD e o que havia nele, preciso mencionar mais uma coisa que descobri em relação ao Pilar Histórico do técnico.

Contrariando as probabilidades, o técnico tinha frequentado o mesmo colégio de ensino médio que o rapaz que era agora seu maior crítico. Era esse apresentador de programa esportivo de TV que estava realmente afetando o técnico. O que mais irritava o técnico era o fato de o apresentador não entender algumas das complexidades do jogo moderno e, como resultado, fazer críticas não só injustas, mas também simplistas.

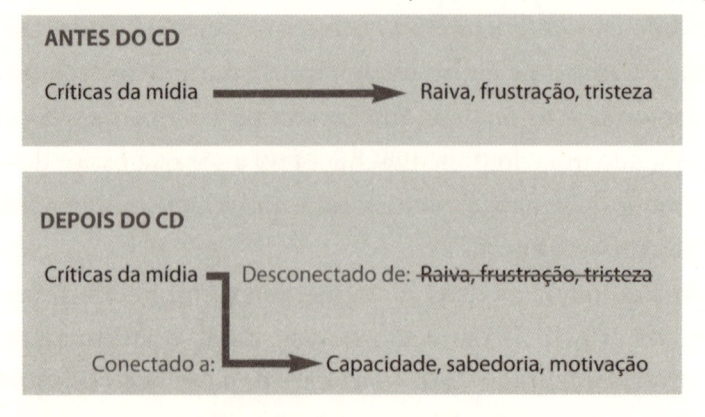

ANTES DO CD

Críticas da mídia ⟶ Raiva, frustração, tristeza

DEPOIS DO CD

Críticas da mídia ⟶ Desconectado de: ~~Raiva, frustração, tristeza~~

Conectado a: ⟶ Capacidade, sabedoria, motivação

Como os dois haviam frequentado um pequeno colégio interno de elite, ambos sabiam, quando jovens, da existência um do outro, mas nunca se tornaram amigos. Perguntei ao técnico se ele conseguia se lembrar da aparência do apresentador de TV quando estava na escola. Ele conseguia visualizar uma imagem do apresentador quando este era um menino de calças curtas? Ele disse que conseguia. Então, agora o palco estava pronto.

9.3 A GRAVAÇÃO DO ÁUDIO

Gravei um CD de sessenta minutos direcionado aos problemas do técnico e salvei as faixas em seu iPod. Pedi a ele que colocasse os fones, se deitasse em um sofá na minha sala e ficasse confortável. Tenho de admitir que foi bem estranho ver aquele técnico, um homem maduro, mal-humorado e calejado, deitado ali. Eu já havia atendido um grande número de atletas mundialmente famosos naquela sala, de campeões de boxe peso-pesado a campeões de natação e jogadores profissionais de rúgbi. Todos eles, vez ou outra, deitavam-se em meu sofá. Mas, de alguma forma, eles pareciam mais dispostos, maleáveis, abertos e ansiosos. O velho técnico, ao contrário, estava ali, tenso, aparentemente inflexível e intransigente. Era um homem que desarmaria o mais poderoso atleta com uma única palavra. Eu não tinha certeza se meu CD o ajudaria.

Comecei explicando ao técnico cada uma das faixas do CD. Disse a ele que o levaria por três estágios:

Primeiro, sua mente e seu corpo estariam totalmente relaxados e desligados. *Segundo,* eu o levaria de volta a um "'lugar e tempo felizes" de sua vida. *Por último,* eu o ajudaria a religar suas conexões para que ele tivesse uma reação emocional diferente a qualquer crítica da mídia. Em vez de ficar aborrecido, ele se sentiria natural e automaticamente motivado e poderoso com isso.

Ao fundo de minha narração no CD, uma música suave, cuidadosamente escolhida para reduzir as palavras e pensamentos aleatórios que poderiam acidentalmente surgir na mente lógica e consciente do técnico. Eu queria que ele ficasse concentrado inteiramente em minha fala.

Durante o primeiro estágio, usei um procedimento de indução para que o técnico relaxasse fisicamente por completo. Depois de cinco minutos, ele estava totalmente desligado, respirando devagar e profundamente. Muito mais importante do que seu corpo estar relaxado, era sua mente "lógica" também estar, gradual e concomitantemente, sendo desligada. Enquanto ouvia minha voz e tomava consciência de seu corpo, ele lentamente me entregava o controle de seus pensamentos, sem perceber. Com o corpo relaxado, ele seguia minha voz, sem analisar conscientemente o que eu estava dizendo. O técnico estava confortável e receptivo às imagens que eu pintava e estava gostando da viagem. Isso pode parecer um pouco o começo de uma sessão de hipnose, mas, conforme expliquei previamente ao técnico antes de reproduzir o CD, eu não iria hipnotizá-lo. Ia apenas ajudá-lo a diminuir a frequência de sua mente lógica, a tal ponto que pudesse desenhar imagens vívidas que fariam suas emoções surgirem de uma nova maneira. É parecido com sonhar. Você não consegue sonhar ou entrar numa "realidade artificial" se a mente estiver ocupada processando sensações da verdadeira realidade física ao redor.

Então, chegou o momento de acessar o segundo estágio, que levaria o técnico de volta a um lugar e tempo realmente felizes de sua vida. Isso me permitiria fazer fluir todas aquelas emoções pungentes, esquecidas nas profundezas de sua mente, as quais melhorariam ainda mais a conexão entre minha voz e o que ele estava sentindo. Estabelecer esse vínculo entre minha voz e as emoções do técnico foi importante e vital, pois realizar uma mudança nele era realizar uma mudança em suas *emoções*, mais do que lhe dar novos pensamentos. Ele já tinha elaborado todas as frases lógicas para lidar com a crítica, além de ter força e lógica mentais incríveis, mas isso não era suficiente. Para me ajudar a recriar esse lugar e tempo felizes, eu havia previamente pedido ao técnico, durante nosso primeiro encontro, que tentasse me dar uma descrição detalhada de dois eventos felizes que tinham ocorrido anteriormente em sua vida. Além do casamento da filha e do metódico jogo de futebol, ele também me contou sobre uma época em que estava de férias no Caribe com alguns amigos. Ele e o grupo de amigos estavam deitados em volta da piscina, ouvindo a música suave que uma banda tocava ao vivo. Bronzeando a pele sob o sol, ele sentia que o brilho caloroso da camaradagem e as piadas dos amigos combinavam para fazer a vida naquele momento parecer pacífica, feliz e cheia de alegria. Pedi mais detalhes para que pudesse entender exatamente quais imagens, sons, sentimentos, sensações, cheiros e emoções trariam aquele evento feliz de volta à vida. Talvez fosse a sensação da cerveja gelada que segurava, sentindo as gotas de condensação que escorriam pelo copo. Talvez fosse a música sendo tocada ao fundo. Eu usei todas essas sensações e imagens durante o segundo estágio do CD para garantir que o técnico estivesse revivendo essas experiências em cada um de seus detalhes (ele contou-me depois que sentiu que "realmente estava lá"). É importante salientar novamente que essa técnica não é como uma hipnose normal, em que se tenta ajudar o paciente colocando-o em um estado sugestionável e dizendo algo do tipo: "Você nunca mais vai querer fumar."

O que eu estava fazendo era simplesmente usar essa técnica para entrar em contato com circuitos emocionais já existentes no cérebro do técnico. Uma vez que consegui, era hora de avançar para o estágio seguinte.

Vou contar o que eu disse a ele, "palavra por palavra".

Conforme você for lendo essas palavras, lembre-se de que as imagens que usei para o técnico são poderosas e válidas apenas para ele, porque somente ele passou por essas experiências, e a personalidade dele é, claro, única.

Tenha em mente que a imagem que escolhi – um condutor – era significativa e tocante para o técnico, mas pode não despertar nenhuma emoção em você. Ele foi sendo, mental e emocionalmente, estimulado pelas imagens de "perfeição" e "precisão", mas você talvez não seja. É aqui que entra a habilidade para produzir esses CDs. Eles precisam ser feitos exclusivamente para cada pessoa. Entretanto, mesmo que as imagens não funcionem para você, espero que pelo menos você tenha uma ideia de como entrei em contato com as emoções únicas dele usando a técnica da gravação de um CD que lhe trouxesse emoções fortes e significativas.

Quando você ler a pequena transcrição abaixo, é crucial que cada linha seja lida na mesma velocidade. Você precisa dar tempo para cada imagem ser construída. Tente ler bem devagar e faça uma pequena pausa no fim de cada linha, enquanto tenta imaginar o que se passava na mente do técnico, já que agora você já tem uma ideia do que exatamente o afetava emocionalmente.

É seu destino ser o maior técnico que já existiu.
Você não vai alcançar seu destino em um estado de ansiedade ou de preocupação.
Apenas se tiver uma impecável preparação.
Como o maestro de uma sinfonia.
Que conhece os pontos fortes e fraquezas de cada um de seus músicos.
Que os faz ensaiar e os castiga.
Implacável e firme – porém gentil.

Como um sábio pai.
Educando e criando os filhos.
Para que tudo esteja correto e em ordem.

Então, eu quero agora que você se veja como um sábio maestro.
Em pé no palco da escola.
Prestes a conduzir uma orquestra de meninos ansiosos e talentosos, mas ingênuos.
Você sabe como treiná-los para que toquem uma inesquecível obra-prima.
Você é mais velho e mais sábio do que eles.
Você já conduziu muitos times antes.
Você sente-se em paz quando a música começa.
Pois isso é o que você faz de melhor.

E enquanto você está de pé no palco antes de começar.
Eu quero que se vire e olhe para os meninos sentados nas fileiras abaixo do palco, no grande auditório.
Eu quero que você veja o apresentador de TV sentado ali, vestido com a bermuda do uniforme da escola.

Pernas finas e joelhos ossudos.
Um rapaz barulhento, com muitas opiniões, falando quando deveria estar calado.
Ao lado dele, estão alguns de seus amigos tolos.
Talvez sejam de anos abaixo do seu.
Eles não fazem ideia do tanto que ainda não sabem.
Eles são crianças, comparados a você – realmente são.
Então, quero que você levante sua batuta agora.
Silencie os rapazes.
Você não se preocuparia com o que o menino da escola diria sobre você.

Então, não se preocupe com eles agora.
Pois é hora de você reger a orquestra.
Hora de você aperfeiçoar o time para ser a melhor máquina de todos os tempos.
Levante a batuta.
Toque sua bela música.
É o que você faz.
E enquanto a música toca,
Um silêncio cai sobre a plateia.
Eles sentam-se em silêncio.
Eles admiram-no.
E você terá paz e satisfação.
Tudo está correto e em ordem.

Montar um time e fazê-lo trabalhar perfeitamente é o que você FAZ.
Você é como um relojoeiro.
É um trabalho cuidadoso.
No momento, há engrenagens e rodas por todo lado.
Você consegue vê-las espalhadas na bancada.
Você terá que remodelar algumas.
Há muito que montar,

> *Modular, ajustar.*
> *Você precisa de técnicos competentes para ajudá-lo a limar e cortar.*
> *Mas, quando todas as peças estiverem montadas, será uma visão maravilhosa.*
> *Tudo funcionando perfeitamente.*
> *Isso demanda tempo e requer paciência.*
> *Mas você o fará.*

Sugiro veementemente que você se registre no site The Winner's Bible e baixe uma cópia em mp3 do CD original do técnico e ouça o que ele ouviu. Dessa forma, você terá uma ideia de como o processo funciona. Palavras simplesmente não podem descrever esses áudios, do mesmo modo que não podem descrever adequadamente a sensação de ouvir a *Sonata ao Luar*, de Beethoven.

9.4 TER UM "RADAR SENSÍVEL"

Uma das razões pelas quais o CD funcionou tão bem para o técnico é o fato de eu ter tocado em aspectos absolutamente vitais da personalidade dele e de ter usado palavras-chave que tinham enorme significado emocional para ele. Quando conversei com o técnico durante a primeira sessão, para descobrir o que havia em cada um de seus Quatro Pilares, percebi que as palavras "feito um relógio", "correto" e "condutor" tinham significados muito especiais para ele. Por exemplo, o técnico descreveu o casamento da filha como um evento que transcorreu de forma exata, "feito um relógio", e o genro como a escolha "correta". Esses foram alguns dos termos que ele escolheu para fazer a descrição, mas usou-os de uma forma incomum e inesperada, o que me alertou nessa direção. A maioria das pessoas teria escolhido palavras diferentes. Talvez poderiam descrever seus genros dizendo coisas como "Ele é um ótimo homem", ou talvez dissessem que o casamento transcorreu "maravilhosamente bem". Mas o técnico, sem pensar sobre isso, escolheu termos como "feito um relógio" e "correto" porque possuíam um significado especial para ele. Fazer a "coisa certa" e ter "tudo funcionando feito um relógio" era imensamente importante para o técnico porque ele possuía um senso impecável de certo e errado, de procedimento e de ordem. Mas teria sido fácil deixar passar essas palavras e, portanto, não tê-las usado, e isso teria significado que eu falhara em descobrir um aspecto essencial de sua personalidade. Se fosse assim, teríamos passado nossa primeira sessão inocuamente falando bastante sobre as "grandes" questões que ele enfrentava – como os ataques da mídia e a injustiça de toda a situação.

Uma vez que você descobrir o que está em seus Quatro Pilares, saberá como aumentar sua sensibilidade em relação às próprias Historinhas, palavras-chave e imagens poderosas (veja especialmente o Capítulo 21, "As historinhas do vovô").

9.5 O SEGUNDO CD DO TÉCNICO

O técnico ouviu o CD umas cinco ou seis vezes durante as semanas seguintes e considerou-o imensamente útil. O áudio deu-lhe energia, posto que antes suas "pilhas estavam gastas", e ele sentia-se desestimulado. Então, gravei um segundo CD para ele durante aquela semana. Um CD a respeito de seu futuro. Eu queria ampliar sua visão, afastando sua atenção dos problemas imediatos que enfrentava e induzindo-o a encarar o quadro completo, bem como seu lugar na história. Esse segundo CD foi ainda mais importante do que o primeiro, porque superar completamente um problema requer mover o olhar para longe do problema assim que tiver que lidar com ele para se concentrar em um evento positivo no futuro (ver Capítulo 16, "Superando decepções e desastres").

Para o segundo CD do técnico, lancei mão do interesse dele em biografias e história. Ele adorava ler biografias de grandes líderes, estudar personalidades e os motivos que as faziam conseguir excelência em suas atividades (descobri isso também durante nossa primeira sessão). Aparentemente, o que explicava em parte o técnico estar passando por uma situação tão difícil era o time ter ficado desfalcado recentemente, com alguns atletas afastados, recuperando-se de contusões, e seus melhores jogadores terem se aposentado ou estarem machucados. Ele estava sendo injustamente julgado, sem serem levadas em consideração as circunstâncias que enfrentava, como se tudo fosse culpa dele, quando, na realidade, a crise que o time atravessava devia-se a um conjunto de eventos bastante complexos.

Por certas razões, isso me lembra de um período na vida de Winston Churchill, logo antes da Segunda Guerra Mundial, quando o político britânico caiu em desgraça com o público e outros políticos. Durante aquela época, Churchill falava apaixonadamente sobre a iminente ameaça da Alemanha nazista, mas ninguém lhe dava ouvidos. Dizia-se que Churchill tinha perdido a noção da realidade, que estava muito velho e era produto de uma geração belicista e ultrapassada. Acabou virando moda atormentar Churchill durante seus discursos, e o enorme respeito anteriormente demonstrado por ele começava a arrefecer. Seus dias de glória desvaneceram-se, substituídos agora pelo que Churchill chamava de seus "dias negros". Claro, esse não é o fim da história. Churchill logo voltaria ao topo, seria eleito primeiro-ministro e se tornaria a salvação do Reino Unido.

Meu objetivo era que o segundo CD estabelecesse uma conexão emocional entre Churchill e o técnico.

Churchill teve de suportar uma avalanche de críticas porque as pessoas não viam o mundo tão claramente quanto ele. Mas Churchill estava "correto" (lembre-se, essa era uma das palavras favoritas do técnico), e mais tarde a História se lembraria dele com grande carinho e reverência. Minha intenção era que o técnico percebesse que estava em uma posição semelhante e precisava "ficar firme" durante aquele período difícil – tendo em mente que, com certeza, seu tempo de glória voltaria. No futuro, quando fosse um homem velho e estivesse aposentado, sentado em sua cadeira de balanço, ele *teria* um sorriso no rosto. Ele *seria* lembrado como um homem que dera tudo de si e tinha conseguido o máximo de seus jogadores, considerando as circunstâncias. A história iria julgá-lo com brandura e se lembraria dele como um homem tenaz que, contrariando todas as probabilidades, havia persistido na batalha e garantido grandes vitórias.

Depois de ouvir os dois CDs, o técnico ficou revigorado, com uma energia incrível, considerando a pressão sob a qual estava. Antes de dormir, em vez de deixar simplesmente a mente vagar, presa às críticas que tinha lido naquele mesmo dia sobre o seu trabalho, ele dedicava-se a pensar nas táticas necessárias para vencer seus adversários. Ele nem mesmo precisava forçar a mente a fazer isso, parecia que agora um mecanismo tinha sido acionado em seu cérebro. No ano seguinte, ele treinou o time para uma sucessão de jogos internacionais, dos quais saíram invictos, o que fez os críticos se calarem de uma vez por todas.

9.6 TENTE PRODUZIR SEUS PRÓPRIOS CDS

CDs como os que eu produzi para o técnico são muito eficientes, por isso eu sugiro que você tente fazer um exclusivo para você, direcionado para algo que pretenda melhorar em si. Se você entrar no site The Winner's Bible, encontrará uma seção contendo os seguintes recursos para auxiliá-lo:

- Gravações em mp3 de músicas de fundo disponíveis para *download*.
- Transcrições que podem ser usadas para relaxar e chegar à zona propícia do Estágio 1.
- Links de acesso a programas que permitirão a você gravar sua própria voz e mixar com a música de fundo.
- Exemplos de CDs gravados profissionalmente para você aprender com eles.

Gravar um CD personalizado para acessar emoções mais arraigadas é apenas uma das ferramentas que você pode usar para se tornar um vencedor. Não é obrigatório, eu mesmo não faço CDs para todos os atletas ou executivos que atendo ou com quem trabalho. Mas, se forem feitos corretamente, com palavras-chave e gatilhos corretos, os CDs frequentemente se tornam uma das mais eficientes ferramentas. É por isso que eu o encorajo a tentar.

9.7 AS TRÊS ETAPAS PARA PRODUZIR UM CD EFETIVO

Todos os CDs têm de ser feitos exclusivamente para a situação individual de cada um, mas normalmente seguem um processo de três estágios:

ESTÁGIO 1: RELAXE E DESLIGUE-SE DA REALIDADE FÍSICA

O Estágio 1 coloca sua mente em um estado pacífico, relaxado e calmo, limpando qualquer pensamento que possa distraí-lo. No Estágio 2, começa-se a construir uma realidade virtual. É de certa forma parecido com uma realidade virtual ou onírica. Você não consegue sonhar com os olhos abertos e a mente conscientemente ativa. É preciso deixar todo o mundo externo se desvanecer para ter paz e o espaço necessário para que seu mundo virtual se descortine.

Conforme a mente relaxa e se acalma, vai gradativamente absorvendo as frases do áudio. Ter o corpo "desligado" ajuda a atingir esse estado porque mente e corpo estão intimamente conectados por meio de uma série de circuitos especiais no cérebro.

Normalmente, o cérebro precisa estar ativo quando o corpo está ativo, e vice-versa. Portanto, desligar o corpo permite rapidamente desligar a mente. Uma vez que se consiga aquietar a mente e concentrá-la inteiramente nas frases do CD, você estará pronto para o Estágio 2.

No site The Winner's Bible, você encontra uma variedade de "roteiros" muito úteis para desligar sua mente, que podem ser usados para preparar o seu áudio exclusivo.

ESTÁGIO 2: CONSTRUA UMA REALIDADE VIRTUAL

O objetivo do Estágio 2 é aumentar gradualmente sua imersão na realidade virtual. É o tipo de estado no qual você entra quando está vendo um filme muito bom. Você não está consciente de nada ao seu redor no cinema e sente quase como se estivesse imerso na ação.

Um outro objetivo do segundo estágio é fortalecer a conexão entre as palavras que você ouve no CD e suas emoções. A melhor maneira de fazer isso é usar imagens vívidas que já estão impressas em sua mente. Imagens de "lugares e tempos especialmente felizes" de sua vida funcionam particularmente bem para conseguir isso porque estão entrelaçadas a emoções e são sempre muito vívidas. E, como são emoções felizes, melhoram ainda mais seu estado de relaxamento.

ESTÁGIO 3: ACESSANDO PROFUNDAMENTE AS EMOÇÕES

Depois dos dois primeiros estágios, você finalmente está pronto para acessar suas emoções. É preciso muito trabalho para que a técnica, que requer um profundo entendimento dos seus Quatro Pilares, funcione. Precisa necessariamente ser algo que permita uma abordagem racional, algo com que você já concorde antes de o CD ter sido produzido. Não pode haver surpresas. É aqui que entra a habilidade da pessoa que faz o CD. Às vezes, mesmo a mínima diferença de significado de palavras ou a forma como uma imagem é mostrada pode fazer uma enorme diferença na eficiência do CD. O ritmo da fala, o tom da voz do narrador e a música de fundo também são cruciais.

9.8 SUZIE Q E POR QUE OS CDS FUNCIONAM

Há algo incrivelmente poderoso nesses CDs. Seria até correto dizer que fico constantemente maravilhado com a eficiência profunda e duradoura que eles produzem nas pessoas quando são elaborados adequadamente. Vou contar um caso que particularmente adoro e, depois, vou explicar mais detalhadamente *por que* esses CDs funcionam.

Há alguns anos, conheci uma mulher maravilhosa chamada Suzie. Com o passar do tempo, comecei a gostar muito de Suzie e, como faço com todos os meus amigos, dei a ela um apelido. Eu chamo-a de Suzie Q. Se você quiser saber um pouco sobre ela, está disponível no site The Winner's Bible um pequeno vídeo sobre Suzie.

Muitos anos antes de eu conhecê-la, Suzie era casada com um executivo rico e bem-sucedido. Eles viviam em Auckland e tinham um filhinho lindo, que Suzie amava muito. Infelizmente, depois de um divórcio muito doloroso, ela experimentou uma droga sintética chamada metanfetamina e passou a usá-la esporadicamente. A metanfetamina, substância particularmente viciante, afeta o sistema nervoso e provoca euforia, como resultado, vai direto para o módulo de prazer/recompensa do cérebro. Livrar-se do vício de uma substância como a metanfetamina é extremamente difícil. É quase como se a droga tivesse sido especificamente produzida com um propósito – pegar você.

Quando conheci Suzie, ela estava no fundo do poço. Por causa do vício, os amigos mais próximos haviam se afastado, e ela tinha perdido a guarda do filho. Suzie tinha permissão para ver o filho apenas uma vez a cada quinze dias, e sob rigorosa supervisão. Ela era uma mulher inteligente e articulada e realmente queria se livrar do vício e recuperar seu filho. Mas saber *o que* fazer e ser *capaz* de fazer são coisas completamente diferentes. Dentre as suas tentativas de melhorar, Suzie tinha buscado um profissional de "life coach" – um tipo de treinamento voltado à vida pessoal para melhorar aspectos como relacionamentos, família, autoestima, etc. – e frequentado assiduamente os cursos de Tony Robbins, um famoso escritor e palestrante motivacional norte-americano.

Mas estranhamente tudo isso só lhe deu certa força de vontade temporária. Pouco tempo depois, ela estava usando drogas novamente. Fiz duas sessões com Suzie Q. Passei a primeira tentando saber tudo que podia sobre ela e o que estava em seus Quatro Pilares. Claramente, seu Pilar Psicológico tinha um aspecto incrivelmente importante – isto é, seu vício em metanfetamina havia esquentado a fiação de seu cérebro. Mas havia muitas outras coisas bem importantes acontecendo em seus Pilares Histórico, Fisiológico e Filosófico também. Com isso em mente, passei uma semana fazendo duas coisas:

- A *Bíblia do vencedor* de Suzie.
- Um CD para intensificar suas emoções.

Estava muito claro que Suzie amava o filho e sentia saudades dele, desesperadamente. E obviamente também queria colocar a vida nos eixos de novo. Mas seu desejo lógico e natural quanto a essas duas coisas não era forte o suficiente para se equiparar ao apelo antinatural das drogas. Então, precisei tornar o amor que tinha pelo filho "mais real do que real". Tive de sobrecarregar suas emoções pelo filho para fazer florescer aqueles sentimentos poderosos que se sobreporiam à sua ânsia por metanfetamina. Como tinha feito com o técnico, encontrei os interruptores emocionais que deveria apertar e, então, aumentei bastante a intensidade dessas emoções. É por isso que os CDs funcionam. Você alinha as emoções com a lógica – tanto em termos de direção quanto de força. Usando nossa analogia do caiaque, você precisa alinhar os "remos" com o "leme" (ver Seção 1.4, "A analogia do caiaque", no Capítulo 1).

O CD plantou um motivador emocional muito poderoso na mente de Suzie, que foi então apoiado pelo uso diário da *Bíblia do vencedor*. Era uma combinação vencedora. Depois de duas sessões, a vida de Suzie deu um giro de 180 graus. Ela nunca mais chegou perto das drogas. Doze meses depois, seu cabelo foi testado pela polícia para provar que ela estava em abstinência por mais de um ano. Desde então, ela recuperou a guarda de seu amado filho.

Suzie é uma mulher espetacular. Ela está reconstruindo sua vida, dando um passo de cada vez. Esse tipo de resultado, no qual alguém consegue a vida e a família de volta, vale mais do que qualquer campeonato mundial. Afinal, se o atleta A não ganhou um medalha de ouro, então, por definição, outro atleta deve ter ganhado. O mundo dificilmente seria diferente. Mas Suzie e o filho conseguindo a vida de volta não é um jogo em que um perde e outro ganha. O mundo *torna-se realmente* um lugar diferente.

9.9 REUNINDO OS QUATRO PILARES – O CHEFE TRIBAL DE FIDJI

Vamos terminar este capítulo com mais um exemplo que sumariza, em uma única demonstração, como:

- Usar seus Quatro Pilares para descobrir exatamente o que está acontecendo em seu cérebro.
- Usar esse conhecimento para desenvolver um CD.
- Conectar esse CD com sua *Bíblia Pessoal*.

O técnico do time neozelandês de rúgbi All Blacks pediu que eu ajudasse um de seus jogadores.

Conforme me contou, Steve era um dos jogadores mais talentosos que ele tinha visto na vida. Ainda assim, às vezes acontecia de Steve chegar ao campo para um jogo internacional e só ter energia e entusiasmo suficientes para aproveitar o sol e ficar deitado na grama. Em outros dias, ele estava em perfeita forma e destruía o time adversário. Vários psicólogos e pessoas da área de estratégias mentais haviam tentado motivar o atleta, mas sem nenhum sucesso. Nenhum técnico poderia se dar ao luxo de ter um jogador tão inconstante no time durante um campeonato internacional, mas, mesmo assim, por causa de seu talento natural, o All Blacks não queria perdê-lo. O problema é que o desempenho de Steve havia recentemente se tornado tão medíocre que os dirigentes do time tinham de tomar uma decisão. A não ser que uma mudança drástica acontecesse, ele teria de ser demitido.

Era muito fácil gostar de Steve. Na verdade, ele era também o rapaz mais despreocupado que já conheci. Nascera em Fidji, onde vivera uma vida simples com os pais, em uma cabana de chão batido localizada em uma das pequenas ilhas. Ele lembrava-se com carinho de sua infância, e ficou claro para mim que "valores familiares" eram muito importantes para ele. Ele havia percorrido um longo caminho desde aquela cabana de sapé até se tornar um jogador dos All Blacks, que lhe dava a oportunidade de viver na Nova Zelândia e ganhar um salário anual de 1 milhão de dólares.

Quando perguntei a Steve o que o motivava na vida, ele respondeu-me "Nada, na verdade". Eu acho que, dadas as riquezas que ele tinha agora e suas origens, isso não me surpreendia. Perguntei a ele como passava o tempo quando não estava treinando nos All Blacks. Ele disse-me que ficava apenas "relaxando" em casa com a esposa e o filho. Então, perguntei o que desejaria, caso eu lhe desse uma varinha de condão, com direito a cinco desejos. Ele ficou pensativo por uns três minutos, em absoluto silêncio, e depois disse: "Não consigo pensar em nada para desejar. Estou feliz desse jeito." Mesmo tendo apenas 26 anos, ele poderia se aposentar e, já que levava uma vida modesta, viver até ficar velhinho sem precisar trabalhar novamente. Não era de se estranhar que ninguém conseguisse motivá-lo. As pessoas estavam tentando motivá-lo e tratando dos "sintomas" sem perceber o que estava em seus Pilares Histórico, Psicológico e Filosófico. Uma motivação externa como aquela estava fadada a fornecer apenas uma mudança temporária.

Naquela primeira sessão, descobri três características cruciais de Steve:

1. Ele tinha uma fé cristã muito forte.
2. Ele adorava a esposa e o filho.
3. Ele respeitava muito o pai, que vivia em Fidji.

Eu usei essas três coisas para mudar total e *permanentemente* a vida dele.

A primeira atitude que tomei foi recuperar a cristandade de Steve – seu Pilar Filosófico. Coloquei a parábola bíblica dos talentos (Mateus, capítulo 25) na *Bíblia do vencedor* de Steve. Esse trecho da Bíblia fala de como Deus deu a cada pessoa certos talentos na vida e da responsabilidade que temos em fazer o máximo com esses talentos. É uma história interessante porque, na Roma antiga, um "talento" era uma medida de peso (cerca de 30 quilos), então, um "talento de prata" era equivalente a nove anos de salário para um romano comum. E "talento" é também o conjunto de habilidades que podemos ter. Então, você pode ler a seguinte passagem da Bíblia e pensar na palavra "talento" com os dois significados ao mesmo tempo. Encontrei também uma foto que resumia a história da Bíblia para Steve, para que ele não tivesse de ler o trecho todo sempre que olhasse para aquela página. Aqui está o que eu coloquei na página da *Bíblia do vencedor* dele.

MATEUS 25: 14-30

Pois eis que um homem, ausentando-se do país, chamou os seus servos e lhes confiou os seus bens. A um deu cinco talentos; a outro, dois; e a outro, um, a cada um de acordo com a própria capacidade. Depois, partiu. O que recebera cinco talentos saiu para negociar e ganhou outros cinco.

Do mesmo modo, aquele que recebera dois talentos ganhou outros dois. Mas o que recebera um, saindo, abriu uma cova e enterrou o dinheiro do seu senhor.

Depois de muito tempo, voltou o senhor daqueles servos e os chamou para ajustar contas com eles. Então, aproximando-se o que recebera cinco talentos, entregou outros cinco, dizendo: "Senhor, confiaste-me cinco talentos; eis aqui outros cinco talentos que ganhei". Disse-lhe o senhor: "Muito bem, servo bom e fiel; foste fiel no pouco, sobre o muito te colocarei; recebe a aprovação do teu senhor". E, aproximando-se, pois, aquele que recebera dois talentos, disse: "Senhor, dois talentos me confiaste; aqui tens outros dois que ganhei". Disse-lhe o senhor: "Muito bem, servo bom e fiel; foste fiel no pouco, sobre o muito te colocarei; recebe a aprovação do teu senhor".

Chegando, por fim, o que recebera um talento, disse: "Senhor, sabendo que és homem severo, que ceifas onde não semeaste e ajuntas onde não espalhaste, receoso, escondi sob a terra o talento que me deste, vê, tens aqui o que é teu". Respondeu-lhe, porém, o senhor: "Servo mau e negligente, sabias que ceifo onde não semeei e ajunto onde não espalhei? Devias, portanto, ter entregado meu dinheiro aos banqueiros, e eu, ao voltar, receberia com juros o que é meu. Tirai-lhe, pois, o talento e dai-o ao que tem dez. Porque a todo o que tem lhe será dado, e ele o terá em abundância; mas ao que não tem, até o que tem lhe será tirado. E que esse servo inútil seja mandado embora, para as trevas. Ali haverá choro e ranger de dentes".

Expliquei essa história a Steve em nossa segunda sessão, quando dei a ele sua *Bíblia do vencedor*. Isso chamou sua atenção, como se eu tivesse lhe dado um tapa na cara. Ali estava ele, uma pessoa incrivelmente talentosa, desperdiçando seus talentos. E, nessa passagem, Deus – e não eu, nem um técnico, mas o criador do universo – estava lhe dizendo que deveria não apenas usar seus talentos ao máximo, mas também multiplicá-los! E, como essa mensagem estava baseada nas crenças firmemente enraizadas em seu Pilar Filosófico, significou uma âncora poderosa para uma *mudança de comportamento permanente*.

A segunda coisa que coloquei em sua *Bíblia do vencedor* foi uma foto de um chefe fidjiano com alguns itens fundamentais.

Eu realmente gostei dessa imagem, porque, para mim, o chefe a quem Steve deveria obedecer tinha um rosto, era mais real.

Havia algo de forte e de digno em sua aparência. Parecia realmente que ele estava no controle e era o tipo de homem em que se poderia confiar. Conversei com Steve sobre os exemplos que ele estava dando para a esposa e o filho. Que tipo de mensagem ele passava quando se sentava no sofá todos os dias e ficava assistindo à TV em vez de ir treinar? Que tipo de exemplo ele estava dando para outros jogadores jovens de seu time quando não estava com os All Blacks? Ele não precisava apenas de seus talentos, precisava também se tornar um chefe de considerável dignidade. Um chefe de sua família e um chefe de seu time. Em vez de apenas passar por cada dia, Steve agora tinha um propósito na vida. Se ele realmente amava o filho, então havia muito mais a fazer do que apenas lhe dar afeto. Um chefe não apenas diz para a tribo quanto ele gosta de todos. Ele também os lidera pelo exemplo. Ele realiza coisas, alcança objetivos. Steve fez uma turnê com os All Blacks pela Europa durante cinco semanas e jogou de maneira brilhante em todas as partidas, marcando quatro pontos de modo particularmente espetacular, o que estraçalhou o adversário.

Quando retornou à Nova Zelândia, depois de sua fantástica turnê, passou a dedicar-se ao trabalho e tornou-se uma verdadeira inspiração para seu time, além de um modelo de comportamento para os jogadores mais jovens. Em vez de se sentar na frente da TV, ele estava lá fora inspirando outros jogadores.

Espero que você consiga perceber que, em vez de tratar os sintomas e tentar "motivar" Steve a se tornar bem-sucedido, como os técnicos geralmente fazem, peguei os conteúdos de seus Quatro Pilares e os tornei as minhas ferramentas para intensificar suas emoções. Usei os Pilares Histórico, Psicológico e Filosófico para fazer *mudanças permanentes* no comportamento de Steve. Pelos tipos de imagens que já havia criado para Steve nas frases acima, espero que você possa imaginar por si mesmo como pude usar esses quadros vívidos para gravar um CD incrivelmente poderoso para Steve, conseguindo intensificar ao máximo suas emoções e trazendo-as à vida. Emoções estas que estavam intimamente ligadas às imagens que tínhamos selecionado para *A Bíblia do vencedor* dele. Steve contou-me posteriormente que não só havia encontrado uma nova fonte de inspiração e energia naquelas duas sessões, como agora também aproveitava a vida muito mais do que antes e passava momentos melhores com a esposa e o filho.

Em vez de apenas interferir em seu desempenho em campo, eu havia conseguido afetar sua vida inteira.

O CHEFE HABILIDOSO

- É respeitado.
- É admirado.
- Usa todos os seus talentos.
- Lidera baseado em exemplos, e não em palavras.

10
ROMÃS

NOTA DO AUTOR: DE TEMPOS EM TEMPOS, DEVO INTERROMPER A FLUÊNCIA DO TEXTO E INTRODUZIR PEQUENAS HISTÓRIAS. A IDEIA DE FAZER ESSAS PAUSAS É INDUZI-LO A PARAR E PENSAR, POIS ESSAS HISTÓRIAS TAMBÉM CONTÊM GRANDES VERDADES. INICIALMENTE, VOCÊ PODE NÃO ENTENDER POR QUE ESSAS NARRATIVAS ESTÃO AQUI, MAS COM O PASSAR DO TEMPO VÃO ADQUIRIR ENORME IMPORTÂNCIA. VOCÊ VAI RELEMBRAR ESSAS HISTÓRIAS QUANDO MENOS ESPERAR. POR EXEMPLO, A PEQUENA NARRATIVA CONTADA A SEGUIR, INTITULADA "ROMÃS", É MUITO IMPORTANTE PARA O NOSSO CONTEXTO, POIS UMA DAS CARACTERÍSTICAS DOS VENCEDORES É QUE LEVAM UMA VIDA EQUILIBRADA. TODOS NÓS SABEMOS QUE É PRECISO TER EQUILÍBRIO NA VIDA, MAS COMO SABER SE A SUA VIDA REALMENTE É EQUILIBRADA? O QUE "EQUILÍBRIO" SIGNIFICA NA VERDADE?

Havia muitos anos, um jovem aprendiz trabalhava com um velho e sábio médico. Após observar o mestre curar muitas pessoas, o aprendiz resolveu começar a atender seus próprios pacientes. Então, um dia ele disse ao médico:

– Mestre, observo o senhor ao longo de muitos anos e agora estou pronto para curar meus próprios pacientes.

O médico respondeu:

– Meu filho, você aprendeu muito, mas ainda não está pronto para ter seus próprios pacientes.

Mas o jovem médico insistiu e implorou para que o mestre o deixasse ir. Por fim, o mestre disse:

– Muito bem, meu filho. Do lado de fora desta tenda, há um paciente que tem um problema no fígado. A cura para esse homem são romãs. Você pode atendê-lo.

O jovem ficou bastante empolgado e conduziu o paciente para dentro da tenda. Ele nem sequer examinou o paciente e já declarou cheio de orgulho:

– O senhor tem uma doença no fígado e precisa de romãs.

Ao ouvir aquilo, o paciente fez um gesto de impaciência e saiu indignado, dizendo:

– Romãs? É claro que não! Você é um médico inútil.

Sem compreender nada, o jovem médico ficou surpreso e aborrecido. Ele virou-se para o Mestre:

– Mestre, mestre, o senhor me disse que ele tinha uma doença no fígado e que precisava de romãs. O que eu fiz de errado?

O médico respondeu:

– Por sorte, há outro paciente do lado de fora da tenda e ele também tem um problema no fígado. Por favor, traga-o para dentro e fique me observando para aprender.

Quando o segundo paciente entrou na tenda, o velho médico examinou-o minuciosamente antes de se sentar em silêncio, profundamente pensativo. Dois ou três minutos passaram-se e o mestre ainda não havia dito nada. Finalmente, ele levantou os olhos e disse:

– Conforme o que pude constatar examinando-o, é evidente que você tem um problema no fígado – o médico fez uma pausa e continuou meditando sobre o assunto, para depois completar. – O que você precisa é de algo carnudo... não muito doce... – ele olhou para os olhos do paciente e disse. – Ah, o que você precisa é de romãs.

O paciente levantou-se, abraçou o mestre e agradeceu com entusiasmo, antes de ir embora com uma expressão alegre no rosto.

O jovem médico estava agora mais perplexo do que nunca.

– Mestre, eu não compreendo. Ambos os pacientes tinham uma doença no fígado, e eu também prescrevi romãs.

O mestre respondeu:

– Meu filho, foi esse o seu erro. Ambos necessitavam de romãs... e de tempo.

Mesmo quando as coisas estão "corretas", precisam de tempo para ser absorvidas. É preciso que se passe algum tempo antes que tenham seu valor reconhecido ou funcionem. Algumas vezes, o *timing* também precisa estar correto. Lembre-se disso quando for realizar os exercícios propostos neste livro e em sua interação com outras pessoas. Seja paciente.

---

*Esta é uma estranha verdade: Você pode um dia descobrir que uma ideia à qual resistiu ou que ridicularizou é agora preciosa e útil em sua vida.

11
O DIA FELIZ DE LIGEIRINHO

11.1 COMO *A BÍBLIA DO VENCEDOR* COMEÇOU

Pela primeira vez em minha carreira de dez anos na Fórmula 1, eu estava especialmente envolvido na análise de aspectos matemáticos e técnicos relacionados às performances do carro e do piloto. Eu havia observado os dados de telemetria e calculado como os pilotos poderiam fazer mudanças sutis na maneira como dirigiam para obter milissegundos extras na performance de seus carros. A história a seguir, sobre o primeiro atleta que ajudei em um nível puramente psicológico, é verídica e marcou o início de minha jornada pessoal nesta área. Foi o pontapé inicial para que eu escrevesse este livro e para a criação de todas as técnicas sobre as quais você está lendo. Permita-me contar como a primeira *Bíblia do vencedor* foi feita.

Para proteger a identidade do piloto de F-1 nesta história, decidi chamá-lo pelo nome de um personagem de desenho animado da Warner Brothers, Ligeirinho, "o rato mais rápido do México".

11.2 VITÓRIA E FELICIDADE

Ser um vencedor não significa apenas resolver seus problemas, atingir objetivos e obter coisas. Você também precisa ser genuinamente feliz na vida. Infelizmente, não ser capaz de apreciar a vida e ficar aprisionado em questões negativas são alguns dos problemas mais comuns enfrentados por atletas de elite e executivos bem-sucedidos. É um fator de risco para pessoas bem-sucedidas porque parte do sucesso que alcançam tem a ver com sua habilidade em trabalhar incansavelmente suas fraquezas, de forma a resolvê-las. Mas, como tudo na vida, isso requer equilíbrio (ver Capítulo 8, "A Roda da Vida").

Ser feliz não apenas faz viver valer a pena, mas também lhe proporciona energia para adquirir mais e, em última instância, tornar-se mais bem-sucedido. Quando se está feliz, o cérebro libera diferentes substâncias, e os módulos cerebrais trabalham juntos com maior eficiência. Quase sem exceção, alguém que está genuinamente feliz tem um aumento significativo na extensão da performance, se comparada à de alguém que não está feliz. Não importa se o que medimos é a habilidade acadêmica, a velocidade dos reflexos, a capacidade de se recuperar de um treino árduo ou a habilidade de aprender novas perícias – ser "feliz" tem sido clinicamente apontado como algo capaz de modificar o cérebro e garantir vantagem competitiva.

Antes de irmos adiante, precisamos fazer uma importante distinção. O tipo de "felicidade" da qual estamos falando aqui é a "felicidade profundamente genuína" e o contentamento, não aquele tipo de humor "rir por um minuto". Muitas vezes, um palhaço ri e se torna a alma da festa, mas, na verdade, sente-se vazio e chora em segredo. Com isso em mente, é hora de adicionar outra sessão em sua *Bíblia do vencedor*, que vai ajudá-lo a iniciar o processo de ter um "Equilíbrio Duradouro Feliz". Vamos utilizar a história verdadeira da primeira *"Bíblia do vencedor"* para ajudar a montar o cenário.

11.3 A FOLHA DE PAPEL EM BRANCO

Havia alguns anos, eu estava trabalhando com um piloto de Fórmula 1 que atravessava uma fase realmente difícil. Não importava quanto seus engenheiros ajustassem o carro, a aerodinâmica, ele estava sempre instável, e a máquina parecia se comportar de forma diferente toda vez que ele entrava em uma curva, comparada à vez anterior. Como carros de Fórmula 1 são incrivelmente rápidos, isso significava que ele estava constantemente em seu limite, sem saber se estava ou não prestes a bater. Isso também significava que ele não poderia pilotar o carro no limite, e, por isso, sua pontuação no campeonato ia mal. Gradativa e inexoravelmente, ele foi se tornando mais e mais frustrado e irritado e passou a atribuir a sua infelicidade aos engenheiros e mecânicos da equipe sempre que as coisas não corriam bem.

11.4 MISS UNIVERSO

Conforme eu conversava com Ligeirinho, foi ficando evidente que a situação atual de sua vida profissional estava realmente interferindo em seu estado de espírito. A vida parecia ter perdido o brilho e havia se tornado um longo e árduo treino, seguido de inúmeras corridas com resultados frustrantes. Após conversar bastante com ele sobre os problemas com o carro, decidi mudar de direção e pedir que me falasse sobre coisas que ainda lhe davam prazer. Inicialmente, ele afirmou que não estava vendo graça em mais nada, mas eu persisti e pedi que pensasse nas coisas que ainda garantiam pelo menos algum prazer secundário, de modo que eu pudesse listá-las e trabalhar em cima delas.

Ele disse-me que amava dirigir carros velozes. Assim que anotei essa informação, eu disse: "Adora dirigir carros velozes – recebe uma fortuna para dirigir o carro mais rápido e caro do mundo."

Em seguida, pedi ao piloto que citasse alguma coisa além dos carros, alguma outra coisa da qual gostasse. Ele disse que amava mulheres. Perguntei se ele estava saindo com alguém naquele momento. Ele contou-me que estava saindo com uma finalista do concurso Miss Universo.

KS: – *Do que mais você gosta?*
Piloto de F-1: – *Eu amo barcos.*
KS: – *E você tem um barco?*
Piloto de F-1 – *Sim, eu tenho uma bela lancha Sunseeker de 80 pés. É realmente um barco lindo.*

Com ironia, respondi:

– Caramba, só de olhar para esta lista percebo que você leva uma vida miserável!

Nós dois rimos.

O que estava acontecendo com Ligeirinho era que a maior parte de seu sucesso tinha a ver com o fato de que ele estava constantemente procurando meios de aprimorar a si mesmo e à sua performance. Ele fez isso concentrando-se nas mínimas imperfeições de seu desempenho e do carro, sempre preocupado em aperfeiçoar cada detalhe. Em essência, ele estava se apegando a todo e qualquer pequeno detalhe negativo e observando-o com um microscópio, tornando-o o maior possível.

Bem, essa *era* uma boa estratégia e o ajudou a se tornar uma pessoa de sucesso pessoal e profissional. Mas, como sempre acontece com atletas de elite, depois de alguns anos no topo, o "foco no negativo" começa a se tornar uma ocupação de risco. Eles começam a ver somente as coisas negativas, as que eles ou os outros precisam melhorar, e o que costuma acontecer nessas situações é que a vida começa a perder a graça. Quando se acostumam à fama, fortuna e sucesso que desejavam tão desesperadamente na adolescência, quando tudo isso se torna parte do dia a dia, as pessoas são consumidas pelo que conquistaram. Elas praticamente se afogam em viagens constantes, hotéis luxuosos, entrevistas coletivas, intrusões em sua vida privada e treinamento ininterrupto.

Expliquei ao Ligeirinho que aquela não era uma situação incomum na vida dos atletas de elite e lhe dei como dever de casa a tarefa de, todas as manhãs, dedicar um momento para resgatar o "sentimento" de ser feliz novamente.

11.5 DEVOÇÃO DIÁRIA

Graças a seu pensamento lógico, era óbvio que ele *sabia* que era um homem privilegiado e afortunado, mas havia se esquecido de como *sentir-se* assim a cada dia. Então, decidi montar uma pequena pasta para ele. Coloquei uma foto dele na capa e a batizei de *Bíblia do vencedor de Ligeirinho*. Expliquei que ele deveria preencher as primeiras páginas da pasta com "Todas as coisas que o deixam feliz". Pedi que, todas as manhãs, ele reservasse um breve momento para folhear calmamente aquelas páginas e lembrar a si mesmo quão sortudo deveria se *sentir*. Para ajudá-lo a resgatar esse *sentimento*, coloquei fotos e imagens nos plásticos da pasta. Eu disse que ele poderia não se sentir feliz imediatamente e que, claro, ainda teria de trabalhar com seus mecânicos e engenheiros de pista para resolver os problemas do carro, mas que ele deveria acreditar em mim e:

- Fazer o exercício religiosamente *todas as manhãs*, antes de qualquer outra coisa.
- Não largar *a Bíblia do vencedor* até que tenha estabelecido ao menos um lampejo de conexão com qualquer coisa que o deixe feliz.
- Continuar por pelo menos duas semanas, independentemente de quão bem esteja indo.

E foi assim que surgiu a primeira *Bíblia do vencedor*. Ligeirinho adorou a ideia.

11.6 TORNANDO-SE O CAPITÃO

Enquanto eu estava trabalhando com esse piloto, falei sobre a importância de ele aceitar a responsabilidade de mudar o que estava acontecendo não apenas por ele, mas por seus mecânicos e engenheiros. Ele não era apenas o sujeito que se levantava todas as manhãs, pilotava seu carro e então se queixava de tudo o que deu errado. Aquele piloto precisava mudar sua atitude e parar de dizer que os reparos necessários na máquina eram responsabilidade de todo mundo, menos dele. Mesmo que não fosse o dono da equipe, ele era o "capitão da equipe". Ele deveria se levantar todos os dias cheio de energia positiva e segurança. O piloto precisava ser parte da solução, mesmo que não tivesse projetado o carro. Eu queria que ele pensasse a respeito dos engenheiros e mecânicos e os visse como indivíduos com emoções, sonhos, que sofriam decepções e que tinham objetivos e namoradas, assim como ele. Eu queria que ele tivesse interesse genuíno em cada mecânico e se lembrasse de que eram seres humanos, e não máquinas que serviam apenas para aparafusar os pneus do carro. Se os membros da equipe se sentissem "amados e importantes", eu tenho certeza de que fariam um trabalho melhor para ele, e, em última instância, isso significava que ele poderia obter melhores tempos.

Então, a próxima sessão da *Bíblia do vencedor de Ligeirinho* continha uma seção denominada "Tornando-se o capitão". Coloquei uma foto de um determinado capitão em sua pasta com uma lista de atributos exigidos de um capitão. Ligeirinho deveria *sentir* que era o capitão, que deveria agir como o capitão.

Em questão de semanas, toda a equipe havia melhorado a olhos vistos. Sentindo-se "amados e importantes", os mecânicos dedicaram-se a seus trabalhos com um pouco mais de energia, e, o mais interessante, o carro começou a ficar mais estável. Ninguém sabia dizer o motivo – simplesmente começou a apresentar melhor desempenho nas pistas. Quem andasse pelo box notaria uma onda de energia positiva na garagem e nem uma sombra da tensão de antes. Ainda mais dramática era a mudança pela qual o piloto pareceu passar. Ao longo dos três meses seguintes, seu comportamento modificou-se. O piloto ainda era o mesmo sujeito em seu coração, mas agora as pequenas coisas não o tiravam do sério tão facilmente. Ele parecia se divertir mais com os amigos, e eles, em contrapartida, achavam que ele estava mais encantador e divertido. Em casa, podia relaxar e assistir a um filme sem ficar ansioso, sem achar que deveria estar fazendo alguma coisa. Ele manteve-se em dia com sua *Bíblia do vencedor* durante o ano seguinte, e boas coisas começaram a acontecer a ele quando resolveu não mais se deixar afetar. Por ser famoso, havia namorado centenas de mulheres, porém nunca fora feliz de verdade em seus relacionamentos, sempre tempestuosos e, em geral, bastante insatisfatórios. Nessa nova fase de sua vida, ele finalmente conseguiu apaixonar-se por uma mulher com quem tinha pontos em comum e logo começou uma família ao lado dela. E até hoje estão casados e felizes.

11.7 A SEÇÃO DE FELICIDADE DA SUA *BÍBLIA DO VENCEDOR*

O ponto-chave dessa história é que todos nós lutamos para obter boas coisas na vida, mas acabamos nos concentrando nas coisas que não temos ou que não estão corretas. Essa é a natureza humana. Apesar de tudo, consertar o que não está indo muito bem é o que nos ajuda a levar a vida adiante. Mas isso tem um custo. Nós nos arriscamos a nunca estar completamente satisfeitos com nosso progresso ou com o que temos. Sem dúvida, *sabemos* de todas as boas coisas que temos na vida, mas, a não ser que nos recordemos e experimentemos essas coisas todos os dias, nosso copo tende a parecer meio vazio, em vez de meio cheio.

Essa é a motivação para a próxima seção em sua *Bíblia do vencedor*: ter em mente todas as coisas pelas quais você deve se sentir *feliz*. O mais importante nessa seção não são apenas suas posses materiais – também deve conter itens como sua saúde, os esportes que pratica, os hobbies e passatempos. E não se esqueça dos amigos, da família e das pessoas que são importantes para você. Você pode incluir qualquer coisa que tenha feito em sua vida da qual se orgulhe. Eventos que o fizeram realmente feliz. Seja criativo e pense fora dos padrões preestabelecidos. Talvez você subitamente se dê conta de que, mesmo com mais de 40 anos, sua aparência é melhor do que a de muita gente aos 35. É desse tipo de coisa que vale a pena você se lembrar todos os dias.

Não se preocupe se tiver dificuldade em começar a preencher essa seção inserindo páginas com momentos felizes. A maioria das pessoas começa me falando sobre como sua vida é miserável e sobre como nada está bem. Elas sentem que não têm nada para incluir em suas "páginas de felicidade". Mas, com um pouco de encorajamento, rapidamente começam a se dar conta das muitas coisas com as quais foram agraciadas e a que não estão dando o devido valor.

11.8 A SEÇÃO DE FELICIDADE DE KERRY

Quero dar um exemplo pessoal para mostrar quão criativa uma seção da felicidade pode ser. Gosto de pensar que vivo uma vida melhor, mais completa e rica do que a de Napoleão Bonaparte. Ainda que eu não possa jamais reinar na França, todos os dias eu tenho a oportunidade de consumir alimentos melhores do que ele tinha à sua disposição. Tenho acesso a mais delícias culinárias em meu supermercado, que oferece comida fresca do mundo todo, do que Napoleão jamais teve na vida.

Uma rica variedade de frutos do mar frescos (lagosta, vieira, salmão, garoupa, caviar, etc.), vinhos finos (elaborados com a uva *Chardonnay* da Nova Zelândia) e sobremesas que Napoleão morreria para poder provar. Posso viajar pelo mundo em um luxuoso 747 e já experimentei mais culturas e mais coisas interessantes do que as que ele jamais conheceu. Posso dar uma volta em alguma de minhas motos nos fins de semana ou ir velejar e praticar esqui aquático com meus amigos. Tenho acesso ao melhor atendimento médico. Meus dentes estão em perfeito estado e moro em uma casa maravilhosa com todos os confortos que a vida moderna pode oferecer. Amei e fui amado por algumas das mulheres mais espetaculares que já pisaram neste planeta. Não preciso lutar em nenhuma guerra, posso ler importantes obras literárias e estudar as últimas descobertas científicas. Sou incrivelmente bem-afortunado, pois posso gastar uma boa parte do meu dia estudando e tendo minha mente desafiada e estimulada por novas ideias. Eu nem mesmo desejaria trocar de vida com Tiger Woods ou Roger Federer porque posso passar a *minha* vida fazendo o que *eu* gosto.

Poder jogar algumas poucas horas de tênis por semana é muito agradável, mas eu não poderia passar todos os dias da minha vida rebatendo e lançando bolas de tênis, ou dar 100 mil voltas em uma pista de corrida. No entanto, amo ter meu cérebro desafiado por uma variedade de novas ideias. Talvez eu seja um pouquinho *geek*, e este seja um motivo para Federer provavelmente não desejar trocar de vida comigo, tampouco. O ponto é que, de maneira geral, estou fazendo o que *me* faz feliz, ainda que existam coisas que eu gostaria de mudar ou que me deixam para baixo de vez em quando.

Com isso em mente, é hora de ser criativo e preparar uma seção em sua *Bíblia do vencedor* que contenha todas as coisas que o façam muito, muito feliz. Enquanto você está compilando suas "páginas de felicidade", não se esqueça de incluir coisas de seu passado, como conquistas das quais você se orgulhe ou momentos mágicos que possa ter vivido. A vida não é vivida apenas no presente ou no futuro. Em minha experiência, pude constatar que as pessoas mais felizes são aquelas que *saboreiam* o passado e ainda obtêm verdadeiro prazer nisso, mesmo que estejam passando por momentos difíceis no presente. Um feriado não foi menos divertido apenas porque você sabia que um dia ele teria que acabar. Os dias de folga adicionaram algo à sua vida, como um vinho fino ao seu paladar. Você deveria ficar contente por ter tido a sorte de poder aproveitar esse feriado feliz.

Além disso, se você foi afortunado o suficiente de ter tido um relacionamento maravilhoso no passado, *aprenda* a ser grato por essa experiência, independentemente da razão pela qual terminou. Mesmo que você esteja sozinho no momento e não consiga encontrar ninguém que se compare ao antigo parceiro, pergunte a si mesmo, em primeiro lugar, se você realmente preferiria não ter tido aquela relação e todas as experiências que derivaram dela. Quanto mais você vive, mais entende que tudo acaba se resumindo à sua *atitude*, a como você encara as coisas. Quanto mais você praticar a busca pelo lado bom da vida, mais a vida estará disposta a lhe proporcionar felicidade no futuro.

11.9 SABOREANDO A FELICIDADE

Um ponto muito positivo sobre seu cérebro é que quanto mais você estimula as emoções felizes, mais poderosas elas se tornam. Seus circuitos de felicidade respondem quando são exercitados, do mesmo modo que seus músculos respondem a treinos com pesos. Por isso, é importante aprender a saborear a felicidade, da mesma forma que você aprende a saborear um bom vinho. Há maior possibilidade de degustar a bebida sorvendo-a lentamente, ou até mesmo mantendo-a alguns segundos na boca, para sentir as sensações que a língua lhe proporciona, os vários sabores e buquês surgindo no paladar, do que quando se bebe qualquer coisa em largos goles. A vida é muito parecida com isso.

Aprenda a saborear a felicidade em vez de apenas consumi-la.

Aprenda a saborear o passado, assim como o presente e a antecipação do futuro.

TUDO O QUE É VERDADEIRO, TUDO O QUE É NOBRE, TUDO O QUE É JUSTO, TUDO O QUE É PURO, TUDO O QUE É AMÁVEL, TUDO O QUE É DE BOA FAMA, TUDO O QUE É VIRTUOSO E LOUVÁVEL, EIS O QUE DEVE OCUPAR VOSSOS PENSAMENTOS. FILIPENSES 4:8

11.10 CDS PERSONALIZADOS PARA AFLORAR MOMENTOS FELIZES

Assim como você pode produzir CDs especiais para intensificar suas emoções ou para derrotar questões históricas como Hipnose Acidental, também pode gravar CDs que possam fazer ecoar suas emoções "felizes" e enchê-lo de energia para o dia que terá de enfrentar. Não são CDs motivacionais ou aqueles do tipo "Você pode fazer isso!", que pregam uma alegria sem sentido. Não são piadinhas tolas, nem nada voltado ao humor. Esse material de áudio é personalizado para fazer ecoar em sua mente suas emoções felizes preexistentes – quaisquer que sejam as emoções únicas que possam estimular você, e somente você, a se aprimorar e ter um dia melhor.

SUA *BÍBLIA DO VENCEDOR* AGORA DEVE CONTER:

- Suas metas materiais;
- Suas metas de desenvolvimento pessoal;
- Pessoas importantes em sua vida: familiares e amigos;
- Heróis e mentores;
- Seus pontos fortes;
- Suas fraquezas;
- Seus erros recorrentes e suas habilidades;
- Coisas pelas quais você pode se alegrar: O dia feliz de Ligeirinho.

12
UMA INABALÁVEL CRENÇA EM SI MESMO

ATÉ AGORA, NÓS NOS CONCENTRAMOS EM FAZER SUA *BÍBLIA DO VENCEDOR* FUNCIONAR. TAMBÉM LHE APRESENTAMOS VÁRIOS CONCEITOS BÁSICOS QUE PROPORCIONARÃO A BASE NECESSÁRIA PARA ALCANÇAR SEU FUTURO IDEAL. AGORA, É HORA DE PROSSEGUIR PARA O PRÓXIMO NÍVEL E VER O QUE SEPARA A VERDADEIRA ELITE DE TODOS OS OUTROS, PARA QUE VOCÊ POSSA COMEÇAR A PENSAR E A AGIR COMO UM VENCEDOR.

Por já ter trabalhado com vários campeões, tanto dos esportes quanto do mundo dos negócios, frequentemente me perguntam o que faz um vencedor ou um campeão ser tão especial. As pessoas esperam que eu responda algo como "Os reflexos de Michael Schumacher são muito mais rápidos do que os de qualquer outra pessoa", ou que um atleta em particular tem algum talento natural, dado por Deus, que se destacou quando eu o avaliei. Essa ânsia de saber por que certas pessoas são vencedoras não é de agora. Quando Einstein morreu, seu cérebro foi retirado para estudos, e o patologista o fragmentou em 240 pedaços, divididos em fatias microscópicas que posteriormente foram analisadas por vários pesquisadores para ver se podiam encontrar algo inusitado ao qual pudessem creditar seu indubitável gênio.

Depois de estudar o comportamento de vencedores durante vinte anos, posso afirmar com certeza que existem diferenças entre eles e as pessoas consideradas comuns. Este capítulo explica a primeira dessas diferenças ao contar histórias pouco conhecidas, mas totalmente verdadeiras, sobre três pessoas famosas.

12.1 ARNOLD SCHWARZENEGGER

John Gourgott foi provavelmente um dos homens mais interessantes e inusitados que eu já conheci. Para todos que o conheciam, ele era simplesmente "dr. John". Apesar de dr. John ser um cirurgião oftalmológico, sua paixão era o fisiculturismo. Ele foi bom o bastante para ficar em segundo lugar na competição de Mister América e totalizou mais de 450 quilos em três levantamentos de peso olímpico durante os anos 1960, o que, para sua categoria de peso corporal, àquela época, foi um feito e tanto.

Dr. John era um homem muito inteligente, que estudava uma amplidão de assuntos, incluindo sufismo, além de filosofias ocidentais mais tradicionais e ciência. Ele era um homem único, especial. Houve várias ocasiões em que, enquanto jantávamos, dr. John mudava repentinamente de assunto e contava alguma história interessante ou mística que instantaneamente me tocava. Durante os anos seguintes, essas histórias sempre me proporcionariam temas para bons conselhos. Mesmo após a morte de dr. John, suas histórias e seu espírito continuam vivos. Uma dessas histórias era sobre um rapaz muito jovem, chamado Arnold Schwarzenegger.

Quando Arnold foi pela primeira vez aos Estados Unidos, ficou morando um tempo na casa do dr. John e treinando com ele. Depois que Arnold venceu seu primeiro torneio e recebeu um bom prêmio em dinheiro, dr. John sentou-se com ele para lhe dar sábios conselhos paternais. Disse a Arnold que ele deveria investir seu dinheiro em uma academia na Califórnia, para não gastar tudo e acabar pobre, como acontece com tantos outros atletas quando suas curtas carreiras chegam ao fim.

Dr. John previu corretamente que em breve haveria na Califórnia um crescimento súbito da indústria de saúde e *fitness* e pensou que, levando-se em conta a paixão de Arnold pelo fisiculturismo, sua boa aparência, sua fama no meio e o momento pelo qual o país passava, abrir uma academia certamente seria uma forma de assegurar o futuro financeiro do rapaz.

Arnold ouviu pacientemente os conselhos bem-intencionados de John e então respondeu em sua voz grave e lenta, tão singular em Arnold. Suas palavras foram ainda mais lentas e carregadas de sotaque do que as que ouvimos em sua mais ameaçadora voz de *Exterminador do Futuro*, porque ele havia acabado de chegar aos Estados Unidos e seu inglês ainda era bem ruim. Arnold olhou para John e disse (tente ler isto para você mesmo em sua mais lenta e grave voz de Arnold):

"VOCÊ NÃO SABE O QUE É AMBIÇÃO. EU NÃO VOU SER DONO DE ACADEMIA. EU VOU SER UM ASTRO DE CINEMA E TAMBÉM O PRESIDENTE DOS ESTADOS UNIDOS!"

Dr. John ficou incrédulo. Ali estava um homem jovem, relativamente sem instrução, que mal falava algumas palavras em inglês, nunca havia tido aulas de interpretação e, na opinião de dr. John, teria sorte de conseguir manter um emprego de frentista se não fosse pelo fisiculturismo. Dr. John tentou fazê-lo ouvir a razão, mas não houve jeito.

À medida que o tempo passava, dr. John encantava-se com os progressos de Arnold. Ele tinha essa absoluta convicção, uma crença inabalável de que *seria* um astro de cinema. *Nada* jamais ficou em seu caminho. Nenhum obstáculo era problema. Se algo não funcionava, ele simplesmente tentava de novo, empenhava-se mais ou encontrava alguma outra saída. Ele era como um tanque de guerra, impossível de ser detido. Claro, algumas vezes Arnold teve sorte e obviamente usou sua fama de fisiculturista com grandes resultados, mas dr. John estava convencido de que ninguém além de Arnold poderia ter sido tão bem-sucedido quanto ele foi, com as limitadas habilidades que possuía. Afinal, muitos fisiculturistas vieram e se foram sem ter sucesso nas telas de cinema.

Enquanto a carreira de Arnold progredia, dr. John notou uma real transformação em suas habilidades sociais e intelectuais. Ao seguir em frente e se manter sempre estimulado, Arnold tornou-se mais inteligente e esperto. Ele misturou-se a vencedores de outros campos de atuação e aprendeu com eles. Ele fez amizade com roteiristas e economistas. Como você sabe, ele realmente se tornou um astro de cinema, e não apenas um figurante, mas um dos maiores astros de todos os tempos em matéria de bilheteria. E, com o tempo, ele tornou-se até mesmo governador da Califórnia. Uma posição que realmente exige habilidade e perspicácia, não importa o que digam.

Eu sei que essa história é verdadeira porque a ouvi de dr. John bem antes de Arnold anunciar publicamente quaisquer ambições políticas. À época, eu disse a dr. John: "Bem, ele realmente virou um astro de cinema, mas a ambição tem limite. Ele nunca vai se tornar um político." Evidentemente, eu estava enganado. O que essa história ilustra claramente é o poder de se ter uma crença inabalável em si mesmo. Uma crença que desafia as opiniões de outras pessoas e até o bom senso. Como o maior lutador de boxe, e provavelmente o maior esportista da história, Muhammad Ali, disse certa vez:

"Para ser um campeão, você precisa *acreditar* que é o melhor."

O que estamos dizendo aqui é que não basta desejar ou sonhar que vai conseguir atingir um objetivo, é preciso ter uma profunda convicção de que esse é o seu futuro ideal; que, independentemente do que aconteça, de alguma forma você *vai* atingir seu objetivo. Com essa convicção, você vai conseguir se levantar da lona quando alguém o derrubar, porque você *vai* ser o campeão mundial da categoria peso-pesado. Os golpes, as quedas e os obstáculos não são fatais – são apenas parte do processo de aprendizagem e da educação ao longo do caminho rumo ao seu futuro ideal.

12.2 ADOLF HITLER

Vamos dar mais uma olhada no poder de se ter uma crença inabalável. Como ela pode transformar um homem fraco em um dos homens mais poderosos que o mundo já conheceu. Para fazer isso, precisamos voltar até a Primeira Guerra Mundial.

A "Grande Guerra" foi realmente um sofrimento terrível para os soldados desafortunados o suficiente para estarem na linha de frente das batalhas. Eles tinham que viver em trincheiras enlameadas e alagadas, sob bombardeios constantes. A qualquer minuto, a vida deles podia ser extinta. Cada explosão que ouviam poderia ser a última antes de também se juntarem à longa lista de soldados mutilados ou mortos em combate. Cada dia nascia trazendo apenas mais morte, doença, dor e explosões. Lenta e inexoravelmente, por causa daquela situação de estresse incessante e da futilidade da guerra, muitos soldados tiveram um colapso nervoso.

Àquela época, essa reação à intensidade do bombardeio era chamada em inglês de *"Shell shock"* – expressão derivada das palavras "shell" (casca, cápsula) e "shock" (choque) –, que associava as explosões das granadas ou bombas ao desequilíbrio neurótico dos soldados. Esse distúrbio produzia vários sintomas diferentes, em diversos pacientes. Um dos sintomas mais graves era chamado, às vezes, de "cegueira histérica".

A cegueira histérica é um problema puramente psicológico, que torna o paciente completamente incapaz de enxergar, mesmo não havendo absolutamente nada de errado com seus olhos ou com a parte do cérebro responsável pela visão. Essa cegueira psicológica é tão completa que os pacientes que sofrem desse mal não têm a mais leve reação, mesmo que alguém ameace atacá-los com uma faca. Se você pensar a respeito, isso mostra o extraordinário poder de uma doença psicológica. Mesmo estando a ponto de morrer, ainda assim o paciente definitivamente não vê o que está acontecendo. Para todos os efeitos, eles realmente estão completamente cegos.

Na Primeira Guerra Mundial, um jovem soldado de baixa patente sofreu de cegueira histérica, um cabo lanceiro chamado Adolf Hitler. Hitler acreditava que tinha ficado cego por causa do gás mostarda lançado durante um ataque, mas um exame clínico revelou que não havia nada de errado com seus olhos. Ele foi, portanto, classificado como portador de uma doença psicológica e enviado a um hospital militar da reserva, para receber tratamento de um psiquiatra chamado dr. Edmund Forster. Depois de algumas semanas, como Hitler ainda não respondia ao tratamento padrão de cegueira histérica, Forster decidiu tentar um ângulo diferente. O psiquiatra disse a Hitler que, conforme acreditava, ele havia nascido com um destino especial na vida: salvar a raça germânica. Conforme Forster, se Hitler realmente se concentrasse nesse destino grandioso, gradualmente veria uma cadeira no canto da sala. Hitler fez o que o médico lhe disse, e, lentamente, a imagem embaçada da cadeira surgiu em seu campo de visão. Daí em diante, Hitler passou a acreditar absolutamente em seu destino, e, infelizmente, o que aconteceu a seguir ficou na História.

Antes de adquirir essa crença em si mesmo, Hitler era apenas um militar de baixa patente, sem nenhuma característica que o distinguisse ou qualquer potencial para liderar. Depois disso, passou por um processo irreversível de mudança e seguiu em frente para liderar uma nação e moldar o mundo – nesse caso, para o mal. Mais tarde, Hitler mandou assassinar o dr. Forster, tentando apagar esse episódio de sua biografia.

A intenção de eu ter mencionado esse episódio histórico é mostrar a você como ter uma crença inabalável em si mesmo pode transformar sua vida completamente.

12.3 A CONEXÃO EMOCIONAL COM SUA CRENÇA

Antes de continuarmos, preciso explicar o que *realmente* quero dizer quando falo sobre crença inabalável. Muitas pessoas me dizem que "acreditam" que vão fazer isso ou aquilo. Mas, quando eu as questiono efetivamente, descubro que o que elas realmente querem dizer é que *desejam* este ou aquele objetivo. Ou até mesmo que elas estão diariamente *dizendo* ou repetidamente *convencendo* a si mesmas que farão algo em particular. Mas, apesar de todo esse autoconvencimento e de todas as suas palavras, posso olhar em seus olhos e ver que intimamente ainda lhes falta a verdadeira convicção. Elas ainda não *sentem* seu futuro ideal com cada partícula de suas almas. E então, quando as coisas ficam difíceis, perdem a confiança em si mesmas. Ficam desanimadas e desmotivadas se perderem uma corrida ou uma batalha na sala de reuniões. Seus sentimentos e felicidade emocional dependem de seu sucesso ou fracasso mais recentes. Como resultado, vivem em uma montanha-russa, dependentes de eventos externos, vivendo fora de si mesmas, enquanto alguém que realmente acredita sempre tem um ar de autoconfiança.

Confiança é bem diferente de arrogância. Na verdade, o que frequentemente acontece é que quanto mais autoconfiante a pessoa é, menos ela precisa se exibir e contar vantagem. Pense em Roger Federer, Pete Sampras, Michael Schumacher ou Tiger Woods. Eles simplesmente seguem em frente com os treinos e competições. Se você tiver o mesmo tipo de confiança, não precisa ficar nervoso ou zangado quando é desafiado em uma reunião profissional. Você não vai precisar culpar outra pessoa caso se saia mal em uma corrida. Você é adulto o suficiente para aceitar sem desculpas suas próprias fraquezas, porque você sabe que mais cedo ou mais tarde você *vai* prevalecer.

Uma crença como essa é mais do que palavras ou pensamentos passando pela sua cabeça. É um *sentimento* ou uma *emoção* profunda dentro de você, tão forte quanto as sensações de fome ou de excitação sexual. E assim como essas sensações, ela dá-lhe uma força poderosa. É por isso que você tem sentimentos e não é apenas um robô. Emoções profundas induzem-no a realizar coisas. Uma crença inabalável pode ser comparada ao motor de um navio. É o que o empurra para a frente durante qualquer tempestade. Se você não tiver esse motor impulsionando-o, vai ficar imóvel, à deriva, à mercê de todas as ondas ou de qualquer acontecimento em sua vida. E, quando você está à deriva, não há giros ou movimentos no timão que resolvam, porque seu leme só funciona quando você está indo em frente.

Outra coisa que se deve manter em mente é que suas crenças não dizem respeito apenas às coisas que você quer atingir na vida, têm também um impacto expressivo em outros aspectos de sua vida pessoal, tais como relacionamentos e saúde. Por exemplo, suponha que seu namorado a deixe e que você ache que nunca mais vai encontrar alguém tão bom quanto ele. Sem dúvida, isso será um evento muito mais traumático para você do que para alguém que acredite, com cada fibra de seu ser, que um dia vai encontrar sua verdadeira alma gêmea. Para essa pessoa, a perda de alguém não é nada além de um degrau no caminho para chegar ao seu verdadeiro amor.

12.4 A HISTÓRIA DE LORETTA

Para entender melhor como o fato de ter uma crença inabalável em si mesmo pode ser uma ferramenta usada para alcançar resultados consideráveis, vamos olhar dentro da mente de mais uma campeã e ouvir, em suas próprias palavras, o que se passa ali.

Assim como várias jovens australianas, Loretta Harrop gostava de esportes. Mas, diferentemente da maioria das garotas, ela decidiu tornar-se uma atleta profissional (no caso dela, competindo em triatlos). Para conseguir recursos, foi avaliada pelo Instituto Australiano de Esportes, para ver se tinha verdadeiro potencial. Depois de todos os testes e de ter sido medida, Loretta foi informada de que não tinha medidas de campeã – ela estava, na verdade, *abaixo* da média. Bem, o Instituto Australiano de Esportes é amplamente reconhecido como um dos melhores do mundo, por isso, se eles avaliarem que alguém não tem potencial, então esse alguém realmente deveria considerar a hipótese de fazer outra coisa na vida.

E como Loretta reagiu aos resultados?

"Lembro-me de ter ficado bastante irritada com o fato de ter que interromper meu treinamento naquele dia. No entanto, se eu queria recursos, tinha que me submeter aos testes do instituto. Mas minha atitude era completamente despreocupada. Na verdade, eu até mesmo ostentava uma atitude desafiadora porque sabia quais eram meus objetivos e o que eu queria realizar. Eu tinha uma enorme confiança de que iria chegar ao topo. Depois que fiz o teste, eles disseram que eu estava abaixo da média. Tive de rir. Eu *sabia* que seria grande e acharia uma forma de ser grande mesmo que não passasse nos testes deles. Eu nem sabia o que os testes significavam, então por que eu me importaria com o número que me dessem? Mesmo que *eles* julgassem que eu jamais seria uma campeã, *eu acreditava que seria*."

Loretta não conseguiu ser patrocinada pelo Instituto Australiano de Esportes, e mesmo treinando mais do que qualquer outra pessoa, ela ainda não conseguia vencer. Dia após dia, ampliava seus esforços e sentia muitas dores devido ao esforço excessivo. Imagine como ela deve ter se sentido um ano mais tarde – depois de todo o treinamento intensivo, todo o trabalho árduo e todos os sacrifícios a que tinha se submetido – quando perdeu *novamente*. Certamente, as palavras ouvidas no Instituto de Esportes ressoaram em seus ouvidos: *"Você nunca será uma campeã. Vá fazer outra coisa."*

Ela teria todos os motivos do mundo para desistir. Motivos válidos, certificados pelo Instituto de Esportes. Agora pense por um momento como você teria se sentido se estivesse na mesma situação. Você seguiria em frente? No que você teria pensado quando estivesse sozinho à noite, deitado em sua cama, depois de uma corrida malsucedida, e as palavras do Instituto surgissem para assombrá-lo? Mas Loretta nunca desistiu. Sua resposta ao fracasso foi compreender que deveria treinar ainda mais. Essa enorme ética profissional deu à Loretta um bônus extra. Diferentemente da maioria dos atletas, Loretta nunca sofria de ansiedade antes das corridas.

"Eu era diferente da maioria das minhas concorrentes porque quanto mais a hora da corrida se aproximava, mais confiante eu ficava. Eu sabia que havia treinado mais do que as outras competidoras, e essa era a chave do meu preparo e do meu sucesso. Meu arraigado senso de dever era a garantia de jamais duvidar de mim ou de minha capacidade no dia da corrida. Isso me dava confiança na linha de largada. Meu mantra antes de uma corrida sempre era... "Vamos lá!" Eu queria ver o que seria capaz de fazer em seguida.

Que atitude fantástica. Para Loretta, uma corrida era uma oportunidade de avaliar a si mesma e verificar quanto progresso havia feito. Seu trabalho árduo durante os treinamentos era a plataforma sólida sobre a qual repousava sua autoconfiança para as corridas. Uma plataforma que Loretta usava para desmoralizar as competidoras: "Sou muito concentrada em uma corrida. Para mim, é como ir para a guerra. Eu conversava comigo mesma quando sentia dores físicas, apreciando-as porque imaginava quanto as outras garotas também estavam sentindo dores. Eu acreditava que era a mais preparada ali, e, se eu estava com dores, então elas deviam estar sentindo dores mais intensas do que as minhas. Durante a corrida, eu escolhia um momento no qual dizia para mim mesma: 'Certo, agora enfie a faca e torça a lâmina.' Eu sou muito agressiva, mesmo que ninguém perceba isso."

Loretta encarou outro obstáculo dos grandes. Corrida de bicicleta é uma atividade perigosa. Mesmo em climas secos, os pneus estreitos de uma bicicleta proporcionam apenas um mínimo de tração. Em tempos chuvosos, uma corrida de bicicleta em alta velocidade pode ser fatal. O único medo de Loretta era quanto à sua habilidade de pedalar rapidamente sob a chuva. Felizmente, Loretta treinava frequentemente com o irmão, porque ele também era um triatleta de elite e tinha grandes habilidades de controle da bicicleta. Mas a tragédia os atingiu apenas alguns meses antes da Copa do Mundo. O irmão de Loretta morreu durante um treino de bicicleta. Depois de algo assim, Loretta poderia facilmente ter pendurado a bicicleta e ido para casa sem nenhuma medalha. Ela poderia dar a desculpa perfeita. Mas como Loretta respondeu a isso?

"Eu realmente perdi a confiança na bike algumas vezes; lembro-me de que, logo antes da Copa do Mundo, em Geelong, não muito tempo depois de meu irmão ter morrido, estava chovendo muito, e o percurso lá era ruim mesmo quando não chovia. Eu era a franca favorita, e pensei que minha fraqueza e medo estavam a ponto de ser expostos, porque eu simplesmente não conseguiria pedalar na chuva.

Depois de uma 'surtada' inicial, fiquei sozinha em meu quarto, olhei-me no espelho e disse a mim mesma: 'Eu tenho que enfrentar esse medo'. Logo percebi que temia mais ter de viver com esse medo idiota acabando comigo do que sofrer um acidente. Eu não queria ser uma perdedora. Então, enfrentei-o, pois não tinha escolha. Esse é o melhor jeito para mim. Trabalho muito bem em circunstâncias em que 'não há escolha'. Quando as coisas dão terrivelmente errado na minha vida, tenho de encará-las. Não havia como me esconder. Eu sempre tratei todos os medos dessa forma."

Com uma atitude mental como essa, não é surpresa que Loretta tenha ganhado a medalha de ouro no Campeonato Mundial de Triatlo e uma medalha de prata nas Olimpíadas de Atenas.

Então, se você algum dia pensar que não é bom o bastante, ou que tem uma desculpa para desistir ou para perder a confiança em si mesmo, pare por um instante e pense em Loretta. É provável que ela tenha tido mais desvantagens e barreiras a ultrapassar do que você jamais terá. Pense na incrível ética de trabalho dela e em como isso lhe proporcionou a plataforma para sua autoconfiança. Sua incansável atenção aos detalhes durante a preparação e os treinamentos. Sua capacidade para encarar seus piores medos e vencê-los. Sua atitude de soldado em batalha durante uma corrida. Sua crença inabalável em si mesma, apesar do que qualquer um pudesse dizer. Agora, imagine quanto ela se sente orgulhosa ao olhar para aquelas medalhas sobre o console da lareira. A silenciosa satisfação de um trabalho bem-feito, indo contra todas as expectativas.

12.5 SUA *BÍBLIA DO VENCEDOR* E CRENÇA INABALÁVEL

Uma crença inabalável em si mesmo é o motor que o impulsiona e lhe dá forças para vencer qualquer obstáculo. Algumas pessoas têm sorte e parecem já nascer com essa convicção íntima profundamente encravada na alma. Outras a têm implantada pelos pais, professores ou treinadores quando bem jovens. E há ainda quem a tira de uma religião ou filosofia, porque acredita que Deus ou alguma outra "força maior" tem um destino especial reservado para ele. Se você quer ser um vencedor, então precisa necessariamente ter uma crença inabalável em seu futuro ideal. Mas como simplesmente ter uma crença inabalável se nenhuma das situações listadas acima se aplica a você?

A resposta é: você pode *treinar* seu cérebro para ter uma crença inabalável, exatamente da mesma forma que pode melhorar seu saque no tênis ou ensinar seu cérebro a automaticamente inverter uma imagem de ponta-cabeça – por meio de prática constante. Logo você começa a melhorar, e a nova condição fica automaticamente gravada em seu cérebro. Da mesma forma, se você constantemente praticar uma crença inabalável em seu futuro ideal, realmente vai começar a tê-la permanentemente. É quase como se você pudesse se salvar de um afogamento puxando os próprios cabelos. Como disse o grande Muhammad Ali, "Para ser um campeão, você precisa acreditar que é o melhor. Se não for, *finja* que é." O que importa aqui é que esse processo de "fingir" não significa enganar seus oponentes, mas sim conseguir acreditar realmente em si mesmo.

POIS EM VERDADE VOS DIGO QUE, SE TIVERDES FÉ DO TAMANHO DE UM GRÃO DE MOSTARDA, DIREIS A ESTA MONTANHA "PASSA DAÍ PARA LÁ", E ELA PASSARÁ; E NADA VOS SERÁ IMPOSSÍVEL.
MATEUS 17:20

Com tudo isso em mente, é claro que você deve ter uma seção em sua *Bíblia do vencedor* que o ajude a praticar uma "Crença inabalável em si mesmo" todos os dias. Parte da resposta já foi suprida pelas inserções que você fez na seção dos objetivos de sua *Bíblia do vencedor*. Ter objetivos vibrantes que ganham vida a cada novo dia ajuda a proporcionar parte da energia e crença de que você necessita – mas, infelizmente, ainda é preciso bem mais do que isso. Não é uma questão de apenas *apreciar* e *sentir* seus objetivos, você tem que estar *totalmente* convencido de que pode alcançá-los.

12.6 PASSO 1: ACREDITANDO NA CRENÇA

Antes de pensar em minha própria crença inabalável pessoal, eu lembro-me do poder das crenças inabaláveis em geral, quando coloquei fotos de Arnold e Loretta em minha *Bíblia do vencedor*. Eu optei por ter fotos dos dois em minha bíblia, não porque eles são meus heróis ou mentores, mas porque suas histórias demonstram o poder de uma crença inabalável. Arnold tinha muito menos a seu favor do que a maioria dos adolescentes que vão para Hollywood na esperança de virar astros de cinema. Mas ele podia contar com duas coisas que outros pretendentes a astros não tinham – uma crença inabalável em seu futuro ideal e uma vontade de se jogar de cabeça e fazer *qualquer* trabalho árduo que fosse necessário para chegar lá. Qualquer fracasso que Arnold experimentasse seria apenas uma nova lição a respeito do que ele tinha feito de errado e do que deveria fazer para corrigir. Com Loretta acontece exatamente a mesma coisa.

Portanto, em minha *Bíblia do vencedor,* há imagens de Arnold e Loretta porque eles me lembram do *poder* que é consequência de se ter uma verdadeira crença inabalável. É bom saber que, se eu tiver uma crença inabalável em meu arsenal mental, então eu tenho uma arma mental mais poderosa do que as armas de 99% das pessoas que vou encontrar hoje. É agradável andar pela cidade ou ir a reuniões sabendo disso!

12.7 PASSO 2: ESCREVA O SEU FUTURO IDEAL

Agora que você já viu o poder de uma crença inabalável, é hora de ser ousado e começar a acreditar em você mesmo. Agora! Então, escreva em sua *Bíblia do vencedor* o que você acredita ser o seu próprio e único futuro ideal.

Seu futuro ideal terá muitos componentes e incluirá todos os aspectos da vida que farão de você um indivíduo feliz e equilibrado.

Isso é bem diferente de seus objetivos materiais. Tem a ver com se tornar a pessoa que você deve ser e com fazer as coisas que vão torná-lo intrinsecamente feliz.

Infelizmente, é aí que muitas pessoas tropeçam. Elas simplesmente não sabem qual é o verdadeiro futuro ideal para elas. E, é claro, se você não sabe qual é o seu verdadeiro futuro ideal, então não é surpresa que você não o esteja vivendo. Por enquanto, não se preocupe se você ainda não souber qual é o seu futuro ideal. Apenas faça o melhor que puder por enquanto e escreva o que você acha (no Capítulo 14, "Os seus motivadores intrínsecos", eu vou mostrar como descobrir seu futuro ideal).

12.8 PASSO 3: TER UM PLANO CLARO

O método a seguir, que uso para fortalecer minha crença inabalável, é escrever, em tópicos, os passos exatos ou estágios pelos quais eu devo passar para um dia poder viver meu futuro ideal. Ter um plano claro e bem construído, com cada pequeno estágio cuidadosamente estabelecido, ajuda a tornar o processo mais digno de crédito. Sei que, se eu puder completar o Estágio 1, então deve ser perfeitamente possível conseguir completar o Estágio 2. E uma vez que eu tiver completado o Estágio 2, sei que devo ser capaz de terminar o Estágio 3. Ao dispor em tópicos todos os estágios que levam ao meu futuro ideal, eu fico em paz, porque não tenho mais a sensação de que preciso escalar toda a montanha de uma vez só.

"EU NUNCA CORRI MIL MILHAS. EU NUNCA CONSEGUIRIA FAZER ISSO. EU CORRI UMA MILHA MIL VEZES." STU MITTLEMAN, RECORDISTA MUNDIAL DA ULTRAMARATONA

Vou mencionar um exemplo da vida real. Um amigo meu, chamado Sam, é um famoso fotógrafo profissional procurado por muitas celebridades. O problema de Sam é que, por ser muito bom, ele está sempre sobrecarregado de trabalho. Há sempre uma fila de três ou mais pessoas famosas aguardando a vez de ser atendida por ele. O motivo pelo qual Sam tem tantos clientes é porque ele é uma pessoa muito modesta, que não gosta de "jogar confete em si mesmo". Inconscientemente, isso passa a potenciais clientes a mensagem de que podem "pagar barato" pelo trabalho de Sam. Como resultado, ele precisa trabalhar por longas horas e tirar uma quantidade enorme de fotos a cada sessão para conseguir ganhar a vida decentemente. No entanto, a qualidade de suas fotos é absolutamente excelente, e seu trabalho é sempre reconhecido. Seus clientes estão entre as pessoas mais famosas do mundo. Então, há um óbvio descompasso entre a percepção que Sam tem dele próprio e a realidade (ver Seção 3.2, "O espelho distorcido", no Capítulo 3).

Quando falei com Sam, ficou claro que ele precisava ser mais seletivo com seus clientes. Ele precisava marcar menos sessões e reavaliar os valores cobrados. Dessa forma, além de ganhar mais, teria tempo para fazer um trabalho ainda melhor para cada um de seus clientes. Então, o futuro ideal de Sam era ser internacionalmente reconhecido e, o mais importante, viver a vida do "Melhor fotógrafo do mundo". Isso significava que ele teria de fazer algumas mudanças.

Primeiro, precisava ter um site que refletisse esse status. Até então, sua única presença on-line era uma página perdida no meio do site de outra pessoa. Se você fosse uma celebridade e seu agente lhe dissesse que Sam seria seu fotógrafo, você não ficaria lá muito animado quando pesquisasse sobre ele no Google. Sam precisava de um site próprio, para divulgar apropriadamente as fotos e capas de revistas das mais de cem celebridades que ele havia fotografado, além de todas as ótimas críticas que havia recebido. Ele precisava se reposicionar como "O melhor". A seguir, teria que começar a dispensar estrelas "menores" que quisessem contratar seus serviços e deveria tornar-se mais seletivo. Talvez isso fosse um pouco assustador inicialmente, mas era a única forma pela qual ele poderia legitimamente aumentar seus honorários. Ele precisava mandar uma mensagem a diversas revistas de que "Sam ganhou suas asas e agora está no topo da profissão". Afinal, se algum jovem craque de futebol ainda estiver cobrando apenas 300 dólares para jogar no time local, ele não terá uma posição muito forte para negociar um salário de 3 milhões de dólares para jogar pelo Manchester United.

Então, agora temos traçado um futuro ideal bem claro para Sam e já estamos começando a preencher uma lista de coisas que ele precisa fazer. Sem entrar em todos os detalhes, o futuro ideal de Sam e seu plano para atingi-lo devem começar mais ou menos assim:

FUTURO IDEAL:
- Ser e viver a vida do "Melhor fotógrafo do mundo".

PLANO CLARO:
- Criar um site à altura do melhor fotógrafo do mundo – sem modéstia!
- Ser mais seletivo com os clientes – dispensar alguns.
- Acreditar em si mesmo em um profundo nível emocional.
- Aprender a ficar à vontade promovendo-se e afirmando a alta qualidade de seu trabalho.
- Aumentar os honorários.

Deixar todos os estágios bem explícitos e listá-los dessa forma vai ajudá-lo a ser paciente e realista e a estimar corretamente o esforço, as habilidades e o tempo requeridos para atingir seus objetivos. Isso é importante, porque nada mata uma crença inabalável mais rapidamente do que expectativas irreais quando comparadas a progressos realistas (porém mais lentos do que o esperado). Então, acrescente uma página com seu futuro ideal como cabeçalho e faça uma lista em tópicos dos vários estágios que você deverá completar. Escrever os estágios organizados dessa forma também reforça a necessidade de apreciar cada um deles enquanto você os trabalha.

12.9 OTIMISMO × CRENÇA INABALÁVEL

A essa altura, é essencial fazer a distinção entre "otimismo" e "crença inabalável". Otimismo é olhar para o lado bom de uma situação, e isso tem muito pouco a ver com ter uma crença inabalável. Para ser verdadeiramente bem-sucedido, você precisa ser realista e compreender o tamanho da tarefa que tem para realizar, quais são suas fraquezas e o que você precisa fazer para melhorar. Loretta não era uma otimista do tipo que acredita em pensamento positivo. Ela sabia quanto precisava trabalhar e reconhecia suas fraquezas. Isso é ser *realista*, e não otimista. Apesar desse realismo e do tamanho da tarefa à sua frente, de alguma forma ela ainda acreditava, mesmo nos momentos ruins e quando tudo estava dando errado, que encontraria uma saída.

Assim, a diferença entre uma pessoa otimista e uma realista é que a otimista diz que a pedra em seu tênis não vai incomodá-la e que vai conseguir subir a montanha. Otimistas frequentemente fracassam. A realista diz que a pedra está machucando seu pé e que ela precisa tirá-la do tênis. A montanha é alta, o caminho é longo e ela está com dor. Mas ela VAI chegar ao topo e ela VAI aproveitar a vista quando chegar lá em cima.

12.10 POEMAS

Poemas são uma boa maneira de reforçar a importância de se ter uma crença inabalável. Aqui está um que eu tenho em minha *Bíblia do vencedor*. Eu acho que esses versos funcionam para mim. Veja se você consegue encontrar outros poemas ou frases que façam sentido para você e os acrescente à sua *Bíblia do vencedor*.

12.11 TUDO ESTÁ NA SUA MENTE

Se você achar que está derrotado, você está,
Se você achar que não pode ousar, não ousará;
Se você quiser vencer, mas pensar que não dá,
É quase certo que não conseguirá.

Se você achar que vai perder, já perdeu,
Pois neste mundo descobrimos inevitavelmente
Que o sucesso começa com um pensamento seu,
Tudo depende do estado da mente.

Muitas lutas são perdidas
Mesmo antes que o primeiro golpe seja dado,
E muitos covardes fracassam na vida
Chegando ao fim sem nunca ter começado.

Pense grande e seus feitos vão crescer,
Pense pequeno e ficará para trás, fatalmente.
Pense que pode e aumentará seu poder,
Tudo depende do estado da mente.

Se achar que os outros são melhores, assim é
Você precisa pensar alto para se elevar
Você precisa estar confiante e se manter de pé
Antes que possa o grande prêmio conquistar.
Na vida a batalha nem sempre é ganha
Pelo homem mais forte, isso não há quem negue.
Mais cedo ou mais tarde, o vencedor
É o homem que acredita que consegue.

(The man who thinks he can [O homem que acha que pode], Walter D. Wintle)

13
CARPE DIEM

13.1 O FILME *SOCIEDADE DOS POETAS MORTOS*

Há uma cena maravilhosa no começo do filme *Sociedade dos Poetas Mortos*. O professor de literatura John Keating – interpretado por Robin Williams – entra na classe para a primeira aula de literatura daquele ano letivo e, sem dizer uma única palavra, caminha assobiando por entre as fileiras de carteiras, olhando para os olhos entusiasmados de cada um dos rapazes. É uma das escolas de ensino médio mais prestigiadas dos Estados Unidos, e os alunos estão muito empolgados e ansiosos naquele primeiro dia. Quando o professor Keating chega à carteira do último rapaz, simplesmente sai porta afora. Segundos depois, enfia a cabeça pela porta e pede aos rapazes que o sigam. Os rapazes ficam chocados, pois não sabem o que fazer. Por alguns momentos, eles entreolham-se muito confusos, perguntando-se se devem ir.

Ainda assobiando, ele lidera-os pelos corredores consagrados da grande escola até que finalmente chegam a uma saleta, cujas paredes são nichos com tampos de vidro onde estão medalhas e fotografias em preto e branco de antigos alunos da escola.

Professor Keating chama a atenção dos alunos para a foto de uma antiga turma em particular, dizendo:

Eles não são diferentes de vocês...

O mesmo corte de cabelo.

Cheios de hormônios – como vocês.

Invencíveis – como vocês se julgam.

O mundo é deles.

Eles acreditam que estão destinados a grandes coisas – assim como muitos de vocês.

Os olhos deles estão cheios de esperança – como os de vocês...

O professor, então, pede aos rapazes que cheguem bem perto do vidro e olhem diretamente nos olhos de cada rapaz da foto. Há um silêncio pesado enquanto eles observam as fotos, imaginando como deve ter sido a vida de cada um daqueles rapazes. Quais eram seus sonhos e medos? O que eles faziam e a respeito do que pensavam? O professor está, na verdade, pedindo aos rapazes que façam o mesmo tipo de visualização fixa que você aprendeu no começo deste livro. Ele os induz a não apenas imaginar a vida dos rapazes, mas colocar-se no lugar deles naquela foto e tornar-se parte da história. E então – antes que eles se percam no mundo virtual – ele os traz de volta e diz:

"... Mas há algo diferente sobre todos esses rapazes, comparando-os a vocês. Entendam, cavalheiros... esses rapazes estão todos mortos! Adubando narcisos."

Essa é uma antiga técnica que se originou há muito, muito tempo. Ela pode ser rastreada até a literatura grega e romana, quando jovens soldados eram encorajados a estudar bustos de generais famosos que haviam falecido havia muito tempo. Para avaliar sua própria vida em relação àqueles generais famosos e calcular o legado que deixariam quando também morressem. Alguém olharia para as suas estátuas e se lembraria deles? Haveria uma estátua em homenagem a eles?

Shakespeare usou uma técnica similar com a plateia da peça *Como lhe aprouver*, quando o personagem Jacques diz:

"O mundo todo é um palco,
homens e mulheres, meros atores
que nele entram e saem."

O propósito dessas reflexões era ajudar cada pessoa a perceber a brevidade da vida e fazer a vida ter significado. E uma forma de conseguir isso era fazer cada dia ter significado. Os romanos tinham um ditado que sintetizava como isso deveria ser atingido:

Carpe diem (Aproveite o dia)

Perceba o poder da palavra "aproveite" nessa expressão. Você não apenas "termina" um dia – você o "aproveita". Aproveitar implica urgência e propósito, e você precisa fazer isso todos os dias. É por isso que você folheia e observa as seções de sua *Bíblia do vencedor* logo de manhã.

Carpe diem é uma instrução muito resumida, é composta de apenas duas palavras, mas elas sintetizam muitas coisas. Aproveite o dia.

E, então, o professor Keating começa sua batalha para engendrar em cada rapaz uma paixão e uma sede de fazer o máximo da vida curta deles. Como professor de literatura, ele então os relembra de que a vida não é apenas construir pontes e ganhar dinheiro. *Carpe diem* é sobre as coisas mais doces na vida – poesia, arte, amor e beleza.

13.2 SUA PRÓPRIA PÁGINA *CARPE DIEM*

Da mesma forma, agora é o momento de você considerar seu próprio dia e toda a riqueza e nuances que você pode extrair dele, para garantir que você não apenas "consuma a luz do dia", mas torne seu dia significativo. Então, pare por um momento e responda às duas seguintes perguntas:

Você está vivendo sua vida ao máximo, indo em direção ao seu futuro ideal e fazendo o que lhe dá maior satisfação?

A maneira que você está vivendo adiciona valor ao mundo e às pessoas com quem você entra em contato?

Para ajudá-lo a atingir seu futuro ideal, proponho a você adicionar uma página à sua *Bíblia do vencedor* para sempre ter em mente:
- A brevidade da vida;
- A importância da qualidade;
- O valor de aproveitar toda a riqueza da vida.

Essa página pode apenas conter a expressão *Carpe diem* em letras grandes, ou talvez a imagem do professor Keating ou dos rapazes mortos do filme mencionado no início deste capítulo. Pode conter poesia ou alguma imagem de algo belo. Pode conter fotos de pessoas queridas que você perdeu, pois não há nada mais poderoso para fazer o conceito abstrato da brevidade da vida se tornar real e significativo do que uma personalidade outrora vibrante, que você conhecia bem, tristemente silenciosa por ter deixado de existir. Você vai saber o que funciona para si mesmo.

HÁ CERTA MARÉ NOS ASSUNTOS DOS HOMENS QUE, SE LEVADA PELA ENCHENTE, CONDUZ A UMA GRANDE SORTE OMITIDA, E TODA A JORNADA DA VIDA FICARÁ PRESA NAS PARTES RASAS DA MISÉRIA. JÚLIO CÉSAR

Você só começa a viver verdadeiramente quando entende e comanda a morte de maneira absoluta.

13.3 *SE*

Se
Se você não perde a cabeça quando todos ao seu redor
Estão perdendo e o culpando,
Se confia em si mesmo quando todos duvidam,
Sem desdenhar da dúvida alheia,
Se pode esperar e não se cansa pela espera,

Ou, se mentem a seu respeito, não se envolve nas mentiras,
Ou, se odiado, não dá espaço ao ódio,
E não se envaidece ou fala com pretensão.

Se consegue sonhar – e não faz dos sonhos seus mestres,
Se consegue pensar – e não faz dos pensamentos seus objetivos,
Se consegue se haver com Triunfo e Desastre,
E tratar esses dois impostores da mesma forma;

Se consegue aguentar ouvir a verdade que falou
Distorcida pelos desonestos para erguer armadilhas contra tolos,
Ou ver se quebrar as coisas pelas quais deu sua vida,
E inclinar-se para construí-las com ferramentas velhas.

Se consegue fazer uma coleção de todas as vitórias
E arriscá-las à sorte,
E perder e recomeçar
Sem proferir palavra a respeito de sua perda;
Se consegue forçar coração, nervos e músculos
A servi-lo, muito depois de terem se esgotado,
E aguentar firme quando não há nada
Além da Vontade que diz: "Aguente firme!"
Se consegue falar com multidões, mantendo a virtude,
Ou andar com reis – sem perder a naturalidade,
Se nem os inimigos ou os amigos queridos podem machucá-lo,
Se todos contam com você, na medida justa;

Se consegue preencher o minuto imperdoável
Com sessenta segundos que valem a pena,
Sua é a Terra e tudo que há nela,
E – acima de tudo – você será um Homem, meu filho.

(Rudyard Kipling)

14
OS SEUS MOTIVADORES INTRÍNSECOS

ALGUNS CAMINHOS NA VIDA NOS LEVAM A UMA GRANDE FELICIDADE, SUCESSO, PODER, REALIZAÇÃO E PAZ, ENQUANTO OUTROS LEVAM A UMA JORNADA MAIS ACIDENTADA, MARCADA POR SACRIFÍCIOS E DISSABORES, EM VEZ DE UM ESFORÇO PRODUTIVO.

Nem sempre é fácil saber qual trajeto nos levará ao futuro ideal, e muitas vezes acabamos seguindo determinada direção simplesmente porque algum acontecimento histórico ou acidente nos colocou naquela estrada. Acabamos nos esquecendo de nos afastar desse trajeto ou falhamos em escolher sabiamente quando nos deparamos com uma nova bifurcação. O caminho que me convém é completamente diferente do que serve para outra pessoa, porque nossas escolhas pessoais são diferentes.

Este capítulo deve ajudá-lo a descobrir seu futuro ideal, revelando suas paixões e motivações secretas. Depois de concluir este exercício, você poderá:

- Fazer ajustes sutis em sua carreira atual por não lhe ser mais compatível, depois que você se aperfeiçoou ou alterou algo.
- Mudar totalmente o rumo de sua carreira.
- Não fazer nada, uma vez que você já está 100% alinhado.

14.1 MOTIVADO PELA PAIXÃO

Uma análise de pessoas bem-sucedidas demonstrou que elas compartilham uma importante experiência em comum:

Em algum momento da vida, as pessoas bem-sucedidas escolheram seguir suas paixões, em vez de perseguir uma carreira cujo objetivo principal era o dinheiro ou prestígio.

Em retrospectiva, essa descoberta não é tão surpreendente. Se você escolher uma carreira que o apaixona:

VOCÊ NUNCA DESISTIRÁ

Sua paixão sustenta-o em tempos difíceis. Você não tem de se forçar a seguir em frente e não precisa de maiores motivações. Segue em frente porque ama o que faz. Isso é importante, uma vez que o sucesso é, frequentemente, a superação de obstáculos e a perseverança nas adversidades mais terríveis (ver Seção 12.4, "A história de Loretta", no Capítulo 12).

VOCÊ VAI PRESTAR ATENÇÃO AOS DETALHES

Se você gosta de alguma coisa, naturalmente quer se envolver com os detalhes. Não ficará pedra sobre pedra, nenhuma fraqueza deixará de ser controlada e todas as possibilidades de sucesso serão infinitamente investigadas. Você encontra pequenos detalhes que elevarão seu espírito competitivo e tornarão seu desempenho, produto ou serviço melhores.

VOCÊ TEM ENERGIA EXTRA

Nada pode sugar mais a sua energia do que gastar tempo fazendo coisas das quais não gosta. Mas, quando você está se divertindo, o cérebro produz um coquetel de substâncias químicas positivas que têm um efeito a longo prazo sobre seus níveis de energia. É como estar permanentemente sob o efeito do Prozac. Você acorda mais descansado, seu sono é mais profundo e você encara os problemas com mais vigor. Devido à energia extra, você envolve-se em mais coisas e atrai mais pessoas para sua causa. E, assim, o seguinte modelo é desenvolvido:

a) Se você é apaixonado por alguma coisa: faz isso bem.
b) Se faz isso bem: torna-se bem-sucedido.
c) Se é bem-sucedido, gosta mais ainda de fazer o que faz: torna-se mais apaixonado.
d) E assim o ciclo volta ao item a), intensificado.

A cada volta nesse circuito, a vida fica mais rica, mais bem-sucedida e agradável. E cada vez que passamos por ele, nossa roda da vida também se move para a frente (ver Capítulo 8).

Há um velho provérbio que tem muito de verdade: *Encontre um trabalho que você ame e não terá que trabalhar um único dia em sua vida.* Por isso, fazer alguma coisa que se ama nunca é um trabalho difícil.

14.2 CARREIRAS ACIDENTAIS

Assim, depois de estabelecido que o ideal é executar um trabalho pelo qual você seja apaixonado, como aplicaremos isso a nós mesmos? O problema que muitos enfrentam é terem escolhido os caminhos da carreira enquanto ainda estavam no fim da adolescência. Nessa idade, ainda somos ingênuos, facilmente influenciáveis pelos pais ou colegas e, muitas vezes, não compreendemos o significado real da escolha de determinada carreira. Ser um médico para salvar vidas pode parecer uma escolha fascinante aos 18 anos, mas a realidade da rotina diária de um clínico geral, prescrevendo tratamentos para pequenas indisposições, pode ser muito diferente do que tínhamos imaginado. Mais importante ainda, não sabemos realmente o que nos motiva, porque não estamos totalmente desenvolvidos. As coisas pelas quais somos apaixonados aos 20 anos podem até mesmo não nos interessar aos 40, então não é surpreendente que milhões de pessoas desenvolvam carreiras que não são perfeitamente adequadas para elas.

Infelizmente, uma vez escolhida a carreira e depois de começar a praticá-la, frequentemente é mais difícil mudar de rumo sem ter que fazer mudanças consideráveis na própria vida, e às vezes até na vida de outros. Corre-se um risco substancial, que provavelmente custará caro. Nesse momento, as responsabilidades, tais como filhos, dívidas, compromissos financeiros, mensalidades escolares e vários outros fatores, podem fazer uma mudança de carreira parecer extremamente desaconselhável e, na pior das hipóteses, impossível. Mas, em contrapartida, seria uma tragédia perder a maior parte da vida adulta trabalhando em algo que não dá prazer ou satisfação profunda. A vida é demasiado curta e preciosa para isso.

A carreira tem um impacto enorme na vida, por isso é importante analisá-la com frequência e considerar nossas opções com muito cuidado. Apesar do que muitos livros de autoajuda ditam, não há respostas fáceis ou simplistas. Mesmo que seja comum ler por aí que devemos "sonhar o sonho impossível", "atrever-se a seguir o rumo do vento" e "abandonar nossa carreira" para seguir nossa paixão, não é tão fácil ou simples como parece. Esse tipo de conselho muitas vezes pode nos levar à decepção, já que deixa a falsa impressão de que ajuda a alcançar objetivos superiores na vida. Escritores desse tipo de conselho não têm de viver com as consequências se a coisas derem errado, mas nós, sim. Este capítulo é sobre como você pode se tornar uma pessoa sábia e predizer efetivamente o caminho correto a seguir na vida. Encontrar esse caminho não é um processo simples, como revelam as histórias reais contadas a seguir.

14.3 O CIRURGIÃO E O GERENTE DE INVESTIMENTOS

Há muitos anos, em um jantar, conheci um famoso cirurgião ortopédico de 30 e poucos anos chamado Mike. Enquanto tomava um drink, Mike contou-me que era bastante infeliz em seu trabalho, apesar de estar em uma posição de prestígio no hospital e ter seu próprio consultório, o que lhe rendia muito dinheiro. No decorrer de nossa conversa, ficou claro que Mike era um sujeito feliz e bem-sucedido na vida em geral. Exceto profissionalmente. Tinha uma ótima esposa, uma saúde excelente, bons amigos e diversos interesses.

Quis o destino que Mike e eu nos encontrássemos novamente, cerca de seis anos depois. Dessa vez, ele contou-me muito animado como havia abandonado sua bem-sucedida carreira de cirurgião e se tornado um empreiteiro. Ele era bem mais do que um empreiteiro, na verdade. Ele agora projetava casas, elaborava plantas por conta própria e até mesmo ia acompanhar a obra levando o martelo e o serrote. Mike contou que a mudança de carreira tinha sido a melhor decisão que tomara em sua vida.

Durante aqueles mesmos seis anos, também conheci John, um gerente de investimentos. Em alguns aspectos, a história dele era muito semelhante à de Mike, mas completamente diferente em outros. John tinha uma enorme paixão por velejar e já dera provas de ser muito competitivo, tinha inclusive vencido algumas regatas locais. Estava relativamente bem em termos financeiros e tinha uma família adorável, mas estava ficando entediado com a mesma velha rotina dos afazeres diários no banco. Então, decidiu abandonar seu trabalho, juntar uma equipe de competição de vela profissional e participar de uma grande competição: a "Regata Volta ao Mundo". John conseguiu milhões de dólares em patrocínio e reuniu uma equipe de especialistas para construir um barco inovador. Para resumir uma longa história, três anos depois, John venceu a "Regata Volta ao Mundo".

Infelizmente, como tantas vezes acontece no esporte profissional, parece que sempre precisamos de mais dinheiro do que temos, não importa quanto tenhamos conseguido angariar. Com o objetivo único de vencer, John gastou cada centavo do patrocínio na temporada e não recebia nada a título de salário. Como resultado inevitável, sua família foi consumindo gradualmente todas as economias para poder pagar as contas. No fim da temporada de três anos, as finanças da família estavam reduzidas a quase nada. Sua esposa e família tiveram que fazer enormes sacrifícios, pois John estivera velejando a maior parte daquele período. Mas o pior ainda estava por vir.

Uma vez que a competição chegou ao fim, e o champanhe foi estourado no pódio, John percebeu que estava diante de um desafio bastante inesperado. Ele já tinha experimentado o suficiente do iatismo profissional, mas, infelizmente, não poderia retornar à sua antiga posição no banco, preenchida por uma pessoa mais jovem e brilhante, que estava fazendo um excelente trabalho em seu lugar. Ainda que John tivesse vivido uma grande aventura, essa vitória foi conquistada a um custo muito alto para ele e sua família. Agora que tudo havia acabado, John não sentia que realmente vencera. Ainda tinha a sensação de que faltava alguma coisa em sua vida. Seu troféu de vencedor de alguma forma representava uma vitória bastante vazia.

Essas duas histórias levantam as seguintes questões:

- Qual é o equilíbrio ideal entre seguir uma paixão e ser prático?
- Como é possível descobrir quais motivadores conduzirão a uma satisfação profunda, duradoura e intrínseca?
- Quando devemos estar felizes com nossas carreiras e aprender a tirar o máximo proveito delas e quando é hora de desistir de tudo e buscar novas oportunidades ou tentar uma mudança completa de direção?
- Como fazer para alavancar a carreira, ou modificá-la para estar mais em sintonia com nosso estado atual de desenvolvimento?
- Como podemos descobrir qual é o nosso *verdadeiro* futuro ideal?

14.4 O ORÁCULO DE DELFOS

Para ter uma ideia de como tomar uma sábia decisão sobre esses temas, basta voltar no tempo e consultar o famoso "Oráculo de Delfos". O oráculo (uma pessoa capaz de profetizar, prever o futuro ou dar conselhos sábios) era, na verdade, uma sacerdotisa especialmente escolhida, que vivia no grande templo de Apolo, em Delfos, na Grécia Antiga. Cada oráculo era escolhido para suceder o anterior, da mesma forma que o Vaticano escolhe um novo papa para substituir seu antecessor.

O templo de Apolo tinha muitas particularidades, sendo a principal o fato de ter sido construído sobre uma falha geológica da crosta terrestre. Vapores geotermais, suaves e perfumados escapavam dessa fresta vinte e quatro horas por dia. Segundo a mitologia grega, a fissura era o local exato onde o grande corpo da serpente Píton havia caído e penetrado terra adentro, depois que Apolo a matou. Os gases em erupção dessa fenda eram supostamente provenientes da decomposição do cadáver de Píton.

De 800 a.C. a 100 d.C., pessoas de todas as partes do mundo vinham a Delfos para buscar a orientação do oráculo sobre qualquer assunto. Devido à precisão de suas profecias, o oráculo era muito procurado, e até mesmo reis e governantes estrangeiros eram obrigados a reservar audiência com um mês de antecedência.

Antes de profetizar, a sacerdotisa do oráculo entrava em transe. Atingia esse estado mental sentando-se em uma cadeira com três pernas que perpassavam a fissura no chão. Ao respirar lentamente os gases que subiam da fissura, ela entrava em transe. Naquela época, acreditava-se que o gás permitia que o "espírito" de Apolo entrasse em sua alma, transmitindo-lhe sua grande sabedoria.

Por fim, uma vez que o oráculo atingia transe profundo, o ansioso suplicante era conduzido e autorizado a pedir-lhe conselhos. Invariavelmente, o oráculo dava uma resposta enigmática ou confusa. A tarefa da pessoa que a recebera era, então, desvendar o verdadeiro significado do enigma, até que finalmente compreendesse a sabedoria de Apolo. Às vezes, o processo de interpretação das palavras do oráculo levava semanas, ou até meses. Para a compreensão moderna, isso pode parecer pouco convincente, mas a longa sucessão de sacerdotisas selecionadas para se tornarem oráculos mereceu reverência absoluta por mais de novecentos anos.

As análises modernas dos gases que ainda são emitidos pelas aberturas no interior das ruínas do templo de Apolo revelam que na verdade o oráculo estava sob uma alta concentração de gás etileno. Isso explica o comportamento de transe, as divagações e as respostas enigmáticas da sacerdotisa. Também levanta a questão de como ela poderia ter sido tão precisa, se não mais acreditamos que era devido ao poder do grande deus Apolo. Parte da resposta pode ser encontrada nas três inscrições esculpidas em grandes letras douradas sobre a entrada do templo de Apolo. Quem entrasse no templo em busca da sabedoria do oráculo era instruído a estudar primeiro essas frases, porque eram a chave dada por Apolo para desvendar cada um dos enigmas do oráculo.

A primeira e mais conhecida era: "*Gnothi seauton*" ou "Conhece a ti mesmo". É claro que essa afirmação é ambígua e tem duas interpretações que podem significar igualmente:

- Saiba quem você é: em outras palavras, o que está dentro de sua alma.
- Saiba por conta própria: isto é, trabalhe para si mesmo.

Ambas as interpretações são importantes quando levamos em conta as decisões cruciais da vida. Se estamos seguros sobre qual caminho seguir, então precisamos ter um conhecimento profundo sobre quem somos realmente. O que nos impulsiona? Quais são nossas motivações? O que nos dá satisfação verdadeira? Quais são nossos pontos fortes e fracos? Por isso o oráculo fez tanto sucesso. As declarações proferidas pela sacerdotisa eram essencialmente aleatórias ou ambíguas, pois sua consciência estava alterada pelo gás etileno. Mas a tarefa do consulente era encontrar algum sentido nas palavras do oráculo, e isso era possível seguindo as regras inscritas no templo, incluindo "Conhece a ti mesmo". Então, a pessoa mergulhava fundo na própria alma e meditava sobre quem realmente era. Para além daquela resposta específica, adquiria uma visão ampla sobre o que deveria fazer. Ainda que as palavras do oráculo fossem pouco específicas e bastante aleatórias, quase sempre poderia encontrar uma conexão entre o discernimento profundo de si mesmo e as palavras da sacerdotisa. Era o conhecimento de si mesmo, em vez das próprias palavras, a garantia de que os "conselhos" seriam precisos. De fato, quanto mais obscuras as palavras do oráculo, mais profundamente o consulente precisaria delas para mergulhar no autoconhecimento.

14.5 A DIFERENÇA ENTRE AS MUDANÇAS DE CARREIRA DE MIKE E JOHN

A história do oráculo traz-nos de volta ao ponto de partida, propiciando entender elementos importantes que nos permitirão descobrir:

- Por que a mudança de carreira de Mike funcionou, mas a de John não.
- Como podemos desvendar os motivadores intrínsecos que potencializam nossas paixões.
- O que podemos fazer com o conhecimento desses motivadores para nos orientar no futuro.

A razão pela qual a mudança de carreira de Mike funcionou tão bem foi porque ele entendeu o que o motivava a vislumbrar um nível mais profundo. Ele percebeu que uma de suas habilidades como cirurgião era a capacidade de visualizar objetos em 3D. Podia olhar para uma série de radiografias de duas dimensões e, a partir daí, construir mentalmente uma imagem 3D completa de como exatamente era o interior da perna do paciente a ser operado. Podia percorrer mentalmente a perna do paciente e ver cada osso ou ligamento sob um ângulo diferente, antes de começar a operá-la. Também percebeu que sua vida valia a pena e se justificava em função do ato de "criar" algo novo, que ninguém jamais houvesse criado antes. Isso lhe deu um profundo sentimento de satisfação, comparável ao que sente uma mulher ao dar à luz uma criança. Criar alguma coisa nova dessa forma o fez sentir-se único e valioso, e intimamente isso o diferenciava dos demais.

Mike também percebeu que não gostava de ser um cirurgião. Detestava sentir-se preso dentro de um hospital, cercado por pessoas feridas e doentes. É claro, o coração de Mike estava com eles e queria que todos se curassem, mas aquela não era sua vocação. Reparar ossos mutilados, e até mesmo fazer um trabalho brilhante, nunca iria produzir, acima de tudo, um resultado além do satisfatório, ou seja, ossos perfeitamente normais e saudáveis. Ele amava a perfeição e a novidade e odiava coisas velhas e quebradas.

É evidente, então, que sua nova carreira (como projetista e construtor de casas) era perfeitamente adequada às suas habilidades e paixões, e não havia ali elementos dos quais ele não gostava. Não é de se admirar que a mudança tenha sido um sucesso.

John, por outro lado, não entendia muito bem por que gostava das competições de barcos a vela. Não havia investigado os componentes subjacentes que contribuíam para fazer da regata algo tão agradável. Apenas em retrospectiva percebeu as razões pelas quais apreciava as competições de vela no meio da semana:

- John era muito competitivo. Amava a vibração e o embate das atividades corpo a corpo.
- A adrenalina liberada durante uma competição era temporariamente consumida; isso significava que ele era capaz de se desligar e escapar do dia a dia desgastante no escritório.
- Ele era o capitão, tinha comando absoluto de seu barco e podia tomar decisões rápidas; não era mais uma pequena engrenagem em um grande banco, controlado por regulamentos e por um escritório central.
- No trabalho, John era obsessivo com os detalhes complexos que fazem parte de qualquer negócio, por isso era um bom gerente de investimentos. Mas todos esses detalhes e obsessões o cansavam. O iatismo era um negócio mais simples. O vento, as velas, o leme e o adversário.

Pelo menos assim parecia. No entanto, não é preciso pensar muito para constatar por que John não apreciou fazer parte de uma competição de volta ao mundo. Organizar um desafio de três anos envolvia, necessariamente, milhares de detalhes, como todos os negócios que o desgastavam no banco. Uma competição ao redor do mundo não é uma descarga de adrenalina, como uma regata de duas horas em volta do porto: nem seria possível. Ninguém poderia viver com tal quantidade de adrenalina por três anos e sobreviver. Mesmo que ele fosse o capitão e estivesse no comando da expedição, estava constantemente recebendo instruções dos patrocinadores que, em última instância, tinham o controle das despesas. Em uma competição na qual muitas vezes os adversários ficam separados por centenas de quilômetros, até mesmo o embate corpo a corpo desse tipo de disputa era atenuado porque podiam escolher seguir correntes oceânicas e ventos diferentes. O combate imediato perdia-se.

O erro de John foi entender o iatismo como uma paixão definitiva, sem compreender todos os subcomponentes do iatismo que inicialmente o fizeram gostar de praticá-lo. Ele claramente amava participar de uma regata de duas horas, mas essa é uma proposta muito diferente de passar um ano velejando ao redor do mundo como participante de uma competição multimilionária. Não podemos simplesmente multiplicar uma regata de duas horas e fazê-la doze vezes seguidas todos os dias. As coisas não funcionam assim.

14.6 DESCOBRINDO OS SEUS MOTIVADORES INTRÍNSECOS

A raiz do problema de John era que ele nunca havia pensado a respeito do que lhe dava verdadeira satisfação a longo prazo e, o que é mais importante, *por que* essas coisas lhe davam satisfação. Em resumo, ele não *conhecia a si mesmo*. O objetivo desta seção é ajudá-lo a descobrir *os subcomponentes subjacentes* que impulsionam suas paixões. É o que denomino "motivadores intrínsecos". Com isso me refiro àquelas coisas que nos estimulam naturalmente. Coisas que são uma parte intrínseca do nosso modo de agir. A urdidura e a trama com a qual sua personalidade é tecida. Em outras palavras, as coisas que nos fazem ser exatamente quem somos. A maioria das pessoas considera que esse processo revela, de forma inesperada, muitas coisas sobre elas mesmas, a respeito das quais não eram conscientes antes. Como resultado, são capazes de tomar melhores decisões em sua vida, tornam-se mais alinhadas com o seu verdadeiro futuro ideal e equilibram melhor suas "rodas" (ver Capítulo 8, "A Roda da Vida").

Descobrir os motivadores intrínsecos é um processo composto por três fases:
1ª fase: Liste todas as suas paixões/objetivos/coisas de que realmente gosta.
2ª fase: Para cada paixão, identifique seus motivadores intrínsecos.
3ª fase: Consolide todos os seus motivadores em uma única lista.
Não é necessário que estejam ordenados. Basta anotá-los do modo

como pensa sobre eles. Para ajudá-lo a entender como esse processo funciona, vou relacionar a seguir algumas das coisas de que gosto de fazer.

Observe, abaixo, a "lista de Kerry".

1ª FASE: LISTAR MINHAS PAIXÕES/OBJETIVOS/COISAS DE QUE REALMENTE GOSTO

Pilotar minha motocicleta	Praticar esqui aquático
Matemática/Física	Jantares
Minha namorada	Tênis
Sair com os amigos	Escrever
Filosofia	Halterofilismo

Para cada uma das paixões listadas na 1ª fase acima, preciso detalhar todas as razões pelas quais tenho essas preferências. Chamo essas razões subjacentes de meus motivadores intrínsecos. Comecemos com a primeira preferência para ver como isso funciona.

2ª FASE: LISTAR OS MOTIVADORES INTRÍNSECOS DE CADA PAIXÃO.

PAIXÃO Nº 1: PILOTAR MINHA MOTOCICLETA

MOTIVADOR INTRÍNSECO Nº 1: VELOCIDADE/MOVIMENTO DINÂMICO

Sinto uma enorme bomba de adrenalina e exaltação pela aceleração e pela velocidade de uma moderna motocicleta esportiva de 1300 cilindradas. Quando acelero a toda a potência, sinto como se a mão de um gigante me lançasse no espaço de um modo que mal posso compreender. É quase como se a moto fosse tão poderosa que distorcesse o próprio véu do espaço-tempo.

MOTIVADOR INTRÍNSECO Nº 2: PERFEIÇÃO/PRECISÃO

Sinto-me muito estimulado quando aciono os freios *exatamente* no lugar certo, se sigo *exatamente* a linha reta e uso apenas a quantidade *exata* de aceleração para equilibrar a moto na largada. Mesmo que seja uma largada muito mais lenta que a de um piloto profissional, é a "precisão e perfeição" do que faço, em função do meu próprio e limitado nível de habilidade, que torna isso tão emocionante. Nas raras ocasiões em que faço perfeitamente uma curva, grito de alegria dentro do meu capacete, enquanto desço a reta seguinte.

MOTIVADOR INTRÍNSECO Nº 3: DESLIGAR A MENTE/FOCO

Quando estou pilotando minha moto, minha mente está totalmente concentrada nessa tarefa. Não estou ciente de nenhuma outra coisa na vida. Estou em sintonia com a moto e a pista. O resto da minha vida está totalmente desconectado dos meus pensamentos e, durante esse momento, deixa de existir. Isso me permite uma ruptura total dos eventos da vida: pilotar equivale para mim ao botão *reset* de um computador. Depois que termino, sinto-me exausto, porém renovado de um modo que o simples ato de dormir não consegue me proporcionar.

MOTIVADOR INTRÍNSECO Nº 4: LIBERDADE

Quando você pilota uma moto, está vulnerável, exposto ao vento e aos elementos da natureza. É possível sentir um tipo de liberdade genuína, algo que não se pode sentir dirigindo um carro na mesma velocidade.

MOTIVADOR INTRÍNSECO Nº 5: SENSAÇÃO DE REALIZAÇÃO

Dominar uma motocicleta potente sempre estará muito além da minha capacidade, mas eu gosto do processo de aprendizagem, e isso me dá uma sensação de realização quando supero cada pequeno passo.

MOTIVADOR INTRÍNSECO Nº 6: BELEZA DOS OBJETOS MECÂNICOS

Amo objetos mecânicos e o modo como todos os componentes trabalham em sincronia; a física e a engenharia de tudo isso. Aprecio a beleza de uma moto bem projetada e bem produzida.

Tenho agora seis motivadores intrínsecos para a minha primeira paixão, então já posso preencher a primeira coluna do diagrama abaixo.

Paixão #1 Pilotar minha motocicleta	Paixão #2 Matemática/Física	Paixão #3 Minha namorada	Paixão #3 Sair com os amigos
Velocidade/movimento dinâmico	Motivador	Motivador	Motivador
Perfeição/precisão	Motivador	Motivador	Motivador
Desligar a mente/foco	Motivador	Motivador	Motivador
Liberdade	Motivador	Motivador	Motivador
Sensação de realização	Motivador	Motivador	Motivador
Beleza dos objetos mecânicos			

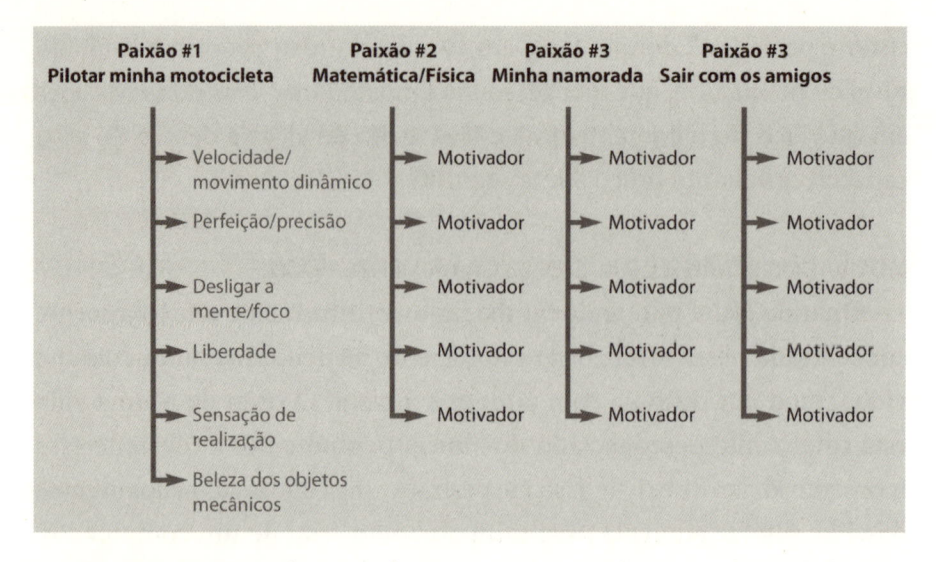

O interessante sobre essa lista é que provavelmente é bem diferente da lista de outro piloto de motocicletas. Mesmo que duas pessoas amem pilotar, as razões e a ordem de importância delas serão quase que certamente totalmente diferentes para cada pessoa. Conseguir "perfeição e precisão" é o segundo motivador intrínseco mais importante para mim, mas pode ser que nem mesmo sejam mencionadas na lista de outra pessoa. Talvez elas estejam muito mais focadas em vencer, na glória da volta mais rápida ou em colocar-se à prova, motivadores que, por sua vez, nem aparecem na minha lista.

Repita agora o processo para cada uma de suas paixões, de modo que formem uma coluna com uma lista específica de motivadores abaixo dela. Ao compilar sua lista de motivadores para cada paixão, é importante:

- Tentar colocá-los em uma ordem próxima de importância.
- Tentar definir um cabeçalho ou um título sumário para cada um.
- Escrever algumas frases explicando o que quer dizer cada título.

Como em todas as coisas da vida, só vai ser retirado deste exercício o que tiver sido colocado nele. Quanto mais profundamente pensarmos sobre *por que* gostamos de certas coisas, maior será a compreensão que penetrará sua alma. Quando eu estava reunindo os motivadores sobre a minha paixão de pilotar minha moto, poderia ter dito simplesmente: "Gosto de velocidade", mas foi somente depois de uma introspecção considerável, ao longo de vários dias, que finalmente cheguei ao âmago das razões pelas quais pilotar é tão divertido para mim.

É preciso analisar repetidamente, e para isso é necessário ter persistência. Permitam-me demonstrar o que quero dizer, oferecendo outro exemplo da vida real. Quando perguntei à minha amiga Jill por que sua mais recente paixão na vida era o motociclismo, ela respondeu: "É o meu destino. Nasci para fazer isso." Como isso realmente não me dizia muita coisa, insisti. Queria saber *por que* ela considerava o motociclismo seu futuro ideal e o *que ela ganhava* do motociclismo que não pudesse ganhar jogando damas. Ela disse-me que amava a sensação de percorrer a pista em alta velocidade, amava as arrancadas, a aceleração. Segui a resposta e sondei mais profundamente, perguntando-lhe por que amava as largadas. Para ela, era o momento da verdade. O instante em que toda a preparação está focada em um único acontecimento. Uma fração de segundo vital que tem um enorme impacto sobre toda a corrida. Continuei me aprofundando em cada uma de suas respostas, e, quando finalmente chegamos ao âmago, ficamos surpresos. Descobrimos que a *mais* significativa motivação intrínseca para Jill, subjacente a tudo em sua corrida, era que ela desejava ter muito sucesso em um esporte dominado por homens. Ela queria "provar que as mulheres podem fazer qualquer coisa".

Quando falamos sobre as outras paixões que Jill tinha na vida, ela disse-me que era apaixonada por minhas ideias sobre a sociedade, as quais discuto em meu próximo livro *The ant and the Ferrari*. E por que isso? Porque o segundo maior motivador intrínseco para Jill era o desejo de ajudar a fazer do mundo um lugar melhor. De repente, tínhamos descoberto uma conexão. Jill queria ser um modelo para as mulheres. Os dois motivadores estão estreitamente relacionados: "tornar as mulheres de certa forma poderosas" faz parte de ajudar a "fazer do mundo um lugar melhor". Jill queria se tornar uma campeã mundial de motociclismo porque, entre outras coisas, isso lhe daria uma boa base para começar um ciclo de palestras sobre o fortalecimento do poder das mulheres para superarem estereótipos e serem bem-sucedidas em qualquer carreira.

Esse exemplo de como encontrar o motivador intrínseco de Jill caracteriza um padrão que observei centenas de vezes. Muitas pessoas acham que entendem o que as impulsiona. Pensam que sabem o que está bem no fundo de sua personalidade, mas isso, na realidade, é o que apenas arranha a superfície. De um modo geral, quando chegam ao fundo, descobrem alguma coisa extremamente importante sobre si mesmas. Têm uma revelação inesperada. Essa também pode ser uma das experiências mais poderosas em sua vida. Se visitar o site da *Bíblia do vencedor*, você encontrará algumas histórias reais sobre quão poderoso esse processo pode ser na mudança de sua vida. Em particular, gosto de dois vídeos gravados por Simon.

14.7 CONSOLIDANDO OS SEUS MOTIVADORES

Depois de identificar todos os motivadores intrínsecos de cada paixão, é preciso consolidá-los em uma única lista. Se você for como Jill, provavelmente descobrirá que existe uma considerável sobreposição nos itens da lista. Algumas das razões pelas quais você gosta de sua carreira podem também ser as mesmas pelas quais você gosta de determinado esporte ou atividade. Vou dar um exemplo particular sobre isso.

Amo matemática e física porque são, de alguma forma, ciências "puras e verdadeiras". Com a matemática, posso provar com total certeza que $c^2 = a^2 + b^2$ forma um triângulo retângulo. Adoro essa *perfeição* e a verdade absoluta da fórmula. Não tenho ideia do porquê disso, mas a verdade absoluta e a clareza me fazem realmente vibrar. Também é esse o motivo pelo qual gosto de estudar filosofia, uma vez que seu objetivo é descobrir a própria natureza da verdade e o que podemos ou não saber. Aqui está a conexão interessante: se observamos, lá atrás, a minha lista de motivações subjacentes para pilotar motocicletas, veremos que minha segunda motivação é o entusiasmo pela "precisão e perfeição" ao fazer uma curva perfeitamente. A perfeição e a precisão do controle da minha moto e meu amor pela física estão relacionados. A "verdade" é uma *perfeição absoluta* ou uma precisão. Quando alguma coisa é **verdadeira**, não há erro, não há desperdício.

Portanto, pegue todos os motivadores intrínsecos de todas as diferentes paixões e reúna-os em uma extensa lista de motivações, independentemente de onde venham. Ao consolidar essa lista, tente ver se alguns deles estão relacionados ou se são essencialmente a mesma coisa, apenas sob formas diferentes, assim como estavam relacionadas "perfeição e precisão" para a matemática e o motociclismo. Quando tiver sua lista final de motivadores intrínsecos, a lista original de paixões não será mais necessária.

14.8 COLOCANDO OS SEUS MOTIVADORES INTRÍNSECOS PARA FUNCIONAR: CONHECENDO A SI MESMO

Assim que terminar de consolidar todos os motivadores intrínsecos, colocá-los na sua *Bíblia do vencedor* como uma referência vai ser uma boa ideia, pois assim podem ser usados como guia. Eles atuarão como sua "Bússola de Ouro", para orientá-lo na tomada de decisões. Também vai ajudá-lo a verificar se sua vida está equilibrada.

Muitas pessoas acabam mudando alguns dos objetivos incluídos anteriormente na *Bíblia do vencedor* depois de consolidar seus motivadores intrínsecos, uma vez que já possuem uma compreensão mais profunda de seu "eu primordial". Descobrem que alguns de seus objetivos não foram corretamente alinhados à sua verdadeira natureza. E, se os seus motivadores e os objetivos não combinam, sua vida está fadada a ser uma batalha constante e uma fonte de decepções. Às vezes, até mesmo um realinhamento sutil pode transformar uma vida razoável em uma vida brilhante.

Descobrir os motivadores intrínsecos, separando-os das paixões da forma como fizemos, é uma excelente maneira de "conhecer a si mesmo" (como sugeria a inscrição no Templo de Apolo). A razão pela qual esse processo funciona tão bem é porque você se conecta à sua alma por meio das paixões, sem que seus preconceitos sobre quem você é interfiram no processo. Você usa as paixões como uma espécie de espelho que lhe permite ver a si mesmo a partir de um ângulo diferente ao qual está acostumado.

Se você se lembrar das histórias de Mike, o cirurgião, e John, o gerente de investimentos, poderá constatar por que a nova carreira de Mike funcionou tão bem e o porquê disso não ter acontecido com John. A nova carreira de Mike estava alinhada de forma natural aos seus motivadores intrínsecos, enquanto a de John não. Ele só havia considerado o nível mais superficial de sua paixão pelo iatismo, pensou que, por gostar de participar de regatas, gostaria ainda mais de fazer parte de uma equipe profissional de barcos a vela. Infelizmente, organizar uma temporada longa e participar de uma regata numa tarde de folga têm pouca coisa em comum, exceto os barcos envolvidos em ambos casos. É o tipo de erro que os jogadores de futebol podem cometer quando tentam se tornar técnicos. Ser técnico e ser jogador são duas atividades muito diferentes. Outro problema de John era que estava tentando preencher com o iatismo um vazio filosófico e uma falta de propósito em sua vida, o que tornava seu sonho fadado ao fracasso, uma vez que ele estava tentando equilibrar sua vida sobrecarregando-a com o iatismo em um dos lados da sua roda, o que só piorou as coisas. A roda da vida de John ficou ainda mais desequilibrada.

14.9 BENEFÍCIOS INESPERADOS: ESPORTES E NEGÓCIOS

Ajudei profissionalmente diversos atletas de elite e pessoas de negócios simplesmente descobrindo seus motivadores intrínsecos, e os resultados sempre me surpreenderam. É natural supor que atletas de elite não se interessariam por isso, uma vez que já possuem seu futuro ideal bem mapeado, além de o esporte ser um foco muito bem definido e limitado. Mas cada atleta com quem já trabalhei descobriu novos aspectos sobre si mesmo, e, cada vez que isso aconteceu, significou um aumento dramático da motivação e do desempenho em campo. Os treinadores, em particular, consideram isso realmente interessante.

Mas, se pensarmos um pouco mais sobre isso, é provável constatarmos que não é tão surpreendente. No momento em que um atleta chega ao topo de sua carreira esportiva, já competiu milhares e milhares de horas em eventos de muita intensidade. A cada vez, ele luta até a absoluta exaustão e enfrenta uma enorme pressão, tanto mental quanto psicológica. Não é de admirar que os atletas estejam sempre no limite da exaustão mental, afinal eles convivem com um desgaste constante, independentemente de quão motivados estejam ou de quão motivadores sejam seus treinadores.

Ajudar um atleta a descobrir os seus próprios motivadores intrínsecos significa:
- Aumentar o prazer dele pelo esporte.
- Sustentar sua profunda motivação a longo prazo. Isso quer dizer que ele não vai precisar manter-se constantemente sob pressão.
- Ajudar a melhorar suas habilidades, assim como ajudar a alcançar o topo. Este último ponto é de particular importância.

Como resultado de observar o impacto sobre os atletas, ao descobrir as camadas mais profundas dos seus motivadores intrínsecos, modifiquei a ordem dos programas de treinamento. Com os primeiros atletas de elite com quem trabalhei, eu inicialmente me concentrava nos aspectos técnicos da maneira como competiam e nos tipos de coisas contidas na *Bíblia do vencedor para o esporte de elite*. Com o tempo, percebi que chegar ao íntimo do que se passa com um atleta de elite produzia mudanças tão dramáticas em seu desempenho, no prazer do jogo e na capacidade de suportar a constante rotina de forte pressão e estresse que agora já começo trabalhando diretamente seus motivadores intrínsecos.

Tenho observado exatamente os mesmos resultados com empresários. Se você é um gerente ou proprietário de empresa, uma das melhores maneiras de melhorar o desempenho e a satisfação dos funcionários é ajudá-los a:
- Descobrir seus motivadores intrínsecos.
- Alinhar esses motivadores aos objetivos da empresa.

É uma situação de vantagem mútua. Eles ficam felizes, mais satisfeitos com a vida e aproximam-se do próprio futuro ideal intrínseco e de você, como proprietário ou gerente, que se beneficia com o aumento da produtividade.

14.10 TRANSCENDENDO A SUA NATUREZA

Se você trabalhou arduamente na seção anterior e passou tempo suficiente permitindo que sua mente se habituasse aos novos padrões e exercícios, descobriu novas percepções sobre seus motivadores intrínsecos. Então, será capaz de usar essas informações para se orientar nas tomadas de decisão e para equilibrar sua roda. Para a maioria das pessoas, é suficiente descobrir sua essência natural e para onde ela o conduzirá. No entanto, há um passo além que você pode dar, se for destemido o suficiente. Se quiser, poderá reformular a urdidura e o tecido de que é feito e, assim, modificar os motivadores intrínsecos e, consequentemente, seu futuro ideal. Você pode recriar o que há de mais íntimo em si mesmo e projetar um futuro totalmente novo. Essa última etapa é para poucos, e geralmente o preço para se conseguir isso é alto. Não entrarei nesse tema aqui porque é uma viagem única para cada pessoa. Mas, se o assunto lhe interessa, leia meu próximo livro *The ant and the Ferrari*.

14.11 REVISÃO CONTÍNUA

Identificar seus motivadores intrínsecos não é um exercício que deve ser feito uma única vez na vida, já que os motivadores devem amadurecer e se desenvolver como nós nos desenvolvemos e amadurecemos. Isso significa que devemos rever os motivadores pelo menos uma vez ao ano e formalmente passar por todo esse processo, partindo do zero: listando nossas paixões, explorando nossos motivadores e consolidando-os. Um momento muito interessante para fazer isso é após o Natal, pois é um período em que estamos mais preparados para fazer novas resoluções para o ano novo, e não apenas a habitual lista de promessas vazias do resto do ano.

PONTOS PRINCIPAIS

- Consolide todos os seus motivadores intrínsecos e inclua-os em sua *Bíblia do vencedor*.
- Isso esclarecerá quem você é e funcionará como uma bússola para orientá-lo nas tomadas de decisão.
- Os motivadores não apenas vão guiá-lo em sua carreira, mas também ajudá-lo em uma ampla gama de decisões, incluindo até mesmo coisas como a escolha de parceiros e amigos.
- Reveja seus objetivos, levando em conta as causas subjacentes.

15
ENCONTRANDO E ALIMENTANDO AS SUAS PAIXÕES

MUITAS VEZES, LISTAR AS PAIXÕES E ANALISAR OS MOTIVADORES INTRÍNSECOS FUNCIONA COMO UM CATALISADOR DE MUDANÇAS PROFUNDAS E POSITIVAS NA VIDA. SE FOI ISSO O QUE ACONTECEU, E VOCÊ ESTÁ FELIZ COM SUAS PAIXÕES E SEUS MOTIVADORES, ENTÃO PODE PULAR ESTE CAPÍTULO. MAS, SE LEU O ÚLTIMO CAPÍTULO E ACABOU OLHANDO FIXAMENTE PARA UMA PÁGINA EM BRANCO, SEM CONSEGUIR PENSAR EM NENHUMA PAIXÃO VIBRANTE E PROFUNDA EM SUA VIDA, ENTÃO A LEITURA DESTE CAPÍTULO É ESSENCIAL.

As paixões deveriam ser a coisa mais importante para você e estar na linha de frente de seus pensamentos. Pensar sobre elas deveria ser a coisa mais fácil do mundo. Mas, se elas não se manifestam automaticamente, você precisa, então, descobrir quais são suas verdadeiras paixões. A pergunta é "Como você vai encontrar suas verdadeiras paixões?".

15.1 CONSTRUINDO PAIXÕES A PARTIR DO ZERO

A primeira coisa a se levar em consideração para encontrar nossa paixão é saber que essa não é uma tarefa semelhante a procurar alguma coisa em um armário ou debaixo de uma almofada para descobrir onde está escondida. As paixões não estão por aí, com rótulos, esperando convenientemente para serem encontradas. Provavelmente, você não vai descobri-las se ficar sentado, pensando muito seriamente sobre o assunto. Na verdade, esse tipo de pensamento provavelmente o deixaria maluco. Você daria voltas e voltas em círculos e acabaria no mesmo lugar onde começou. Em vez disso, o que você precisa fazer é usar um método completamente diferente. A melhor maneira de ilustrar como fazer isso é contando a história verídica de uma jovem que conheci.

Um dia, ela acordou na Espanha, após uma noite de farra e bebedeira. Com uma dor de cabeça latejante, sentia-se também um pouco constrangida. Aos 20 anos, sua vida não parecia estar indo a nenhum lugar em particular. Durante o dia, trabalhava em vendas e marketing e, à noite, saía para aproveitar a cidade com os amigos. Mas aquela manhã foi diferente das outras. Ela olhou-se demoradamente no espelho e percebeu que não poderia passar o resto da vida acordando todos os dias e deparando-se com nada além dos restos sórdidos da noite anterior. Quando se olhou no espelho, notou uma pequena camada de gordura em volta da barriga. Seus olhos estavam inchados e com olheiras. *Deus, ela se sentia terrível.* Tinha de fazer alguma coisa para mudar aquilo.

Naquela noite, em vez de sair pela cidade, ela decidiu ir à piscina e dar umas braçadas para ficar em forma. Mas não foi tão fácil assim, nem mesmo especialmente agradável. Ela estava com o corpo dolorido e sentia os pulmões prestes a explodir. Com um enorme esforço, ia de um lado a outro na piscina, dando não mais de quatro braçadas de cada vez, antes de precisar parar para respirar. Mas ela era uma pessoa determinada, alguns até mesmo diriam que era teimosa, e a cada semana se propunha uma meta ligeiramente superior. Em vez de nadar duas vezes por semana, na semana seguinte aumentaria a frequência para quatro. Em vez de dar apenas vinte voltas em uma sessão, daria trinta.

À medida que as semanas se passavam, seu corpo começou a mudar, e ela foi gradativamente se sentindo bem consigo mesma. Agora não era mais uma questão de apenas sentir dor e despender esforços, começava a receber alguma coisa em troca. Até descobriu pequenos prazeres nos treinos, além de conhecer os outros nadadores e curtir aquela camaradagem.

Ela também descobriu que tinha um forte temperamento competitivo. A cada semana, tentava alcançar a pessoa que estava nadando apenas um pouco mais rápido do que ela. Então, na semana seguinte, tentava alcançar outra pessoa mais rápida para superá-la também. Vencer esses nadadores que até então eram um pouco melhor do que ela dava-lhe uma verdadeira sensação de satisfação. Ela estava tendo o primeiro gostinho de como é competir e vencer. E gostou do sabor. Para aumentar suas chances de vencer um maior número de nadadores, começou a cuidar da dieta. Parou de fumar e diminuiu o consumo de bebidas alcoólicas. Sem definir de forma consciente o que estava fazendo, sua vida e seus valores foram mudando lentamente.

Certa vez, soube que alguns dos outros nadadores na piscina competiram em um triatlo, e aquilo lhe pareceu divertido. Pouco tempo depois, ela acrescentou corrida e ciclismo a seu programa de treinamento e descobriu que era uma excelente corredora.

Neste ponto, revelarei uma coisa verdadeiramente extraordinária. Essa é a mesma jovem que apresentei no capítulo 2 (Seção 2.12, "Vencedores têm diferentes objetivos"), quando expliquei como os campeões trabalham muito mais arduamente do que a maioria das pessoas pensa. É ninguém menos do que minha ex-namorada Annie, que se tornou a Campeã Mundial de Duathlon, quinze anos depois de ter começado a treinar naquela piscina na Espanha!

Ao longo do caminho, ela ganhou centenas de corridas e viveu as aventuras mais espetaculares. Competiu em todo o mundo e encontrou uma incrível variedade de pessoas interessantes. Apareceu na TV e escreveu artigos para revistas esportivas. Aprendeu fisiologia e nutrição. Tornou-se modelo de moda esportiva. Sua vida não tinha qualquer semelhança com a daquela mulher refletida no espelho, sofrendo de ressaca, anos atrás.

15.2 DESENVOLVENDO UMA PAIXÃO

O ponto principal desta história é que, ao começar a nadar, Annie nunca imaginou que isso fosse se tornar uma paixão. Nunca pensou que seria alguma coisa da qual obteria um grande prazer. De fato, até então ela apenas "tolerava" o exercício. Era uma coisa boa de fazer, mas nada além disso. Mas, como perseverou, descobriu afinal que *havia* coisas das quais gostava sobre o treinamento. Coisas que nunca poderia ter imaginado se tivesse ficado sentada no sofá de casa tentando analisá-las. E, sem sombra de dúvida, isso é assim conosco também. Não importa quão difícil seja tentar pensar em uma paixão, se ela não existir, não chegará até nós apenas pelo pensamento. Precisamos tentar, experimentar as coisas, mesmo que não possamos imaginar completamente como elas poderiam tornar-se uma paixão.

"Cultivar uma paixão" é um pouco parecido com aprender a jogar golfe. Na primeira vez que jogamos, é preciso ter muita sorte para acertar uma boa tacada duas vezes seguidas. É um processo muito frustrante. Gastamos todo o nosso tempo arremessando bolas na direção errada. Não é muito divertido. Mas, se continuarmos a praticar, não demorará muito para começarmos a desfrutar de uma tarde ensolarada jogando com os amigos. E o aprendizado nunca termina, é claro. Existem as sutilezas de um "chip shot" (tacada curta de fora do green em direção ao buraco, geralmente usando um taco wedge), como obter energia nos lançamentos, a satisfação de um "putt" (tacada com objetivo de finalizar o buraco, ou seja, a meta do jogo, de dentro do green, usando um taco putter, específico para finalizar a jogada, obrigatoriamente usado no green para rolar a bola para o buraco) perfeitamente calculado, que se curva suavemente para o buraco e deixa o adversário em dificuldades. A emoção e o prazer de praticar um esporte competitivo não têm semelhança alguma com os primeiros resultados vacilantes de quando estamos aprendendo. Portanto, se você não consegue pensar em uma paixão, precisa sair e *crescer* um pouco. Tente experimentar coisas diferentes e aproveite as oportunidades de conhecer coisas novas. Provavelmente, você não vai sobressair em sua primeira experiência – como o golfe –, por isso é preciso dar tempo ao tempo (ver Capítulo 10, "Romãs") para que essas experiências se tornem divertidas.

15.3 AS PAIXÕES SÃO CONTAGIOSAS

Observe também que a paixão de Annie pela natação abriu-lhe a possibilidade de descobrir outras paixões. A boa forma adquirida na piscina proporcionou a ela uma base que lhe permitiu montar em uma bicicleta e pedalar pelo campo. O sucesso competitivo direcionou-a para uma carreira de modelo completamente nova. Isso ilustra uma regra importante na vida: cada paixão adicional nos habilita com novas competências, além de criar possibilidades para outras paixões. Paixões são infecciosas e contagiosas. Paixões geram paixões.

É uma constatação psicológica bem conhecida que as pessoas apaixonadas por três coisas na vida geralmente são apaixonadas por outras vinte. São os amantes mais apaixonados, capazes de saborear mais plenamente suas experiências. Suas habilidades e interesses entrecruzam-se, o que os tornam pessoas mais interessantes para aqueles com quem convivem. A paixão gera uma energia adicional que lhes dá maior capacidade para futuras paixões. Eles realmente aproveitam o dia (ver Capítulo 13, "Carpe diem").

15.4 AS PAIXÕES MUDAM

Outro ponto importante é que, à medida que crescemos e amadurecemos, nossas paixões e interesses mudam. Certifique-se de não ter ficado preso às paixões da infância. Só porque sempre gostamos de esportes, não significa que não possamos aprender a apreciar as artes ou desenvolver paixões acadêmicas. No caso de Annie, uma carreira esportiva de sucesso ao longo de quinze anos deu a ela numerosas e duras lições sobre como ser uma vencedora. Quando se retirou das competições, foi capaz então de completar essas experiências práticas com o aprendizado em outras áreas. Isso lhe proporcionou atuar em uma nova carreira, que acrescentou uma outra dimensão de riqueza à sua vida. Uma vida que se tornou plena e satisfatória. E tudo começou naquela manhã na Espanha, em frente ao espelho.

Finalmente, à medida que você for envelhecendo, busque paixões mais complexas. Algumas paixões têm nuances e detalhes limitados. Outras são incrivelmente ricas. Jackie Stewart, certa vez, disse-me: "Ganhar três títulos mundiais de Fórmula 1 foi suficiente. Continuar pilotando em círculos e ganhar um quarto ou quinto título seria uma completa falta de imaginação. Eu queria experimentar mais na vida." Jackie tornou-se um empresário muito bem-sucedido, acrescentando uma grande fortuna proveniente dos negócios à pequena fortuna que obteve com as vitórias na Fórmula 1. Certifique-se de que suas paixões cresçam, à medida que você também cresce mental e emocionalmente.

16
SUPERANDO DECEPÇÕES E DESASTRES

TUDO BEM, VOCÊ ESTÁ FAZENDO PROGRESSOS! SUA RODA DA VIDA ESTÁ MAIS EQUILIBRADA, VOCÊ DESCOBRIU ALGUMAS PAIXÕES E COMEÇOU A USAR SUA *BÍBLIA DO VENCEDOR*. NO ENTANTO, COISAS RUINS INEVITAVELMENTE ACONTECERÃO COM VOCÊ AO LONGO DA VIDA. PARA DIZER O MÍNIMO, TODO MUNDO UM DIA PERDE ALGUÉM A QUEM AMA. PORTANTO, É ESSENCIAL QUE VOCÊ SAIBA COMO REAGIR QUANDO ALGO AMEAÇAR NOCAUTEÁ-LO.

16.1 *O FUGITIVO*

É incrivelmente difícil superar a morte de uma alma gêmea. Perder alguém que você amava e com quem dividiu os melhores momentos. Agora, ao voltar para casa todas as noites, em vez de ver o sorriso cálido da única pessoa com quem você queria passar o resto da sua vida, você encontra uma casa vazia.

Os jantares tornam-se momentos solitários e silenciosos, e você tem saudades de poder compartilhar os comentários absurdos que vocês faziam enquanto viam TV juntos e que somente seu parceiro entendia. O futuro subitamente parece se alongar à sua frente, tão vazio e estéril.

Mas mesmo uma perda enorme como essa não é tão trágica quanto a sofrida por Sam Sheppard, cuja vida real foi inspiração para o filme *O Fugitivo*, com Harrison Ford. Sam Sheppard não apenas perdeu a esposa grávida, Marilyn, ele também a viu ser espancada até a morte por um intruso. Apesar de estar desarmado, Sam lutou ferozmente com o homem, arriscando a própria vida em uma tentativa corajosa de salvar a da esposa. Foi só quando Sam foi temporariamente imobilizado por um golpe no pescoço – com o mesmo porrete usado para matar Marilyn – que o assassino conseguiu escapar.

Infelizmente, a tragédia de Sam Sheppard não terminou aí. Apesar de inocente, ele foi acusado de ter assassinado brutalmente a esposa. Sam era um bom homem, um médico bem-sucedido e um autêntico filantropo, que sempre ajudava os outros. Mas, em vez de ser respeitado pela sociedade, ele agora via seu nome estampado em todos os jornais, no caso do assassinato mais notório dos Estados Unidos. Na cadeia, enquanto aguardava pelo julgamento, notou que as visitas de seus amigos começaram a rarear. Até eles começavam a acreditar que Sam tinha assassinado a esposa.

Mas Sam pelo menos podia se agarrar à esperança de que a justiça finalmente seria feita no tribunal e que então ele poderia voltar para casa como um homem inocente e lentamente tentar reconstruir sua vida. Imagine, então, como a imensa dor de perder a esposa, os amigos e a carreira deve ter se transformado em ultraje quando ele foi condenado e sentenciado a passar o resto da vida na prisão. Sua vida tinha sido completamente destruída pela acusação de um crime que não cometera. A situação de perda irreparável, luto atroz e privação da liberdade era, agora, agravada por uma grave injustiça. Como a vida podia ser tão injusta? Sam passou mais de dez anos de sua vida definhando na cadeia, antes de finalmente ser inocentado de todas as acusações, em um novo julgamento. Ele foi libertado sem nenhuma compensação e já não tinha mais condições de retomar a carreira na medicina. Um homem cuja vida havia sido roubada por um ato aleatório de violência, praticada por um mendigo com problemas mentais.

Essa história real levanta duas questões importantes:
1. Como alguém poderia superar uma tragédia de tal magnitude?

2. Quais as melhores ferramentas que ajudariam alguém a se recuperar de um desastre como esse e conseguir seguir em frente, para aproveitar plenamente os anos que ainda lhe restassem de vida?

16.2 VACINA CONTRA A TRAGÉDIA

Neste capítulo, vamos falar sobre como superar uma decepção ou tragédia que estava *além do seu controle*. Uma tragédia da qual você não foi o culpado, muito menos responsável. Apesar de não haver soluções "instantâneas" para superar uma tragédia, e a experiência de cada um ser única, os processos de pensamento que você decidir utilizar vão ajudá-lo ou mantê-lo paralisado, sem conseguir sair do lugar. Neste capítulo, você vai conhecer as ferramentas e processos de que precisa para fazer progresso *permanente*, e não apenas "tapar as rachaduras" para seguir em frente durante algum tempo. Soluções que lhe permitirão aprender com a experiência para conseguir compreender e avaliar sua perda e, ainda assim, seguir em frente e viver a *melhor* vida possível, dentro das novas circunstâncias. Isso requer bem mais do que simplesmente adotar uma "atitude positiva" ou "olhar o lado bom da vida", como muitos, tentando ajudar, vão aconselhá-lo a fazer. Superar uma tragédia pessoal requer o uso de ferramentas específicas, da maneira correta.

É importante familiarizar-se com essas ferramentas muito antes de eventualmente sofrer uma tragédia, porque essas ferramentas mentais agem da mesma forma que uma vacina. Vacinas precisam de certo tempo para induzir o organismo a produzir anticorpos, tornando-o imune a um vírus. Da mesma forma, ferramentas mentais precisam de tempo para ficar profundamente enraizadas em seu inconsciente, para lentamente construir sua capacidade de superar uma tragédia. Você precisa absorver essas ferramentas mentais enquanto está forte e feliz, para que elas tenham tempo de desenvolver seu potencial máximo.

A força e a importância desse processo de vacinação são reveladas pelo estudo feito com pessoas felizes e saudáveis, ainda lúcidas e com energia, apesar de terem mais de 100 anos de idade.

16.3 LIÇÕES DE CENTENÁRIOS FELIZES

Um grupo de pesquisadores pretendia descobrir os fatores principais que permitiam a algumas pessoas conseguir estar saudáveis e ativas aos 100 anos, enquanto tantas outras simplesmente perdiam a vitalidade e morriam por volta dos 70. Os responsáveis por isso seriam os genes, a dieta, o dinheiro que essas pessoas tinham ou a quantidade de exercícios que faziam? Exames médicos minuciosos foram feitos, além de literalmente centenas de fatores terem sido levados em conta. Depois de todos os resultados terem sido analisados, foram identificados três fatores de destaque, e dessa forma foi possível prever quem tinha maior probabilidade de ainda estar feliz e ter vitalidade em seu centésimo aniversário. O que surpreendeu os pesquisadores foi que os três fatores principais eram *processos de pensamento*, e não os fatores biológicos que eles esperavam, tais como níveis de colesterol ou pressão sanguínea. Isso é uma boa notícia. Por quê? Porque você pode *mudar* seus processos de pensamento, enquanto o seu sistema biológico já foi definido há muito tempo e só dependeu de seus pais.

Os três fatores mais importantes que os pesquisadores encontraram nessas pessoas foram:

1. Habilidade para superar as decepções.
2. Visão altruísta da vida.
3. Uma paixão ativamente exercitada.

E por que esses três processos mentais são tão importantes para se ter uma vida longa e feliz?

16.4 A DECEPÇÃO É INEVITÁVEL

A resposta para isso é composta por duas partes. A primeira aponta que *viver por muito tempo, certamente, implica sofrer uma decepção algum dia*. A segunda é que ter uma visão altruísta da vida e ter uma paixão ativamente exercitada são aspectos cruciais para conseguir superar uma decepção. Em outras palavras, (2) e (3) são partes essenciais para a solução de (1).

Passar por situações de decepção e tragédia é inevitável. Mais cedo ou mais tarde, alguém especial em sua vida vai morrer. Não há como ficar imune a isso, já que todo mundo morre algum dia. Da mesma forma, quanto mais coisas você fizer na vida e quanto mais tempo viver, maiores as chances de alguém traí-lo e/ou fazer coisas que vão deixá-lo magoado ou decepcionado. Se você não aprender a superar a decepção, vai acabar ficando preso ao passado, remoendo para sempre algum evento malfadado. Daí em diante, sua vida vai se arrastar pelas sombras de um amor perdido, uma decepção financeira ou alguma outra catástrofe, real ou imaginária. Isso vai ser o prelúdio de toda uma cadeia de mudanças reais em seu cérebro e corpo, que vai envelhecê-lo fisicamente de verdade. Não é de se surpreender que as pessoas que não aprendem a superar decepções nunca chegam aos 100 anos em boas condições de saúde física e/ou mental. Elas envelhecem prematuramente, ficam menos divertidas e atravessam a vida demonstrando atitude sempre hostil. Mas, se você souber como seguir em frente usando as ferramentas mentais apresentadas neste capítulo, vai se tornar uma pessoa melhor, mais forte, mais gentil e mais sábia. Ainda que tenha que carregar uma enorme cicatriz de algo acontecido no passado, essa cicatriz simboliza uma ferida cicatrizada, que não vai mais doer, proporcionando-lhe uma grande chance de chegar aos 100 anos com um sorriso no rosto e o passo firme.

16.5 AS CONSEQUÊNCIAS FICAM MAIS SÉRIAS À MEDIDA QUE VOCÊ ENVELHECE

Além de as decepções serem inevitáveis, também é fato que, à medida que envelhecermos, as decepções terão, em geral, consequências mais sérias. A gravidade crescente das tragédias não deve ser compreendida como se a vida de repente tivesse se voltado contra você. É apenas uma consequência natural da trajetória de uma vida. Quando você era criança, perder um pirulito que tinha caído no chão era uma grande "catástrofe". Mas, de alguma forma, o dia seguinte chegava, e o pirulito perdido era logo esquecido. Quando você era jovem, suas responsabilidades e as consequências de suas ações eram naturalmente muito mais limitadas. O que preocupa as crianças não preocupa – ou pelo menos não deveria preocupar – os adultos. Da mesma forma, quando você era jovem, sua carreira estava apenas começando, então qualquer problema no trabalho não era tão grave. Você tinha tempo para aprender com os próprios erros, recompor-se e começar de novo. Mas, então, um dia, você acorda e descobre que tem uma família, o financiamento da casa e está com 40 anos.

De repente, um problema no trabalho pode ser uma causa real para preocupação. A vida fica mesmo mais séria à medida que você envelhece. Infelizmente, é fácil demais comparar os dias de sua infância despreocupada com a complexidade e gravidade crescentes da maturidade e achar que a vida agora o está maltratando. Seria idiotice esperar que sua vida parasse em algum tipo de Terra do Nunca do Peter Pan, um mundo de inocência infantil. Conforme você se aprimora e cresce, a vida vai trazendo cada vez mais decepções, e cada vez mais dolorosas. É por essa razão que você precisa aprender a superar o desastre para que a vida possa verdadeiramente ficar mais agradável enquanto você amadurece e aprende a lidar com os desafios.

Que Deus me dê serenidade para aceitar as coisas que eu não posso mudar,
Coragem para mudar as que eu posso
e sabedoria para saber a diferença entre elas.

16.6 OS QUATRO ESTÁGIOS DA TRAGÉDIA

Existem quatro estágios pelos quais você vai passar quando sua vida for atingida por uma tragédia das grandes, e é importante entendê-los para conseguir superá-los:

Estágio 1: Compreensão
Estágio 2: Emoção

Estágio 3: Razão
Estágio 4: Progresso

Saber o que significa cada estágio, quais ferramentas devem ser usadas durante cada um deles e por que tais estágios ocorrem é essencial para quem quiser fazer progressos.

16.7 ESTÁGIO 1: COMPREENSÃO – O MODELO DE SEU CÉREBRO EM SITUAÇÕES DE CONFLITO

Uma das importantíssimas funções do cérebro é criar um modelo preciso de como o mundo funciona e prever como será o futuro. Seu cérebro faz isso constantemente, sem que você saiba. Por exemplo, quando você pressiona um interruptor, a intenção é que a sala se ilumine – você não espera ouvir trombetas. Se trombetas começassem a soar, muito provavelmente você teria um sobressalto, porque não era isso que esperava.

Você normalmente não está ciente de todas as milhões de previsões que seu cérebro inconscientemente faz a cada minuto do dia porque normalmente elas se tornam realidade de forma suave e sem surpresas. Você só se dá conta dessas previsões quando seu cérebro se engana. Por exemplo, pense no que acontece quando você está descendo uma escadaria no escuro e acredita haver ainda um último degrau, quando, na realidade, você já chegou ao fim. Seu pé inesperadamente bate no chão plano, e então tudo parece muito estranho e antinatural porque seu cérebro havia automaticamente preparado sua perna da maneira correta para descer mais um degrau – mas ele não estava lá. Até aquele momento inesperado, você não tinha percebido todo o trabalho que seu cérebro estivera fazendo para construir um modelo a respeito do que viria a seguir para garantir que sua perna estivesse no lugar certo, movendo-se da forma correta.

Quando sua vida é subitamente virada de cabeça para baixo por uma grande tragédia, ocorre o mesmo tipo de conflito entre o que seu cérebro calculava que iria acontecer e o que efetivamente aconteceu. O modelo cerebral e a realidade não combinam mais. Como resultado, você tem o mesmo "choque" de quando seu pé inesperadamente atinge o chão no término das escadas, depois de o cérebro ter calculado que haveria mais um degrau, ou o mesmo tipo de surpresa que teria caso trombetas, de repente, soassem quando o interruptor de luz fosse acionado.

Seu modelo cerebral e a interpretação que o cérebro fez sobre quem você é e como o mundo funciona tinham sido um modelo perfeitamente bem-sucedido para sua vida até então. Isso significa que seu cérebro vai ficar sob intenso estresse enquanto tenta reverter um ponto de vista tão profundamente arraigado. Não é surpresa que o cérebro reaja a essa situação com várias estratégias, enquanto luta para se reajustar:

CHOQUE

Você está em estado de choque porque seu cérebro não consegue conciliar o que está acontecendo com o que ele acredita que deveria acontecer. Ele simplesmente não sabe o que fazer, por isso se "desliga" temporariamente.

SONHO IRREAL

Outra forma de o cérebro tentar resolver qualquer descompasso é presumir que tudo isso deve estar acontecendo com outra pessoa, e não com você. Então, as coisas frequentemente não parecem "reais". É como se você estivesse "em um sonho" ou "alguma outra pessoa" estivesse passando por aquela tragédia, e você fosse apenas um espectador assistindo impotentemente a tudo. Algumas vezes, há uma sensação de torpor.

RETRAIMENTO

Outra reação comum é você "se retrair" e afastar o máximo possível qualquer estímulo ou interferência externa. Essa é a consequência natural do fato de o cérebro tentar reduzir o estresse adicional e da necessidade de processar mais informações, ao mesmo tempo que tenta assimilar a situação.

NEGAÇÃO

Outra forma pela qual o cérebro tenta resolver o conflito é negando temporariamente que haja um descompasso entre seu modelo e a realidade. "Isso não pode estar acontecendo comigo. Eu simplesmente não consigo acreditar que aconteceu."

Esses são mecanismos bastante naturais que o cérebro adota quando tenta lidar com uma situação na qual seus próprios modelos internos de realidade não são mais compatíveis com o que está realmente acontecendo. Não há muito que você possa fazer durante esse primeiro estágio, enquanto seu cérebro se adapta à nova realidade. O que seu cérebro precisa é de espaço, silêncio e pouco estresse. Dormir é particularmente útil durante o Estágio 1, já que é durante o sono que o cérebro resolve problemas, forma novos circuitos e faz reparos. Além de tudo isso, você vai precisar de muito consolo, de pessoas lhe dizendo que "vai ficar tudo bem". Vai precisar ouvir que elas vão protegê-lo e cuidar de você, para que seu cérebro tenha menos com que se preocupar.

Apesar de não haver muito que se possa fazer durante o primeiro estágio, há coisas que podem ser feitas muito antes de alguma tragédia o atingir e que vão ajudá-lo quando isso acontecer. A mais importante delas é preparar a mente para a inevitabilidade da tragédia. Compreender que a vida tem truques cruéis, que as pessoas traem sua confiança, que amigos e pessoas amadas morrem e que você não deveria se apegar tão fortemente ao mundo material. Você precisa construir sua vida sobre uma fundação de qualidades espirituais e íntimas permanentes, tais como bondade, beleza e verdade, que sobrevivem às "idas e vindas" do mundo material. Mesmo que você seja positivo e planeje um futuro maravilhoso – no qual acredite de todo o coração –, precisa equilibrar isso o tempo todo com uma compreensão profunda de que a vida é temporária e mutável.

O Estágio 1 deve ser um período relativamente curto e deve se esgotar quase inteiramente dentro de poucos dias.

O principal é aceitar a realidade da situação o mais rápido possível e dar ao seu cérebro a chance de se adaptar. Você precisa ter o seguinte tipo de atitude: "Tudo bem, eu não posso desfazer a situação. Não posso voltar no tempo. Aconteceu. Eu só preciso aceitar e conviver com isso o melhor que puder." As piores coisas que você pode fazer são continuar a negar a realidade da situação ou evitar enfrentar as consequências. Fazer isso só dá ao cérebro uma desculpa para manter o antigo modelo de realidade, o que acaba apenas prolongando sua dor.

16.8 ESTÁGIO 2: EMOÇÃO – SUA RESPOSTA INICIAL

Nós já vimos em capítulos anteriores que os humanos não são máquinas ou computadores que possam ser instantaneamente reprogramados para superar situações trágicas. Além dos sistemas envolvidos com lógica e raciocínio em nosso cérebro, temos um sistema emocional separado – o sistema límbico (ver Capítulo 5) –, que é inato, primitivo e automático. Responsável pelas emoções e comportamentos sociais, esse sistema é muito importante, pois molda e controla o comportamento de forma a garantir a sobrevivência sem ser necessário ter que aprender o que deve ser feito. O sistema límbico é ativado quando você está apaixonado e feliz, já que esses são eventos importantes e se quer repetir muitas vezes na vida. Da mesma forma, em uma situação catastrófica, o sistema emocional também dispara, porque uma tragédia é algo muito ruim. Seu sistema límbico evoca emoções incrivelmente fortes, como tristeza, raiva, sensação de perda, luto e falta de sentido – dependendo da natureza da tragédia –, porque quer que você evite situações como essa no futuro.

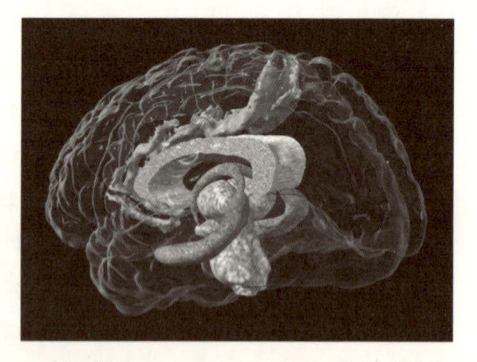

ABRAÇOS × TERAPIA

Durante essa primeira fase, o sistema límbico inunda seu cérebro com hormônios e, até certo ponto, prevalece sobre os processos lógicos; como resultado, você para de pensar racionalmente. Toda a sua atenção está concentrada no que foi perdido e em como sua vida não será mais tão boa quanto costumava ser antes do acontecido. Você será emocionalmente derrubado pela imensidão da tragédia, e o que realmente vai precisar nesse período inicial é simplesmente de conforto, companheirismo, compreensão e de que lhe assegurem que você vai ficar bem. Nesse estágio, *você está com as emoções à flor da pele e precisa de apoio emocional.*

Terapia, análise e reflexão não vão realmente ajudá-lo agora, porque seu sistema límbico, que controla as emoções, está separado dos módulos lógicos do cérebro. Tentar racionalizar ou aconselhar alguém nesse primeiro estágio seria como tentar engessar o braço quando na verdade é a perna do paciente que está quebrada. Infelizmente, muitas vezes as pessoas não entendem isso, então, quando veem a dor de alguém, tentam ajudar dando conselhos e sugestões. O que se precisa de verdade nesse período é de um forte abraço e muito amor e afeição. Alguém que simplesmente ouça quando a pessoa quiser desabafar e dizer o que está sentindo, pois precisa se sentir amada, segura e saber que é uma pessoa de valor.

AMIGOS

O apoio mais poderoso e eficiente que você pode ter vem de sua família e amigos próximos. De pessoas que genuinamente sentem a dor alheia como se fosse delas. Você precisa de pessoas boas, que se importam com a sua felicidade tanto quanto com a própria. Pessoas que sentem sua dor profundamente, em seu próprio sistema límbico, porque é nesse nível que você está sendo mais afetado. Pouquíssimas pessoas sequer chegam perto desse nível de conexão. Ter amigos desse tipo é um dos maiores tesouros da vida e também é um dos fatores que contribuem para se ter uma vida longa e feliz. Construir relacionamentos como esses é mais uma das injeções que fazem parte de seu programa de vacinação para conseguir lidar com os desafios da vida.

Vou explicar agora o que quero dizer com isso por meio de um exemplo da vida real. Alguns anos atrás, encontrei meu melhor amigo, Simon, imediatamente depois que uma tragédia imprevista tinha me atingido, vinda de onde eu não esperava. Simon e eu fomos a um café, e, enquanto eu explicava o que havia acontecido, o rosto dele ficava cada vez mais triste e abatido. Quando terminei meu relato, ele suspirou profundamente. Lentamente, lágrimas começaram a se formar em seus olhos e a correr pelo seu rosto. Ali estava um cara grande e másculo – normalmente alegre, efusivo e inteligente –, agora sentindo minha dor como se fosse dele. Ele não precisou dizer nem uma palavra. Na verdade, nem conseguiu. Estava tão sintonizado com meus sentimentos e era um cara tão autenticamente afetuoso que compartilhou minha dor como se fosse dele. Não era teatro. Não havia "empatia" no senso remoto, de terceira pessoa, em que ele simplesmente lamentaria por mim. Simon literalmente experimentou minha dor junto comigo. Nada do que dissesse poderia ter me confortado e ajudado tanto quanto aquele profundo compartilhamento da minha dor. Eu nunca vou me esquecer daquele momento enquanto viver. Amigos verdadeiros como ele valem mais do que uma montanha de ouro.

NINGUÉM TEM MAIOR AMOR DO QUE AQUELE QUE DÁ A SUA VIDA POR SEUS AMIGOS. JOÃO 15:13

DURAÇÃO DO ESTÁGIO 2: A FASE EMOCIONAL INICIAL

Diferentemente do Estágio 1 (que pode ser relativamente rápido), a duração do Estágio 2 (a fase emocional inicial) depende de vários fatores. Como é um processo fisiológico, vai depender tanto de sua genética quanto de sua história. É um pouco parecido com contrair um vírus. Se você já estiver esgotado e enfraquecido, vai demorar bem mais para vencer um vírus do que se estiver em boas condições de saúde e com o sistema imunológico fortalecido.

Da mesma forma, sua resposta emocional levará mais tempo para se apaziguar se você estiver enfraquecido depois de uma série seguida de tragédias na vida, que tenham exaurido suas "pilhas emocionais". Outro fator que afeta a duração dessa resposta emocional inicial são seus genes. Algumas pessoas têm genes que naturalmente tornam seu sistema límbico bem mais ativo que o de outras. Mas, mesmo levando em conta esses extremos, o mais normal é que essa fase emocional inicial dure dias, ou talvez semanas, mas certamente não chegue a se estender por meses.

Quando digo que esse período emocional inicial leva dias, e não meses ou anos, não significa que, duas semanas depois da tragédia, você não vai sentir nenhuma tristeza ou dor. É claro que vai. E vai haver muitas ocasiões, num futuro distante, em que algo vai acionar suas emoções, e tudo voltará à sua mente como em um filme. De tempos em tempos, é normal que você se sinta triste ou decepcionado, porque, afinal de contas, você passou por uma situação trágica.

Mas esses momentos deverão gradativamente se tornar eventos isolados, e não um estado contínuo. Sua vida não deveria continuar a ser dominada por emoções à flor da pele, e você não deveria ficar obcecado pela tragédia. Seus processos mentais devem progredir, e o tempo despendido para pensar sobre a tragédia deve diminuir enquanto você segue em frente com sua vida.

Em vez de ter os mesmos pensamentos altamente emocionais passando por sua mente vezes sem conta, sem nenhuma solução aparente, você vai voltar a ter pensamentos sobre como alcançar um futuro positivo.

MANTER AS EMOÇÕES À TONA MUITO DEPOIS QUE ELAS DEVERIAM TER SE ATENUADO

Se você permitir que processos mentais mantenham sua reação emocional ativa muito tempo depois que já deveria ter se dissipado, as coisas tornam-se disfuncionais e você acaba jogando sua vida fora. É possível ver como esse processo funciona ao considerar o que acontece quando você quase bate o carro. Imagine que você tenha acabado de sofrer uma derrapagem severa e, por pouco, não bateu em uma parede de rocha. Imediatamente depois da derrapagem, seu coração vai estar acelerado, você terá uma sensação de vazio no estômago, e suas mãos estarão trêmulas. É a reação automática provocada por seu cérebro, preparando sua circulação e seus músculos para o que ele calculou que seria uma emergência grave. Felizmente, você não bateu, então, depois de alguns quilômetros, o coração acelerado e estômago agitado devem se acalmar. Certamente, até a manhã do dia seguinte, seu batimento cardíaco já terá voltado ao normal quando você der novamente a partida no carro.

Mas, se na manhã seguinte você entrar no carro e, em vez de dar a partida e sair dirigindo como de hábito, fechar os olhos e imaginar uma cena vívida do veículo derrapando, despencando de um abismo e capotando pelo precipício, e o seu rosto sendo atirado contra o para-brisa, então é bem provável que seu coração dispare novamente. Num caso como esse, seu processo mental reanimou sua reação emocional e a pôs em funcionamento. É como se o quase acidente estivesse realmente acontecendo naquele momento.

O mesmo pode acontecer quando você enfrenta uma tragédia em sua vida. Sempre haverá uma reação emocional inicial. Normalmente, essa reação vai se esgotando, e o cérebro retorna ao seu equilíbrio habitual. Mas, se os seus processos de pensamento o mantiverem nesse estado emocional por um tempo longo demais, então você corre o risco de prejudicar sua saúde física e mental. Se isso acontecer, pode haver problemas sérios como consequência, porque esse tipo de reação emocional causa significativa mudança no equilíbrio químico do cérebro. Esse desequilíbrio, por sua vez, pode provocar uma mudança física, que pode ter mais impacto sobre sua longevidade do que seus genes ou sua dieta. Sendo assim, uma vez que sua reação emocional inicial tenha se acalmado, é fundamental que você pare de se concentrar na tragédia e siga em frente com sua vida.

É claro que é muito mais fácil dizer do que conseguir agir dessa forma, mas uma forma eficaz de conseguir fazer isso é completando satisfatoriamente o Estágio 3.

16.9 ESTÁGIO 3: RAZÃO

Se você já passou por uma situação injusta ou se já aconteceu alguma tragédia em sua vida, o seguinte cenário vai lhe parecer bastante conhecido: sua mente fica remoendo uma série de questões, problemas, raivas, preocupações e frustrações. Você simplesmente não consegue desligar, e, ainda assim, apesar de todos esses pensamentos não lhe saírem da cabeça, não parece que você está fazendo algum progresso.

Se você registrasse esses pensamentos em um papel, conforme fossem surgindo, provavelmente notaria que eles se repetiriam em uma ordem aleatória. Algo como:

Meu namorado me deixou...
Eu nunca vou encontrar outro igual a ele.
O que há de errado comigo?
Estou tão solitária...
Eu nunca vou encontrar outro namorado como ele.
Não é justo.
Como ele pôde me deixar?
O que há de errado comigo?
Não é justo.
Eu nunca vou encontrar outro igual a ele.
Etc., etc., etc.

Apesar de não haver mais de sete ou oito pensamentos diferentes povoando sua mente, a impressão que se tem é que há centenas, porque eles vêm em ordem aleatória e são normalmente organizados em frases ligeiramente diferentes a cada vez. Sua mente não registra o fato de que você já passou pelo Pensamento Número Quatro cerca de meia dúzia de vezes, então você sente como se esse fosse mais um "novo" problema. Você fica soterrado sob um pântano interminável de perguntas e problemas. Mas não se engane, na verdade há apenas um número bastante *limitado* de pensamentos verdadeiramente diferentes borbulhando em sua mente.

Uma atitude crucial para conseguir sobreviver a uma tragédia é quebrar esse ciclo interminavelmente repetitivo de pensamentos. A repetição, além de causar esgotamento emocional, mantém ativa sua resposta emocional inicial por um tempo muito maior do que deveria. A técnica a seguir vai ajudá-lo a interromper o ciclo.

A primeira coisa que você precisa fazer é escrever todos esses pensamentos repetitivos e numerar cada um deles. Você pode descobrir que tinha três ou quatro versões ligeiramente diferentes da mesma questão, apenas formuladas em outras palavras ou em ordem um pouco modificada. Combine todas elas em uma única questão e a escreva com um número ao lado. Quando fizer isso, você ficará surpreso ao verificar como de repente "centenas" de perguntas ou preocupações viraram apenas quatro ou cinco questões não resolvidas. Tente!

Uma vez que tiver numerado seus pensamentos ou problemas, você vai ver como sua mente vai automaticamente dizer: "Ah, aí está o Pensamento Quatro outra vez! Já passei por ele umas quinze vezes hoje!"

Esse simples reconhecimento terá um efeito dramático no momento de analisar a tragédia em suas reais dimensões, sem exageros, permitindo que você siga em frente com sua vida.

A próxima coisa que você precisa fazer é tentar encontrar uma resposta ou solução para cada questão que fica martelando em sua mente. Por exemplo, se você descobrir que um(a) namorado(a) lhe foi infiel, então um dos pensamentos que você vai constantemente remoer pode ser:

PENSAMENTO 1: POR QUE ELE(A) FEZ ISSO COMIGO?

Há, obviamente, muitas respostas possíveis, tais como:
- Ele(a) é uma pessoa egoísta e egocêntrica que só se importa consigo mesmo(a).
- Ele(a) não tem moral ou ética.

- Ele(a) é uma pessoa horrível e repugnante.
- Ele(a) cometeu um erro em um momento de fraqueza, o que é atípico dele(a).
- Ele(a) não me ama.

O motivo pelo qual esses pensamentos ficam circulando em sua mente é porque você ainda não escolheu uma resposta para deixar a pergunta morrer. Seu cérebro continua perguntando a mesma coisa vezes sem conta e não vai descansar até chegar a uma conclusão. É nisso que você pode ajudar seu cérebro. Suponha que, da lista acima, você conclua que o motivo mais provável para ele(a) ter traído você seja um dos dois primeiros – mas você não tem certeza. O importante aqui é que, independentemente de qual das duas primeiras hipóteses seja a correta, você deveria chegar à mesma conclusão: ele(a) não é um(a) homem(mulher) adequado(a) para você. Se não for uma boa pessoa, ou for alguém imaturo e egoísta, então você está melhor sem ele(a). Se for o caso, não há mais motivos para continuar se torturando com o Pensamento 1. É hora de virar a página e seguir em frente. O que você fará, então, é riscar o Pensamento 1 e escrever a conclusão:

"Independentemente do motivo, ele(a) não é um(a) parceiro(a) adequado(a), e a longo prazo eu estarei melhor sem ele(a). Mesmo que isso esteja me fazendo sofrer agora."

A partir de então, quando o Pensamento 1 começar a aparecer novamente, seja com que palavras for, diga a si mesmo:

"Ah, sim, Pensamento 1 de novo. Não adianta pensar mais nisso, seja qual for o motivo, eu fico melhor sem ele(a)."

Fazer isso funciona maravilhosamente bem e ajuda a cortar pensamentos repetitivos e improdutivos que dominam a mente, deixando-a emocionalmente exausta, sem trazer nenhum benefício.

Se, no entanto, você concluir que a resposta era a número 5: "Ele(a) não me ama", então talvez você precise se fazer outras perguntas, tais como:

- Eu fiz algo errado?

- Eu poderia ter melhorado meu comportamento?
- O que eu aprendi com esse relacionamento?
- Há algo que eu possa fazer para consertar a situação?

Mais uma vez, para cada uma dessas perguntas, você precisa escrever tanto as perguntas quanto as respostas.

Fazer isso é extremamente benéfico porque ajuda o cérebro a chegar a uma conclusão lógica e, finalmente, interromper o processo interminável de perguntas revolvendo-se em sua mente sem parar. É uma situação parecida com a tentativa de resolver um problema complexo de matemática. Matemáticos nunca tentam manter todas as equações na cabeça ao mesmo tempo. Se fizessem isso, ficariam rapidamente confusos com todos aqueles símbolos dançando em seu cérebro e fatalmente cometeriam erros.

Em vez disso, eles escrevem cada linha individual do cálculo, para que possam chegar metodicamente à conclusão final.

PONTOS-CHAVE

Prevenindo a Repetição Improdutiva de Pensamentos:
- Identifique cada pensamento individual.
- Escreva os pensamentos na ordem que aparecem e numere cada um deles.
- Abaixo de cada pensamento, escreva todas as possíveis respostas.
- Identifique a conclusão mais provável de cada pensamento.
- Quando um pensamento lhe surgir na mente, reconheça-o, diga seu número e lembre-se da conclusão – e de que você não precisa mais se preocupar com esse assunto porque já chegou a uma conclusão a respeito disso.

16.10 ESTÁGIO 4: PROGRESSO

Progresso é o resultado automático de ter conseguido transpor os Estágios 1 a 3.

16.11 VACINAÇÃO: PRIVANDO A SUA TRAGÉDIA DE OXIGÊNIO

Se você voltar às histórias sobre as pessoas com mais de 100 anos que levavam uma vida feliz (ver Seção 16.3, "Lições de centenários felizes"), vai se lembrar de que elas tinham dois outros importantes atributos que as distinguiam das pessoas comuns:

UMA VISÃO ALTRUÍSTA DA VIDA

Esses centenários verdadeiramente se importavam com os outros e estavam ativamente envolvidos na sociedade de forma positiva e construtiva.

PAIXÕES ATIVAS

Eles tinham paixões genuínas, que exerciam *ativamente*. Não é por acaso que esses dois atributos estão listados ao lado da habilidade de superar uma tragédia, porque ambos proporcionam equilíbrio e dirigem sua atenção para fora de você e de sua tragédia. Eles impedem que você fique antinaturalmente obcecado pela própria tragédia e continue agarrado às emoções, quando elas já deveriam estar se dissipando. Sua tragédia precisa de atenção constante ou de "oxigênio" para manter-se bem alimentada. Se você lhe der atenção de mais, ela pode crescer até virar um tumor, que lentamente vai devorar sua alma. Felizmente, seu cérebro tem uma quantidade limitada de atenção para distribuir, então, se houver outras coisas verdadeiramente importantes em sua vida, não vai haver como dar excessiva atenção à sua tragédia, porque outros interesses o estarão chamando na mesma intensidade. Além disso, quando você tem uma perspectiva direcionada para fora e realmente se importa com os amigos, família e sociedade em geral, sua própria tragédia é naturalmente posta em perspectiva.

Quando você é parte ativa de uma comunidade, seu foco amplia-se como uma lente de câmera abrindo um *zoom*.

Seus altos e baixos começam a se parecer mais com dobras no tecido da vida quando comparados à paisagem mais ampla e às cordilheiras da humanidade como um todo.

Você se lembra de que, no início deste capítulo, falamos sobre vacinar-se para adquirir relativa resistência a tragédias antes de elas ocorrerem? Ter paixões e uma vida altruísta é um reforço dessa vacina. Você não pode simplesmente ligar um interruptor para ter uma visão altruísta da vida ou para "arrumar" uma paixão verdadeira em um instante. É ainda menos provável que você possa fazer isso quando estiver no meio de uma tragédia. Paixões e uma visão altruísta da vida precisam ser cuidadosamente alimentadas ao longo de muitos anos. Elas demoram a crescer e se enraizar em sua alma. Em muitos casos, uma paixão começa pequena e só cresce com o tempo. Elas são como uma alameda, uma fileira de árvores que só podem proporcionar proteção contra o vento depois que já atingiram certa maturidade.

16.12 A FILOSOFIA DO DESASTRE: A VIDA NÃO É JUSTA

Já que uma discussão detalhada dessa filosofia vai ocorrer em meu próximo livro *The ant and the Ferrari*, quero apenas mencionar um pequeno aspecto aqui, já que é importante para ajudá-lo a superar sua tragédia. Isso diz respeito a acreditar ou não que a vida é *justa*.

As coisas acontecem por um motivo? A expectativa de que a vida "deve ser justa" é enraizada em nós desde o nascimento. Nós aprendemos que não há problema em ficar zangado se alguém nos rouba em um jogo de cartas e temos o direito de gritar com um juiz se ele tomar uma decisão errada e formos injustamente mandados para fora de campo, mas infelizmente a vida não é um jogo no qual todo o mundo segue regras. Realmente não *poderia* ser assim em um mundo no qual bilhões de pessoas são livres para exercitar, egoísta e imperfeitamente, o próprio livre-arbítrio. Se todos forem verdadeiramente livres para fazer o que quiserem, então nunca poderá haver um plano superior bem-ordenado. O livre-arbítrio, que é exercido espontaneamente a cada segundo, é incompatível com um plano feito sob medida para todos nós. O assassino era livre para exercer sua vontade naquela noite fatídica em que resolveu entrar na casa de Sam Sheppard. A decisão do criminoso não tinha nada a ver com Sam, que não teve culpa alguma. Um resultado lógico de todo esse livre-arbítrio é que *coisas ruins acontecem com pessoas boas, e coisas boas acontecem com pessoas ruins*. Eleanor Roosevelt resumiu a situação de forma bastante eloquente quando disse:

SE VOCÊ ACHA QUE A VIDA É JUSTA, ENTÃO VOCÊ ESTÁ SERIAMENTE MAL INFORMADO. ELEANOR ROOSEVELT

A menos que você compreenda inteiramente esse conceito da "injustiça" da vida, nunca será capaz de superar completamente as muitas tragédias verdadeiras e inevitáveis da existência. Você vai acabar remoendo constantemente eventos em sua mente e perguntando-se coisas como *Por que Deus ou o universo permitiu que isso acontecesse comigo?* E aí você estará de volta ao problema de pensamentos repetidos, mantendo à tona emoções que já deveriam ter saído do primeiro plano (Estágios 2 e 3). Mas não importa quantas vezes você fizer a si mesmo esse tipo de pergunta, não vai encontrar sentido simplesmente pelo fato de que estará tentando encontrar respostas, razões e causas onde talvez não haja nenhuma. Tudo o que você vai conseguir é voltar a pensar em círculos, tornando-se, então, zangado e frustrado. Esse é um assunto tão importante que eu dediquei a ele um livro inteiro, *The ant and the Ferrari*.

16.13 TORNANDO-SE UMA VÍTIMA E LEVANDO TUDO PARA O LADO PESSOAL

Outra consequência de não conseguir aceitar que a vida pode ser injusta é se tornar "vítima" das circunstâncias e acabar levando as coisas para o lado *pessoal*. Quem acredita que a vida injustamente o escolheu para ser maltratado fatalmente vai sentir pena de si mesmo e se achar o único. Mas o universo não escolheu pessoalmente o Fugitivo Sam Sheppard para ser punido. Não foi culpa dele. Foi culpa do assassino que aleatoriamente invadiu a casa de Sam. E assim pode muito bem ser que *às vezes* coisas ruins lhe aconteçam, e *não* seja por culpa sua.

Um sócio que você tem na empresa pode roubá-lo porque é ganancioso. Um(a) namorado(a) pode ser infiel por nenhum outro motivo além do fato de ele(a) ser um(a) babaca egoísta que não sabe tratá-la(o) direito ou se comportar de forma apropriada em um relacionamento. Em casos assim, você precisa se ver como alguém inocente na linha de fogo dos erros de outra pessoa ou alguém que foi pega por caprichos do acaso. Obviamente, você vai tratar de aprender, com eventos como esses, a escolher seus parceiros com mais cuidado no futuro.

Da mesma forma, só porque um parceiro termina com você e quer começar um novo relacionamento com outra pessoa não significa *necessariamente* que haja algo "errado" com você (mas é claro que também pode haver). Talvez você realmente seja uma pessoa ótima, mas, de alguma forma, não era exatamente o que ele procurava. Mais uma vez, isso é apenas parte da complexidade, aleatoriedade e variedade da vida. Afinal, algumas pessoas amam Mozart, enquanto outras acham sua obra tediosa e preferem Freddie Mercury. Nem Mozart nem Freddie ficariam, de alguma forma, abalados ou ofendidos por isso se estivessem vivos atualmente. Na verdade, cada um tem seu gosto. Talvez haja outra pessoa por aí que vai amar você exatamente do jeito que você é.

A VIDA É UM PROCESSO DE TORNAR-SE UMA COMBINAÇÃO DE ESTADOS PELOS QUAIS TEMOS QUE PASSAR. AS PESSOAS QUE FALHAM SÃO AS QUE QUEREM ESCOLHER UM ESTADO E PERMANECER NELE PARA SEMPRE. ISSO É UM TIPO DE MORTE.
ANAÏS NIN

As coisas podem desandar e ir por água abaixo se você levar para o lado pessoal essa natural variação entre gostos e preferências dos outros e interpretá-la como se houvesse algo errado com você. Sempre que faz isso, você sabota seu próprio valor e importância na vida. Isso é uma forma garantida de incentivar seu sistema límbico a começar a produzir enormes quantidades de sentimentos sombrios. Sempre que precisar enfrentar uma tragédia ou decepção, é importante identificar o que era parte do grande universo e, portanto, estava fora do seu controle, e o que estava sob seu controle. Do contrário, você vai acabar criando uma situação insolúvel. Se isso acontecer, sua vida vai efetivamente estacionar com a tragédia, e gradualmente você vai ficar emocionalmente vazio e esgotado, porque nunca vai conseguir resolver o que é, essencialmente, uma questão sem solução. Nenhuma quantidade de sofrimento na tentativa de descobrir por que o assassino matou sua mulher poderia ajudar Sam Sheppard. Isso aconteceu simplesmente porque era a intenção do assassino. Essa aleatoriedade e injustiça da vida são ilustradas na parábola a seguir.

16.14 A PARÁBOLA DO MARINHEIRO

Cada um de nós é um marinheiro no mar da vida. Seguramente, quanto mais habilidosos formos e quanto mais preparado estiver nosso barco, maior é a probabilidade de sobreviver a cada jornada. Mas até mesmo o mais preparado dos marinheiros pode ser atingido por uma inesperada onda gigante, e seu barco pode virar. É apenas parte da natureza do mar. As leis da estatística ditam que quanto mais jornadas enfrentarmos, quanto mais experiências tivermos na vida, maior a probabilidade de encontrarmos climas adversos. Igualmente, quanto maior o número de jornadas em que embarcarmos, maior a probabilidade de descobrirmos novas ilhas, aprendermos mais sobre nós mesmos e entendermos melhor o navio em que navegamos. A cada experiência, ficamos melhores em lidar conosco e em dominar as situações. É importante concentrar-se nas próprias habilidades de navegação e na preparação. Precisamos aprender a flutuar sobre as ondas e tirar vantagem do vento. Não adianta gritar com o vento ou com o mar quando eles estão contra nós.

16.15 O BENEFÍCIO OCULTO DA TRAGÉDIA

Andrew, um grande amigo meu, perdeu tragicamente sua linda filha adolescente, vítima de um tumor no cérebro. Ela morreu lenta e dolorosamente, na flor da idade. Cinco anos depois de sua morte, eu estava caminhando com Andrew pelas ruas de Eton quando ele me contou que a morte da filha fora mais dolorosa e angustiante do que ele saberia descrever. Nenhum poeta ou canção poderia colocar em palavras o desespero e a dor pelos quais sua família passara. Apesar de ele ser pastor, portanto já tinha ministrado muitos funerais antes, o da filha tinha sido diferente. Porque era pessoal. Ele, agora, havia experimentado, com realidade abrasadora, a lâmina serrilhada da natureza, e ela o havia cortado até a medula. Seu velho e bom sistema límbico havia disparado, impondo-lhe que, agora, prestasse mais atenção à vida.

E ainda assim, de dentro das negras profundezas de sua tragédia, Andrew disse-me que tirou algo precioso. Foi só então que ele experimentou as emoções de amor e desespero, esperança e raiva em sua forma mais absolutamente crua. Antes, essas coisas eram-lhe abstratas, ele via acontecer com outras pessoas ou lia sobre o assunto em livros. Mesmo já tendo vivido uma vida plena, viajado pelo mundo e passado por muitas aventuras, essa experiência única mudou-o fundamentalmente. Ele sentiu que havia criado vida pela primeira vez. Como resultado, Andrew tornou-se uma pessoa muito melhor, mais calorosa e mais gentil. Ele passou a valorizar cada dia – cada *hora*. Cada pessoa com quem entrava em contato era preciosa e única. Ele nunca mais contava com nada como se fosse algo garantido. Ganhou nova vitalidade e energia. Compreendeu que a vida, as pessoas e os acontecimentos são tão passageiros que precisam ser vividos e apreciados ao máximo.

A experiência de Andrew ilustra um ponto vital sobre a superação de uma tragédia. Não se trata unicamente de *sobreviver* a ela, mas sim de pegar o que a vida lhe atira, algumas vezes muito injustamente, e transformar essas experiências de forma que elas acabem lhe sendo *positivas*. Para um exemplo verdadeiramente comovente e pessoal de como isso pode acontecer, contra todas as probabilidades, ver Capítulo 27, "O chalé do vovô".

16.16 AS ESTAÇÕES DA VIDA

Uma das certezas que se pode ter a respeito da vida é que ela sempre *muda*. Assim como as estações vêm e vão, o mesmo acontecerá com as muitas fases de sua vida. O fundamental para viver profundamente feliz e em paz consigo mesmo é aprender a aproveitar todas as nuances de cada estação enquanto você está nela, mas também ser capaz de dizer adeus com um sorriso caloroso, quando o momento da próxima fase chegar.

A inocência e a forma atlética da juventude inevitavelmente devem desaparecer, não importa quanto você continue exercitando o corpo. Isso é simples fisiologia, mas não deveria ser motivo de lamentação, porque, se você viveu a vida corretamente, os prazeres da juventude serão substituídos por tesouros ainda maiores, tais como sabedoria, recursos, conhecimentos e o poder da meia-idade.

O conceito de Estações da Vida também pode nos ajudar a lidar com as tragédias. Por exemplo, não é incomum para uma mulher ficar viúva depois que o marido sofreu um ataque cardíaco. Não há como negar que uma morte assim é uma perda enorme e que nada jamais poderá substituir esse marido. Mas, em muitos casos, uma esposa enlutada aprende a reconstruir a vida e seguir em frente para viver uma vida diferente, porém igualmente rica, sem o marido. Essa súbita solidão e o vazio que experimenta podem impelir essa mulher a buscar novos objetivos ou sonhos que, de outra forma, teriam permanecido adormecidos para sempre. E, então, ela entra em uma nova fase de independência e realização que é diferente, mas igualmente satisfatória. A parte difícil é aprender a se despedir de uma estação e dar boas-vindas à próxima.

TUDO TEM SUA PRÓPRIA OCASIÃO E HÁ TEMPO PARA TODO PROPÓSITO DEBAIXO DO CÉU. HÁ TEMPO DE NASCER E TEMPO DE MORRER; TEMPO DE PLANTAR E TEMPO DE COLHER O QUE SE PLANTOU; TEMPO DE MATAR E TEMPO DE CURAR; TEMPO DE DERRUBAR E TEMPO DE EDIFICAR; TEMPO DE CHORAR E TEMPO DE SORRIR; TEMPO DE PRANTEAR E TEMPO DE DANÇAR; TEMPO DE ATIRAR PEDRAS E TEMPO DE JUNTAR PEDRAS; TEMPO DE ABRAÇAR E TEMPO DE ABSTER-SE DE ABRAÇAR; TEMPO DE BUSCAR E TEMPO DE PERDER; TEMPO DE GUARDAR E TEMPO DE DEITAR FORA; TEMPO DE RASGAR E TEMPO DE COSER; TEMPO DE ESTAR CALADO E TEMPO DE FALAR; TEMPO DE AMAR E TEMPO DE ODIAR; TEMPO DE GUERRA E TEMPO DE PAZ. ECLESIASTES 3:1-10

17
"VOCÊ LTDA."

A ESSA ALTURA, SUA *BÍBLIA DO VENCEDOR* DEVE ESTAR CHEIA DE NOTAS, DIAGRAMAS, IMAGENS. COMO INSTRUÇÃO FINAL, GOSTARIA DE SUGERIR QUE FOSSEM DADAS A ESSE MATERIAL ALGUMA ESTRUTURA E ORGANIZAÇÃO, POIS ESSA É UMA BOA MANEIRA DE AUMENTAR CONSIDERAVELMENTE A EFICIÊNCIA DO QUE VOCÊ VAI OBSERVAR A CADA MANHÃ E TER CERTEZA DE QUE VOCÊ NÃO VAI SE ESQUECER, ACIDENTALMENTE, DE ALGUM ASPECTO CRUCIAL DE SEU DESENVOLVIMENTO.

O método que eu uso para ajudar meus atletas profissionais a estruturar a *Bíblia do vencedor* de cada um é encorajá-los a pensar em si mesmos como um negócio, com um número determinado de divisões e departamentos. Por exemplo, se o nome de um deles é Ayrton Senna, então eu o levo a imaginar que há uma companhia chamada *"Ayrton Senna Ltda."*. O que eu estou pedindo que façam é pensar sobre todas as "divisões" que fazem da Ayrton Senna Ltda. um negócio de sucesso. No caso do Ayrton Senna, seu "negócio" era vencer o campeonato mundial de Fórmula 1, mas dizer isso simplesmente é ignorar todos os inúmeros detalhes do que o piloto precisaria fazer para vencer. É equivalente a dizer que a Microsoft é uma companhia que "vende softwares" quando, na verdade, a gigante multinacional precisa fazer muito mais do que isso para ser a empresa que é, pois é mais do que apenas um "departamento de vendas". Precisa ter departamentos de Programação, Pesquisa e Desenvolvimento, Vendas, Propaganda, Recursos Humanos, Financeiro e Legal, cada um deles igualmente importante para o sucesso da Microsoft. Se algum departamento está fraco, então a empresa fica vulnerável.

É nesse ponto que muitos atletas erram. Estão, frequentemente, tão focados no objetivo final, que é correr, saltar ou ganhar uma medalha, que algumas vezes não olham para os outros "departamentos de suas companhias", igualmente vitais para o sucesso.

17.1 O SEU MAPA MENTAL DE NEGÓCIOS

Então, algo que faz parte do meu trabalho com os atletas é pedir que me digam qual é o "negócio" deles. Geralmente, respondem algo como "nadar mais rápido do que qualquer pessoa". Muitos deles realmente pensam ser esse o seu negócio, nada mais, nada menos. Mas, quando pergunto o que pretendem fazer para garantir que vão correr ou nadar mais rápido do que qualquer outro atleta, eles ficam pensativos e me respondem que devem estar fisicamente em forma e praticar bastante. Esses profissionais não estão pensando seriamente sobre o próprio sucesso. Então, desenho para eles um diagrama que, no caso de um piloto de corridas, por exemplo, se parece muito com este:

```
← Habilidade de pilotar        Forma física →

           ┌─────────────────┐
           │  CAMPEONATO DE  │
           │   FÓRMULA UM    │  Comercial →
           │ 21/9/2007 - v9  │
           └─────────────────┘

← Forma mental                 Conhecimento técnico →
```

Embora precisem estar em boa forma física e ter excelente técnica, isso não é o bastante para um nível de elite.

Também precisam de um amplo conhecimento técnico, como noções sólidas de ajuste de carro, para que possam fornecer informações coerentes e relevantes aos engenheiros de corrida. Precisam entender sobre diferentes configurações, suspensão, geometria e mapeamento do motor. Sem esse conhecimento, os engenheiros não conseguem dar a eles um carro devidamente balanceado, e isso significaria que eles não seriam capazes de superar outros pilotos com carros perfeitamente montados, não importa quão rápido pilotem. Também precisam cuidar dos relacionamentos comerciais, porque uma corrida de carro é um negócio caro. Isso significa que precisam ter o cuidado de manter seus patrocinadores, fazendo palestras e participando de promoções. Também precisam construir um sólido relacionamento com os gerentes de contas e assessores de imprensa. Apenas isso já dá uma ideia de que "pilotar mais rápido que qualquer um" não é o bastante.

Enquanto continuo explorando com o piloto o que há em cada "divisão" de seu negócio, rapidamente chego a um diagrama mais complexo, subdividido em camadas, como este:

```
        Controle do carro                                    Aeróbica/Resistência
  Encontrando soluções ideais  Habilidade de pilotar    Forma física
        Montagem do carro                                    Força

                                                         Patrocinadores
                          CAMPEONATO DE                  Gerência
                          FÓRMULA UM      Comercial
                          21/9/2007 - v11                Publicidade/Websites
                                                         Propaganda
       Memória
       Análise
  Tempo de Reação   Forma mental        Conhecimento técnico
    Foco/atenção
 Mentalidade vencedora                                      Acerto do Carro
```

É claro que você não precisa entender todas as especificidades de um diagrama como esse, direcionado a uma corrida de Fórmula 1. Eu desenhei-o porque é um modo de demonstrar quão complexo o "Você Ltda." pode ser. Mas por que você precisa construir o seu próprio diagrama, afinal?

O propósito de desenhar esse mapa mental é ter certeza de que, todas as manhãs, o atleta acorde e visualize o diagrama para certificar-se de que *cada* item está recebendo a devida atenção. Reunir em um único diagrama todos os relacionamentos permite uma visualização global e eficaz em poucos segundos, excluindo qualquer possibilidade de algum item não ser considerado. Depois de meus atletas fazerem isso por algumas semanas, frequentemente me dizem quanto ficaram surpresos ao descobrirem o número de coisas a que não estavam dispensando o devido cuidado. Coisas pequenas, que acabaram passando despercebidas, ou para as quais o tempo, que é bastante limitado, foi incorretamente empregado nas áreas erradas.

17.2 O SEU MAPA MENTAL DE VIDA

Esse conceito de elaborar seu "mapa mental de negócios" precisa ser estendido agora à sua vida *inteira*. Porque a vida não se resume apenas a uma carreira ou vencer uma corrida. Uma vida de vencedor deve ser rica e contar com experiências variadas, nas quais haja prazer com base na diversão, nos amigos e em uma variedade de atividades. O problema é que algumas vezes não dispensamos tempo ou energia suficientes em atividades não relacionadas à carreira porque não demandam tanto, porque não são "urgentes".

As atividades profissionais ou esportivas frequentemente têm prazos e consequências muito tangíveis se não forem concluídas no tempo certo, e geralmente não é esse o caso em relação à vida particular (pelo menos, não a curto prazo). Por causa disso, é muito fácil deixar a carreira engolir nossa vida particular. Mas, ao se lembrar de si mesmo por trinta segundos a cada manhã, lembrar-se de todos os componentes que fazem a vida verdadeiramente valer a pena, então é possível distribuir o tempo mais sabiamente, respeitando o que grita ser "urgente", sem se esquecer, porém, de que a vida é feita de várias coisas. E é aí que seu mapa mental de vida entra.

Essa técnica traz um benefício adicional, porque ser bem-sucedido em qualquer empreendimento a longo prazo, seja nos esportes ou negócios, exige levar uma vida equilibrada. Empenho de mais no trabalho, em detrimento de atividades sociais e de lazer, vai exaurir suas baterias a longo prazo, ou torná-lo tão unidimensional que você ficará frágil. Se a vida inteira de um piloto for nada além do que correr, então toda a felicidade dele depende de vencer a cada fim de semana. Se ele perder no domingo, sua autoestima e satisfação estarão severamente comprometidas. A longo prazo, essa montanha-russa de vitórias e derrotas é extremamente prejudicial, a menos que seja equilibrada com outras coisas que dão satisfação e felicidade ao piloto. Se ele tem outros interesses fora da corrida, então esses interesses agem como um amortecedor e também como uma sólida influência sobre sua vida. Com você, ocorre exatamente o mesmo.

17.3 CONSTRUINDO O SEU MAPA MENTAL DE VIDA

Então, reserve algum tempo agora e faça um mapa mental que mostre todos os componentes de sua vida. A figura abaixo deve dar-lhe uma ideia dos tipos de coisas que devem ser incluídas. Mesmo que não seja mais do que um modelo, é um bom meio de você começar a pensar nisso. Não se detenha em apenas dois níveis. Talvez seja necessário anotar pelo menos três ou quatro, para ter certeza de que foram incluídos todos os detalhes necessários para supervisionar corretamente sua vida.

```
                    Mapa mental de negócios                    Saúde ─── Dieta
                                                                     └── Exercícios
        Feriados
                                                                      ┌── Ginástica
                                                                      ├── Velejar
                              MINHA VIDA              Diversão ───────┼── Andar a cavalo
                              22/10/2007 - v3                         ├── Esculpir
  Aprender francês   Aprendizagem/                                    └── Viajar
                     Amadurecimento
        Leituras
                                                               ┌── Esposa
                              Amigos                           ├── Filhos
                                                     Família ──┤
                                                               ├── Irmãos
                                                               └── Parentes
```

Você pode desenhar o seu diagrama à mão livre, usar um programa de computador ou um dos programas especializados em Mapeamento Mental, como os disponíveis no Mindjet (www.mindjet.com - site em inglês). Há uma série de vantagens em utilizar programas como o mapa mental da Mindjet, tais como: facilidade de atualização, níveis reservados ou destacados, notas anexadas a cada caixa, datas acrescidas, etc.

Uma vez que você tenha desenhado seu diagrama, deve colocá-lo na primeira página de sua *Bíblia do vencedor*, para ser a primeira coisa a olhar todas as manhãs. Releia a sua lista de verificação para ter certeza de que está devidamente equilibrada e que você está direcionando tempo, emoções e energia para as coisas certas. Depois de ter "Você Ltda." logo no começo de sua *Bíblia do vencedor*, você deve, então, reorganizar todas as páginas de acordo com o fluxo e ordem desse diagrama.

17.4 COMO USAR SEUS MAPAS MENTAIS PELA MANHÃ

Agora que você já tem uma subseção com um mapa mental em sua *Bíblia do vencedor*, deve consultá-lo *diariamente*. O principal propósito do mapa mental é ajudá-lo a fazer uma análise rápida de sua vida, objetivos, pendências e distribuição de tempo (você não vai precisar de mais de quinze segundos depois que estiver acostumado com essa técnica):

1. Verifique se está despendendo seu tempo e esforço corretamente. É melhor fazer isso olhando simultaneamente para o passado e para o futuro. Você usou corretamente seu tempo ontem? Quanto tempo despendeu para cada aspecto importante ontem? Na semana anterior? O simples ato de fazer a si mesmo essas perguntas pode ser bem revelador. Depois, pense sobre como você quer gastar seu tempo no dia de hoje, amanhã e na próxima semana. Essa distribuição o ajudará a atingir seus objetivos e ser feliz? É importante que você faça isso regularmente, porque sua vida mudará a cada semana, particularmente se você está seguindo adiante e amadurecendo.
2. Verifique se você negligenciou algumas áreas importantes apenas porque algumas coisas eram mais preocupantes do que deveriam. Urgente não quer dizer necessariamente importante!
3. Verifique se há itens que você precisa adicionar ou remover inteiramente de sua vida.

Conforme você olha para cada um dos itens de seus mapas mentais, considere as três questões acima. Você pode ficar surpreso de como isso altera sutilmente seu dia, para melhor!

18
COLOCANDO SUA *BÍBLIA DO VENCEDOR* EM PRÁTICA

NÃO CONSIGO ENFATIZAR SUFICIENTEMENTE A IMPORTÂNCIA DESTA SEÇÃO. NA VERDADE, USAR SUA *BÍBLIA DO VENCEDOR* CORRETAMENTE É ESSENCIAL PARA DETERMINAR SE VOCÊ VAI OU NÃO CONSEGUIR ALCANÇAR SEU FUTURO IDEAL.

MUITAS E MUITAS VEZES, EU NOTEI QUE AS PESSOAS QUE USAM *A BÍBLIA DO VENCEDOR* DO JEITO CERTO CONSEGUEM OS MELHORES RESULTADOS NA VIDA. ISSO NÃO É SURPRESA. ATÉ MESMO A MELHOR DE TODAS AS *BÍBLIAS PESSOAIS DO VENCEDOR* NÃO SERVE PARA NADA SE FICAR ABANDONADA NA MESINHA DE CABECEIRA E FOR USADA APENAS QUANDO VOCÊ SENTIR QUE PRECISA DE UM EMPURRÃOZINHO. O E-MAIL TRANSCRITO A SEGUIR, QUE RECEBI DE UMA EXECUTIVA EXTREMAMENTE BEM-SUCEDIDA, ABORDA ALGUNS DOS PONTOS PRINCIPAIS DE COMO VOCÊ DEVE USAR SUA *BÍBLIA*. LEIA A MENSAGEM E VEJA SE VOCÊ CONSEGUE DISTINGUIR O QUE SE DESTACA COMO MAIS IMPORTANTE PARA O SUCESSO DELA – EU FAREI UM RESUMO NO FINAL, PARA VOCÊ VERIFICAR SE ACERTOU.

18.1 UM E-MAIL ESPONTÂNEO

Oi, Kerry. Perdoe os erros de digitação, estou divagando bastante... você nem precisa responder... só quero deixá-lo atualizado.

Eu só queria lhe dizer que quanto mais leio o seu livro, *A Bíblia do vencedor*, mais eu posso dizer que tudo nele é "A VERDADE". Eu sou a prova viva de que você pode usar as mesmas ferramentas que usou com atletas de elite para mudar a vida de alguém em poucos meses. Seu livro não pode ser comparado aos tantos livros de autoajuda que há por aí, que prometem mudanças incríveis, mas não cumprem. Eu estou mudando física e mentalmente *todos os dias*. Quero dar alguns poucos exemplos do que aconteceu comigo desde que voltei ao trabalho, depois das férias.

1. Meu desempenho no trabalho está FENOMENAL, conforme o próprio presidente e vice-presidente me disseram (faz apenas duas semanas que voltei). Estou tendo ideias diferentes e inovadoras... uma das quais foi implantada em toda a empresa.
2. Fui convidada por alguém que conheci no evento de que participei em dezembro para fazer uma turnê de palestras em algumas das principais universidades dos Estados Unidos. Além de minha hospedagem e transporte serem pagos, vou receber uma quantia razoável por esse trabalho.
3. Dois dos projetos de consultoria externa nos quais eu venho trabalhando estão começando a ganhar vida. Parece que um deles pode até virar um programa de TV no outono de 2009.
4. Eu leio minha *Bíblia do vencedor todos os dias!!!* Logo pela manhã, folheio as páginas e simplesmente deixo minha mente encontrar o que vai ser mais importante para mim no momento. No entanto, à medida que os dias passam, eu sinto uma forte necessidade de criar coisas novas, tirar alguns itens, acrescentar novas frases, mudar fotos... tem sido uma loucura! Eu tenho um envelope onde guardo os novos itens que preciso acrescentar. Estou modificando minha página de heróis/mentores e rearranjando minha página de objetivos. Estou colocando novas fotos tiradas no Natal, de mim e do meu namorado... Nós voltamos, e estamos muito apaixonados.
5. Sessão de fotos: a imagem que eu tinha, de suéter cinza, na capa da minha *Bíblia do vencedor*, era uma foto do ano passado... quando eu estava quase dez quilos mais gorda. Eu queria colocar uma foto nova e recente, para refletir minha mudança. Então, antes do término das férias, uma amiga fotógrafa profissional tirou algumas fotos minhas. Quando ela me mostrou as fotos, eu quase chorei. As imagens eram uma versão mais feliz, mais autoconfiante e dez quilos mais leve de mim mesma.

6. Eu estou me livrando de tralhas e roupas velhas que tinha amontoadas em casa, um pouco a cada dois dias, mais ou menos, desde que voltei ao trabalho.
7. Meu lado criativo, meu sistema límbico, meu hemisfério direito... eu sempre soube que era criativa, mas estou certa de que tinha enterrado essa criatividade. Então, ao trabalhar na minha *Bíblia*, fui forçada a voltar um pouco à infância. Eu estava recortando coisas, colando, organizando, sentindo-me como se estivesse fazendo um projeto de artes e artesanato. Então, eu fiz um cartão bem chamativo para o meu namorado, com imagens de todas as coisas de que ele gosta, frases de seus heróis, etc. Ele adorou, é claro, e falou com a mãe sobre esse meu lado artístico (que eu nem sabia que tinha) e então ela me deu um lindo cavalete de madeira, telas e um kit de pintura de presente de Natal. No momento, a arte continua. Estou pensando em fazer algumas aulas de pintura em um lugar perto de casa. Além disso, enquanto estava fazendo uma "limpa" na casa, encontrei uma camisa velha que minha mãe costumava usar... é a única coisa dela que eu tenho: todo o resto foi doado ou vendido. É a camisa que ela costumava usar para pintar. Tem manchas de tinta em várias partes, mas é uma divertida camisa de abotoar, verde-clara, estilo anos 1970... minha mãe era professora, mas também fazia esculturas de madeira, que depois pintava. Com esses trabalhos ela presenteava as irmãs, os pais, os amigos... jamais vendia as peças. No entanto, são trabalhos muito bons! Bons o suficiente para as pessoas perguntarem às minhas tias onde elas os compraram... minha mãe nunca desenvolveu completamente seu lado artístico... mas eu pretendo desenvolver o meu e vou usar a camisa dela manchada de tinta quando der minha primeira pincelada.
8. Todas as manhãs, folheio minha *Bíblia do vencedor*. Às vezes, leio um versículo ou dois da Bíblia Sagrada ou algo positivo em algum trecho de outro livro, escrevo no diário, medito ou oro ouvindo música similar aos sons do CD que você fez para mim, ou o próprio CD, e então faço ioga ou algum outro tipo de alongamento,

treino aeróbico ou com pesos... Acho que a persistência com que faço certas coisas diariamente fez toda a diferença na minha mudança de vida. CONSTÂNCIA – isso está fazendo toda a diferença.

Kerry, eu não poderia lhe agradecer o suficiente. Você permitiu que eu visse Deus em mim, e coisas que estavam enterradas sob roupas escuras, dez quilos extras e sorrisos falsos estão sendo agora completamente validadas... Certamente, estou voltando a me sentir livre... Os obstáculos não me preocupam nem um pouco, porque agora sei como ultrapassá-los e não vou ficar para sempre me lamentando por eles. Entendo que é somente com base nessas experiências que posso aprender, amadurecer e partilhar com outros...

Tenha um ótimo dia.
Beijos, Debbie

18.2 COMO VOCÊ SE SAIU?

Você notou os aspectos fundamentais que fizeram da *Bíblia do vencedor* de Debbie um sucesso? Bem, aqui estão eles:

A) CONSTÂNCIA

O fundamental da atitude de Debbie foi usar sua *Bíblia do vencedor* TODOS OS DIAS! Como ela disse, constância é a chave. E por quê? Porque a constância é o que gradualmente permite que seu cérebro seja reprogramado. O mesmo acontece com a prática de qualquer esporte. Por exemplo, se você for esquiar apenas um dia por ano, nunca vai fazer nenhum progresso. Mas, se for às rampas todos os dias por doze dias seguidos, vai melhorar bastante sua habilidade. Isso acontece porque o cérebro precisa saber que qualquer novo processo será algo permanente e regular em sua vida, antes de se dar ao trabalho de mudar sua programação. A não ser que você reforce suas novas mensagens regular e repetidamente, estará apenas dando um passo para a frente e outro para atrás. Você *deve* usar sua *Bíblia do vencedor* todos os dias!

B) VIVA/VIBRANTE

Perceba como *a Bíblia do vencedor* de Debbie mudava à medida que ela melhorava e se desenvolvia. Havia uma pilha inteira de novas ideias borbulhando em sua mente, tantas que ela até precisou ter um envelope para guardar todas as ideias que lhe ocorriam.

Debbie não lutou contra as ideias novas, e às vezes estranhas, simplesmente as aceitou conforme iam surgindo. A jornada dela foi realmente interessante. Coisas inteiramente novas, como "pintar", abriram-se para ela. É por isso que os temas que você vai inserir em sua *Bíblia do vencedor* não vão simplesmente se exaurir. Também não há a menor possibilidade de você ficar entediado com ela, porque, depois de uma semana ou um mês, será um livro inteiramente diferente, mesmo sendo usada todos os dias.

C) APENAS ALGUMAS PÁGINAS POR DIA

Debbie não lia sua *Bíblia do vencedor* do começo ao fim todos os dias, apenas folheava algumas páginas e deixava os olhos pousarem sobre o que seria importante para ela naquele dia. É estranho, mas seu inconsciente parecia saber em qual página parar. É por isso que são necessários apenas alguns minutos a cada manhã.

D) USAR *A BÍBLIA DO VENCEDOR* JUNTAMENTE COM OS CDS QUE ACESSAM AS EMOÇÕES

Você pode perceber que Debbie fez o dever de casa direitinho: descobriu as próprias forças e fraquezas e as listou em sua *Bíblia do vencedor* e usou essa lista *juntamente* com o CD como ferramenta para reprogramar a parte emocional de seu cérebro. É a combinação das coisas que é tão importante: a visualização fixada, a leitura das listas e a consulta aos mapas mentais, assim como um acesso mais profundo às emoções com o uso dos CDs.

E) PÔR AS COISAS EM PRÁTICA

Apesar de Debbie já ser uma executiva bem-sucedida, ela era naturalmente conservadora em seu comportamento. Ao ler sua mensagem, é possível perceber que ela começou a adquirir uma crença inabalável em si mesma por meio da combinação de ferramentas mentais que passou a usar; e então ela mergulhou em um novo estilo de vida, para *realmente colocar em prática* as coisas que havia escrito. Isso demanda coragem, mas foi o que permitiu que ela seguisse em frente, para então conseguir atualizar sua *Bíblia do vencedor*.

Se você seguir esses passos, como Debbie fez, experimentará a mesma transformação. Só depende de você.

19
O FIM DO COMEÇO

ISTO NÃO É O FIM. ISTO NÃO É NEM O COMEÇO DO FIM. MAS TALVEZ ESTE SEJA O FIM DO COMEÇO. WINSTON CHURCHILL, PRIMEIRO-
-MINISTRO DA GRÃ-BRETANHA, SOBRE AS VITÓRIAS CONTRA AS TROPAS ALEMÃS NO NORTE DA ÁFRICA

Até agora, apresentamos ferramentas que podem melhorar seu desempenho e contribuir para torná-lo um vencedor. Eu gostaria de tomar um momento para que nos lembremos do que significa realmente ser um vencedor. É, portanto, hora de parar por um instante para retomar o fôlego e deixar que as próximas histórias nos deem algumas ideias sobre a questão.

19.1 O DONO DA EQUIPE BILIONÁRIA

Há algum tempo, uma equipe de Fórmula 1 levou-me para o Grande Prêmio da Austrália para uma entrevista. Eles estavam curiosos para saber como minha peculiar combinação de matemática e neurociência poderia ser aplicada à corrida de carros. Quando cheguei para a entrevista, havia cerca de doze executivos, engenheiros e projetistas sentados formalmente em elegantes cadeiras de couro. A entrevista transcorreu muito bem, com eles me fazendo várias perguntas sobre como eu poderia ajudá-los com este ou aquele problema específico. As perguntas estenderam-se por vinte minutos, até que o dono da equipe de automobilismo nos interrompeu de repente e me perguntou:

– Então, quanto você vale?

Aquela pergunta retraiu-me, e eu só consegui dizer que não tinha certeza de ter entendido o que ele quis dizer, ele queria saber o valor dos meus honorários ou com quanto eu iria contribuir com a companhia?

Ele disse:

– Não, quanto você tem no banco?

Respondi dizendo que não tinha certeza se entendera a natureza da pergunta. Ele respondeu:

– Bem, é óbvio, não é? O sucesso de um homem é avaliado pela sua riqueza. Então, quanto você vale?

Pensei por um instante e respondi:

– Não acho que Einstein acordava todas as manhãs e contava quanto dinheiro tinha. Ele valorizava seu "sucesso" na vida pelas descobertas que fazia sobre o universo. Descobertas que mudaram a vida de todos nesta sala. Também não creio que Leonardo da Vinci contou seu dinheiro no leito de morte – penso que foi o maravilhoso talento para a pintura que deu a ele a sensação de satisfação e uma vida bem vivida. E tenho certeza absoluta de que Gandhi estava muito mais preocupado com as milhões de vidas que ele melhorara do que com alguns bens materiais que tinha adquirido. Se é assim que os funcionários são avaliados em sua empresa, então sinto muito – sou o homem errado para o trabalho.

Levantei, pedi licença para sair da reunião e voltei para minha casa na Nova Zelândia.

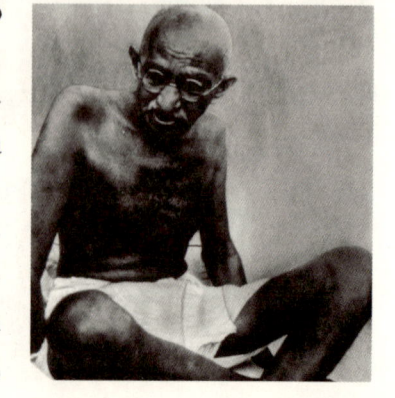

No voo de volta, refleti sobre essa extraordinária reviravolta. O dono da equipe realmente acreditava que um homem pode ser medido apenas pela sua riqueza, os bens materiais e troféus que ganhou? Em um primeiro momento, parecia uma ideia ridícula, mas quanto mais eu pensava a respeito, mais parecia que essa era a mensagem não dita pela sociedade moderna ocidental. Talvez ninguém mais fosse tão corajoso ou franco como aquele homem para articular isso tão claramente.

19.2 SUCESSO EXTERIOR

O mundo ocidental é dirigido pelo capitalismo, que só pensa no sucesso, em ganhar troféus, em escalar cada vez mais alto a cadeia de negócios, ganhar mais dinheiro e ter mais posses. Isso pode até ser parte da razão pela qual você comprou este livro. É a mensagem por trás de cada propaganda que nos tenta com mais produtos ou serviços a serem comprados. É a mensagem dominante que nossas crianças ouvem enquanto crescem, já que passam mais tempo em frente à TV, assistindo aos comerciais, do que com os pais ou professores. Nós idolatramos os heróis do esporte e as estrelas de TV porque eles alcançaram o topo do sucesso capitalista. Eles estão no galho mais alto da árvore, pois são famosos e ganham rios de dinheiro. Infelizmente, essa medida do sucesso é tão ilusória quanto a Roupa Nova do Imperador. Em lavagem cerebral constante, acabamos acreditando que essas são as pessoas "bonitas", quando, na realidade, muitas delas, como o Imperador, estão nuas, são almas vazias cujas conquistas importam pouco a longo prazo. Fomos enganados com os sensacionalismos e nem percebemos.

19.3 PORFÍRIO

Vamos pensar sobre isso por um instante. Como já foi dito, se um atleta famoso não consegue ganhar uma corrida, então, no grande esquema das coisas, não tem a menor importância. Por definição, outro atleta *tem* de ganhar e ele, por sua vez, ficará famoso. É um ciclo de heróis fabricados, no qual o indivíduo tem pouca importância, e o mundo quase não muda, independentemente do nome ou da cara do vencedor.

Um dos mais famosos atletas que o mundo jamais conheceu foi o grande corredor de biga Porfírio.

No ápice de sua fama, Porfírio costumava atrair multidões de mais de 250 mil pessoas às corridas na Roma Antiga. Naquele tempo, não havia carro, trem, TV ou rádio, então, sua fama espalhava-se animadamente pelo boca a boca. As pessoas andavam ou cavalgavam durante dias para ir até Roma ver Porfírio. E 250 mil pessoas representam uma *enorme* porcentagem da população da Roma Antiga. Seria algo como 30 milhões de pessoas indo assistir ao Tiger Woods jogar golfe. Mas quem já ouviu falar de Porfírio hoje em dia? O nome dele foi, há muito, esquecido, e suas proezas não têm mais importância. Não tenho dúvida de que ele foi um atleta extraordinário e animava multidões com sua bravura, habilidade e verve, mas, no final das contas, não tem importância nenhuma. Sócrates, que respirou o mesmo ar que Porfírio, ainda vive. Gandhi permanece. Isso é um alerta de que nós levamos os atores, celebridades, magnatas de negócios e heróis do esporte muito a sério, comparado ao que eles são.

Claro, o dono da equipe de Fórmula 1 mencionado no começo deste capítulo deve se orgulhar muito da equipe que montou e das instalações que construiu. É evidente que fez um bom trabalho, assim como Porfírio, e por isso deve ser parabenizado. Mas, a despeito de todos os túneis de vento, autoclaves e vitrines de troféus, no que o "império" dele contribuiu para a humanidade? Uma corrida moderna de Fórmula 1 é mais interessante que uma corrida dos anos 1970? Mesmo com o enorme aumento da velocidade dos carros modernos, muitos espectadores questionam se eventos como o Goodwood Revival – com carros dos anos 1960 e 1970 – são, na verdade, mais bacanas que um moderno Grand Prix de Fórmula 1. Todos os bilhões de dólares e milhões de horas de trabalho em desenvolvimento desde os anos 1960 tornaram os carros mais rápidos, mas não melhoraram a corrida em si ou o divertimento que a competição proporciona. Por outro lado, Gandhi, Sócrates e Martin Luther King *contribuíram de maneira duradoura* para a humanidade. Da mesma forma que um cirurgião ou assistente social trabalhando para salvar ou melhorar a vida dos pacientes também deixa um legado duradouro.

19.4 BELEZA INTERIOR

E então isso nos remete novamente ao dono da equipe de Fórmula 1. Ele viu apenas a medida externa do sucesso de um homem, sem conseguir enxergar o desenvolvimento interior mais profundo. Ambos os aspectos são importantes, e nenhum deve ser descartado em favor do outro. Campeões e pessoas bem-sucedidas financeiramente devem ser admiradas pelo que alcançaram, pois sucesso de qualquer natureza nunca é fácil. Mas também há outras pessoas trabalhando com muito afinco, que têm habilidades tão perfeitas quanto as de qualquer campeão do mundo da Fórmula 1, mudando o mundo sem alarde, sem qualquer recompensa financeira ou fama. Para mim, esses são os verdadeiros campeões do mundo. O homem comum julga primariamente com a visão superficial. Nossa natureza animal pouco sofisticada nos induz a julgar uma mulher pela aparência e um homem pelo sucesso – ou, em tempos mais liberais, o inverso. Mas a pessoa avançada é capaz de se elevar para além desses instintos básicos e ver as pessoas em sua completude – tanto pelo valor interior quanto pelo exterior. Uma modelo famosa, mas egoísta e arrogante, que agride a tripulação que a atende nos aviões ou atira o telefone contra alguém, em uma lamentável ceninha de raiva, deve ser vista como uma pessoa não atraente quando se soma a beleza interior e a exterior.

Tal pessoa não deveria ser admirada ou tolerada como celebridade, mas o problema é que o capitalismo moderno treina nossos olhos para que vejamos somente os valores exteriores, já que é disso que se trata o consumismo. Mas, como a maioria das coisas materiais que enferrujam e se despedaçam, a aparência exterior tem significado pouco duradouro. A beleza interior de uma pessoa – sua alma – é muito mais importante. Essa conclusão lembra-me da vida de um bom amigo: Don Oliver.

19.5 UM HOMEM MUITO GRANDE

Don Oliver era um homem de estatura enorme, cujas mãos eram do tamanho de luvas de beisebol. Por dez anos consecutivos, Don foi Campeão de Levantamento de Peso Pesado da Nova Zelândia, além de ter ganhado vários campeonatos mundiais e medalhas de ouro. Ele também era um executivo de sucesso, proprietário de diversas academias muito sofisticadas. Apesar da excelente forma física e da imensa força, no auge de sua carreira Don descobriu que tinha câncer de pâncreas, ao qual não resistiu. O enterro de Don foi um grande evento. O enorme auditório estava superlotado, além das pessoas se aglomerando no estacionamento e nas ruas em volta para ouvir as homenagens pelos autofalantes. O que foi particularmente interessante nos tributos a Don é que praticamente não houve menção às suas vitórias nos campeonatos. Em vez disso, as pessoas, com lágrimas nos olhos, falavam longamente da gentileza e generosidade dele.

Mas Don não era grande apenas em estatura. A história a seguir dá uma ideia da personalidade de Don e mostra uma pontinha do significado da vida.

Eu lembro-me de ter entrado no escritório de Don um dia depois de ele ter feito uma reunião com uma de suas funcionárias, Angelique. Ela tinha sido contratada para trabalhar como recepcionista em uma das academias de Don. Infelizmente, mesmo tendo recebido muita instrução e assistência de outros funcionários, Angelique cometia erros inadmissíveis no momento de fazer as matrículas. Don decidiu transferi-la para executar trabalhos internos na academia, atribuindo-lhe tarefas menos complicadas. Mesmo com todos os esforços e muito encorajamento da gerência, Angelique também fracassou na nova posição.

O problema era que ela era uma moça simples e não estava à altura das demandas de uma academia moderna. Depois de muitos meses de advertências, Don finalmente a chamou até o escritório para demiti-la. Quando Don contou à Angelique a intenção dele de lhe dar o aviso prévio de três meses, ela esvaiu-se em lágrimas. Para resumir a história, no fim da reunião, Don não apenas a tinha mantido no emprego como também havia lhe dado um aumento de salário. Apesar de isso ser claramente ruim para os negócios, Don estava pensando de modo mais abrangente. Ele viu Angelique como um ser humano e percebeu como eram parcas as possibilidades de ela conseguir outro emprego.

Como resultado de sua decisão, Don perdeu um pouco de dinheiro nos negócios, mas com certeza ganhou na vida. Certamente, o mundo ganhou, e isso foi evidenciado pela grande multidão que compareceu ao funeral de Don para prestar-lhe a última homenagem.

DE QUE SERVE AO HOMEM GANHAR O MUNDO INTEIRO E PERDER SUA ALMA? MARCOS 8:36

19.6 LIÇÕES DE UM FUNERAL

E falando de funerais, duas coisas sempre me impressionam quando vou a um. Primeiro, a constatação de como a vida é curta.

Certamente, foi apenas ontem que meus amigos de escola e eu éramos rapazes, reunidos para consertar nossas motos usadas, sonhando com o primeiro beijo e talvez em comprar uma moto nova um dia. E aqui estou eu, sentado na igreja ao lado de meu filho adolescente, que sem dúvida tem os mesmos sonhos.

A vida é mesmo curta.

A segunda coisa que me impressiona, e de maneira mais forte que a brevidade da vida – sua quantidade finita –, é o *significado* de tudo quando finalmente for somado, e o último capítulo, terminado. Houve *qualidade* da vida que foi vivida? Quando uma pessoa morre, é enterrado muito mais que seu corpo. Enterram-se seus sonhos, esperanças e todas as coisas que lhe eram importantes. Suas conquistas, diplomas e saldo bancário ficam, mas esses itens valem muito pouco, comparados ao significado do que fazemos na vida.

Os troféus de Don Oliver, brilhantes e valiosos, não me fazem lembrar das grandes proezas atléticas dele, e sim de sua personalidade sábia, calorosa e gentil. Essas qualidades valiam muito mais para todas as pessoas que o conheceram do que qualquer campeonato que ele possa ter vencido. Seu sorriso, gentileza e sabedoria deixaram uma impressão duradoura, que foi transmitida através das eras.

Se Don não tivesse ganhado aquelas medalhas, outra pessoa teria, e muito provavelmente o mundo teria continuado praticamente da mesma forma – nem de longe seria diferente. Mas a personalidade de Don marcou muitas pessoas, e, dessa maneira, o mundo foi ligeiramente alterado. Ele adicionou valor e felicidade à vida daqueles que tiveram contato com ele, e essas pessoas, por sua vez, transmitiram tal felicidade e conhecimento adiante, em uma forma ligeiramente diluída. Essas coisas são a real medida de uma pessoa, e é isso que o mundo perde quando alguém morre. O resto é apenas uma camada superficial que rapidamente se esvai e é esquecida.

ATENTEI PARA TODAS AS OBRAS QUE SE FAZEM DEBAIXO DO SOL, E EIS QUE TUDO ERA VAIDADE E AFLIÇÃO DE ESPÍRITO. ECLESIASTES 1:14

19.7 OZYMANDIAS

O grande poeta Shelley escreveu um poema sobre um rei mítico chamado Ozymandias. De acordo com a lenda, foi o mais poderoso rei que governou o mundo (provavelmente Ozymandias é baseado no governante egípcio Ramsés, o Grande). O poema é sobre a arrogância vã e despropositada da humanidade. Séculos depois de Ozymandias ter governado, tudo que resta de seu vasto império é o fragmento de uma de suas estátuas. Um pedestal quebrado sobre o qual a estátua do rei antes ficava está enterrado na areia. Entalhadas no pedestal, as palavras cuja arrogância proclama seu poder e glória. Mas tudo em volta é apenas um deserto vazio. Tenho medo de seguir os passos de tão grande poeta, mas fiquei tão comovido pelas palavras de Shelley que se acendeu em mim o desejo de escrever minha própria versão, que espero ser mais relacionada com este capítulo.

OZYMANDIAS (COM DESCULPAS A SHELLEY)

O vasto e vazio deserto exauria os camelos
E areias sem fim debaixo de cada passo
Entorpeciam nossa mente cansada
Até que um dia tropeçamos em
Rochas esculpidas à mão
Parcialmente enterradas na areia.

Uma perna quebrada, um rosto cortado
O pedestal da estátua caindo aos pedaços
Proclamava com arrogância:
"Eu sou Ozymandias, Rei de todos os Reis
Chorem aos meus pés, reles mortais
Meu Império enche sua vista."

Ainda assim, só resta areia
Através do tempo perduram apenas amor e verdade
Então monarcas vão e vêm
Enquanto Sócrates sobrevive.

Portanto, considere todos os trabalhos
Que sua mão realizou hoje
E pese com imparcial equilíbrio
O que perdurará pela prova do tempo
E o que passará.

Agora, pegue sua *Bíblia do vencedor* e, no final, inclua estes itens para desafiar a si mesmo para o futuro:

- Como minha vida vai parecer quando vista a partir do fim?
- Estou contribuindo para minha beleza interior?
- Estou agregando valor a todos aqueles que de alguma forma se relacionam comigo?
- Estou vivendo meu futuro ideal?
- Estou agindo de maneira íntegra?

Você acaba de chegar ao fim do começo.

20
AS PESSOAS SÃO O QUE DE MAIS IMPORTANTE VOCÊ TEM NA VIDA

AGORA QUE VOCÊ COMEÇOU A JORNADA EM DIREÇÃO AO SEU FUTURO IDEAL, É HORA DE CONSIDERAR AS DUAS COISAS MAIS IMPORTANTES EM SUA VIDA:

O tipo de pessoa que você vai se tornar – a qualidade da sua personalidade.

As pessoas com as quais você está intimamente ligado. Veja bem, as pessoas mais ricas do mundo não são as que têm mais bens, mais fama, mais sucesso e nem mesmo aquelas que são mais populares. As pessoas que possuem o maior tesouro do mundo:
- são pessoas de qualidade, vivendo sua vida plenamente, de forma autêntica;
- estão intimamente ligadas a outras pessoas de igual qualidade, que se importam profundamente com elas.

A escolha das palavras usadas acima é muito importante. Eu não quis dizer simplesmente "cercadas de gente", mas "intimamente ligadas a outras pessoas". Você pode ter muitos amigos e colegas e ser muito popular, mas essa popularidade frequentemente funciona superficialmente. Apesar de esses amigos o manterem ocupado e feliz até certo ponto, eles não o ajudarão a levar a vida plena que você merece. Amizades superficiais são como o som constante de jingles de propaganda ou música de elevador. Elas preenchem o ambiente vazio, mas não são realmente satisfatórias. Não há comparação entre música ambiente e as ricas complexidades de uma canção bem composta, da mesma forma, não há comparação entre amigos superficiais e pessoas de qualidade, que estão intimamente ligadas a você.

"Intimamente ligadas" implica haver um elo que penetra o cerne de sua essência ou alma. Esses amigos sabem de seus sentimentos mais profundos e ficam extremamente preocupados com seu bem-estar. Por causa desse nível de ligação, seu riso e alegria mútuos são mais vibrantes. Os bons momentos são mais relaxantes e tranquilos. Não precisa haver "tentativas" e "esforços" para se dar bem com essas pessoas. Vocês podem ficar juntos, sentados em silêncio e aproveitar a vida ou podem agir como loucos e sair gritando por aí; a amizade que vocês têm nunca vai ser algo pesado, que exige interação profunda e significativa. Mesmo fazendo algo espontâneo e bobo, pelo fato de vocês estarem intimamente conectados, essas loucuras automaticamente serão significativas, sem que você precise fazer qualquer esforço.

Pense novamente nestas palavras: *qualidade / ligadas / intimamente / autêntico / importar-se profundamente*. É de pessoas assim que você precisa em sua vida, e esse é o tipo de pessoa que você precisa para ser seu(sua) amigo(a), namorado(a), sócio(a) ou colega de trabalho.

Ao compartilhar a vida com pessoas de qualidade, normalmente tudo vai funcionar bem. O problema é que o mundo não é cheio de gente iluminada e de qualidade. Assim sendo, é preciso aprender a reconhecer as pessoas que podem entrar em seu santuário interior, bem como a lidar com as pessoas de seu convívio que não são assim, mas que, por circunstâncias da vida, sempre vão estar por perto, interagindo com você. Chegar a esse estágio requer tolerância, paciência e capacidade de perdoar, sabendo impor limites firmes e dando amor.

20.1 ESCOLHENDO AS PESSOAS

Em sua vida, você entra em contato com, literalmente, milhões de pessoas. A maioria delas, colegas de trabalho ou membros do clube que você frequenta, vai interagir com você de forma bastante superficial. Você não escolhe quem elas são e, na maioria dos casos, passa alegremente por entre elas enquanto leva sua vida cotidiana. Elas são apenas parte da rica tapeçaria da vida.

Mas há um grupo menor de pessoas que você seleciona pessoalmente – seus amigos, parceiros de negócios e de relacionamentos íntimos. Essas pessoas precisam ser escolhidas com *extremo* cuidado, porque causam um impacto significativo em sua vida. Os pensamentos delas vão influenciar e moldar os seus. O que fazem, como pensam, quem conhecem e aonde vão são detalhes que influenciarão cada aspecto da sua vida – o que você faz, quem você conhece, aonde você vai e, por fim, até mesmo quem você se torna. Como você vive cercado e imerso no ambiente delas, não é surpresa nenhuma que gradualmente absorva os comportamentos, ética, desejos e sonhos delas. Mas certamente, você *será* moldado e influenciado por elas, em um processo sutil que incansavelmente o modela, sem que você perceba. Isso é parte da natureza humana.

Seu círculo íntimo de amigos, amores e parceiros de negócios tem outro impacto importante em sua vida. São essas pessoas que têm maior probabilidade de feri-lo, mas, por outro lado, são os que o ajudam a progredir na vida. Se você pensar em todas as vezes que ficou seriamente abalado ou decepcionado, provavelmente vai descobrir ter sido por algo que alguém próximo a você disse ou fez.

Então, o caráter das pessoas de quem você é mais próximo é de importância vital. Graças a elas, você se tornará uma pessoa mais feliz, mais produtiva e melhor. Mas, se o caráter delas for fraco ou defeituoso, mais cedo ou mais tarde você vai sentir os reflexos disso e se machucar.

O problema é que muita gente não é exatamente o que parece ser. Um potencial parceiro de negócios pode ser charmoso e muito inteligente, ter a expertise ideal, excelentes recursos e ser muito bem relacionado. Mas, se não for uma pessoa interiormente íntegra, você certamente sairá perdendo caso ele se torne seu sócio. Mais cedo ou mais tarde, ele o decepcionará ou encontrará um meio de obter ganhos pessoais à sua custa. E o mesmo vale para os relacionamentos amorosos. Quantas almas gêmeas em potencial eram extremamente bonitas e lhe diziam sempre a coisa certa, envolvendo-o cada vez mais em sua conversa brilhante, e acabaram se tornando exatamente as pessoas que o magoariam mais do que qualquer outra no mundo?

Portanto, ser capaz de avaliar precisamente o caráter e a personalidade de uma pessoa é uma das habilidades mais importantes que se pode aprender. E também é uma das últimas habilidades que a maioria das pessoas domina. Assim, isso suscita a pergunta:

Como realmente se pode saber como uma pessoa é por dentro?

Há vários métodos que passaram pelo teste do tempo. Sempre que são ignorados, você arrisca ter que pagar um preço alto.

O primeiro deles foi-me ensinado pelo meu avô.

21
AS HISTORINHAS DO VOVÔ

MEU AVÔ, SIR TREVOR HENRY, FOI O MAIOR JUIZ DA NOVA ZELÂNDIA. ELE VIVEU ATÉ OS 105 ANOS E, AO LONGO DE SUA LONGA E PRODUTIVA VIDA, BASICAMENTE VIU TUDO O QUE HAVIA PARA SER VISTO. ELE TINHA OUVIDO TODAS AS HISTÓRIAS E TODAS AS DESCULPAS AO LONGO DOS ANOS EM SEU TRIBUNAL E HAVIA CONHECIDO TODOS OS TIPOS DE CARÁTER POSSÍVEIS. QUANDO ERA JOVEM, HAVIA POUCOS CARROS NA NOVA ZELÂNDIA, E ERAM POUCAS AS CASAS COM LUZ ELÉTRICA. ISSO SIGNIFICAVA QUE, MESMO ALGO TÃO SIMPLES QUANTO IR VER A NAMORADA, REQUERIA TRÊS DIAS DE VIAGEM A CAVALO, DORMINDO AO RELENTO E SOBREVIVENDO DE POMBOS NO ESPETO E FRUTAS SILVESTRES. QUANDO CHEGOU AOS 70 ANOS, MEU AVÔ ESTAVA VOANDO PELO MUNDO EM AVIÕES 747.

Poucas pessoas viram tantas mudanças ao longo da vida quanto meu avô, e ainda menos gente pode ter dado as boas-vindas a essas mudanças com inteligência tão aguçada. Vovô foi a única pessoa que conheci que literalmente *gastou* um conjunto completo da *Enciclopédia Britânica*. Mas vovô não era apenas um gênio acadêmico – ele também foi um excelente atleta em sua juventude, tendo ganhado vários troféus. Apesar de todas as suas conquistas, vovô era um homem calmo e calado, mas, quando dizia algo, sempre valia a pena ouvi-lo.

Quando vovô estava com 90 e poucos anos, eu convidava-o todas as terças-feiras para almoçar e conversar em minha casa. Depois de nosso costumeiro "salmão e vieiras", ele recostava-se na cadeira segurando sua xícara de chá e descansava um pouco, enquanto eu trabalhava por mais algumas horas. Como eu trabalhava em casa, sempre havia amigos ou colegas me visitando. Por educação, eu sempre os apresentava a meu avô antes de irmos para a sala ao lado continuar nossa reunião. Eu gostava da ideia de vovô estar ali, ouvindo minhas conversas e fazendo parte de minha vida. Isso o interessava e era algo que podíamos compartilhar.

Ocasionalmente, quando eu o levava para casa no fim do dia, vovô fazia alguma pequena observação sobre algum dos visitantes. Todas as vezes, *infalivelmente*, sua avaliação acabava se mostrando absolutamente perfeita. Se ele erguesse uma bandeirinha de advertência, por assim dizer, a respeito de alguém, era absolutamente certo que mais cedo ou mais tarde aquela pessoa faria algo não muito correto ou que me decepcionaria. Se ele me dissesse que simpatizara com determinada pessoa, com certeza ela se revelaria uma brilhante aliada nos negócios ou uma excelente amiga – algumas vezes, em completa discordância com a primeira impressão que tive a respeito dela.

Depois de algum tempo, a precisão absoluta de vovô começou a me intrigar. Então, certa vez, perguntei-lhe como ele conseguia fazer isso. Vovô sorriu e disse: "Todo mundo tem uma Grande História. Todos eles têm uma imagem que querem projetar sobre quem são, o que fazem e por que são tão especiais. Como essa Grande História lhes é muito importante, eles esforçam-se bastante para criá-la e poli-la à perfeição. Eles tentam tornar essa Grande História interessante, então nós naturalmente prestamos muita atenção a ela. Mas, enquanto eles estão tocando a vida deles, vivendo e contando sua Grande História, também deixam vazar Pequenas Histórias. Pequenas sutilezas de comportamento que indicam como eles realmente são interiormente. É claro que normalmente nós não percebemos essas Pequenas Histórias, porque elas ficam completamente abafadas pela Grande História. Mas, se você aprender a ouvir as Pequenas Histórias, vai ser capaz de enxergar dentro da alma das pessoas. E quanto mais você praticar essa habilidade de ouvir as Pequenas Histórias, mais você verá que tenho razão."

A seguinte história real é um exemplo de quanto essas Pequenas Histórias são sutis e, ainda assim, poderosas.

SIMON E KIRSTY

Um amigo meu chamado Simon, é modelo profissional. Ele tem ótima aparência, complementada por sua inteligência e seu charme natural. Infelizmente, Simon foi muito magoado, há vários anos, por uma mulher por quem estava desesperadamente apaixonado. A dor causada pelo término daquele relacionamento foi tão intensa que ele decidiu proteger o coração e nunca mais se apaixonar novamente. Desde então, só se envolvia em uma série de casos sem compromisso.

No entanto, à medida que o tempo passava, Simon começou a se cansar de relacionamentos superficiais. Ele sentia muita falta de algo mais profundo e significativo. Depois de alguns anos, Simon finalmente conheceu uma mulher chamada Kirsty, que se encaixava com tanta perfeição em todos os requisitos estipulados que ele decidiu jogar a cautela fora e começar uma relação séria com a moça. Como seria de se esperar, Kirsty era uma mulher extrovertida, inteligente e arrojada. O tipo de mulher em torno da qual os homens estão sempre orbitando. Lenta, mas seriamente, Simon começou a abrir o coração para Kirsty, e ela respondeu em igual medida, dizendo que estava comprometida com uma jornada de amor e descoberta mútua com ele.

Um aspecto fundamental da relação que florescia era a comunicação. Eles conversavam sobre tudo. Dois meses depois que estavam juntos, Simon perguntou à Kirsty por que ela havia se inscrito em uma agência de namoro, muito cara e de alta classe, antes de se conhecerem. Era óbvio que ela era o tipo de mulher que nunca ficava sem um pretendente, por isso ele ficou curioso. Kirsty respondeu: "Eu me inscrevi porque preciso jogar minha rede em todas as direções."

E ali, enterrado naquela frase, havia um minúsculo detalhe – uma Pequena História – que alertou Simon para um problema que mais tarde voltaria para assombrá-lo e novamente partir seu coração. Um problema que a maioria de nós nem notaria à primeira vista. Veja bem, o problema com a resposta de Kirsty foi que ela usou o verbo "preciso", conjugado no presente do indicativo, em vez de "precisava", que seria o pretérito. Sem perceber, ela dissera a Simon que *ainda* sentia a necessidade de continuar jogando sua rede em todas as direções – mesmo enquanto o namorava. Um pequeno detalhe havia vazado sem que ela ao menos percebesse. E assim aconteceu. Enquanto ele estava concentrando todos os seus esforços e emoções em Kirsty, ela ainda recebia telefonemas e flertava com outros homens, apesar de o tema de sua Grande História ser sobre como ela era totalmente devotada a ele. É claro que não há nada de errado com o fato de Kirsty ter muitos amigos do sexo masculino, mas ela ainda estava secretamente, ou talvez até inconscientemente, procurando por outra pessoa. Não demorou muito para que Simon se decepcionasse e fosse mais uma vez magoado pela mulher em quem havia investido tanto amor, tempo e dedicação.

Para ser justo com Simon, ele realmente notou esse sinal de alerta quando aconteceu, mas, sendo humano, decidiu deixar passar porque estava mesmo encantado por Kirsty. E aí está outro problema. Nós frequentemente escolhemos – inconscientemente – ignorar as Pequenas Histórias porque não queremos ouvir o que elas nos dizem. Nós preferimos acreditar na Grande História porque realmente queremos que ela seja verdadeira.

21.1 HISTORINHAS SEM PALAVRAS

Outra coisa interessante sobre essas Pequenas Histórias é que elas, muitas vezes, são reveladas pelas palavras que as pessoas *não* nos dizem. Vou explicar.

Um amigo meu é extremamente rico, um bilionário, por isso é naturalmente atraente para as mulheres, por causa do estilo de vida estimulante que ele pode lhes proporcionar, dentre os quais, aviões particulares com destinos exóticos sempre que elas quiserem e um iate superluxuoso, em cujos passeios cada capricho é imediatamente atendido. Infelizmente, o bilionário, que chamaremos apenas de Martin, está em um dilema. Ele está procurando uma alma gêmea. Alguém com quem possa genuinamente partilhar sua vida, seus sonhos, seus pensamentos e suas paixões, e não alguém com quem simplesmente se divertir. O problema dele é como saber se alguma das mulheres com quem sai gosta dele por ser quem realmente é ou se só está interessada nele por causa do estilo de vida e diversão que lhe são proporcionados ao lado de Martin. Resolver isso é um processo complicado, porque as pessoas sempre fazem um enorme esforço quando estão encantadas por algo ou alguém e querem demais isso. As mulheres sempre dizem a Martin que o amam e fazem de tudo para mantê-lo interessado. Mas será que elas estão lutando por ele ou pelo estilo de vida que ele proporciona? Como ele pode saber? Será que as próprias mulheres realmente sabem?

Como eu disse, a resposta frequentemente está contida no que as pessoas *não* dizem.

Por exemplo: Martin é apaixonado por pássaros exóticos e tem um viveiro em casa. Se um de seus pássaros fica doente, ele obviamente fica muito preocupado. Se alguma das mulheres com quem Martin sai realmente gosta dele, então também ficará verdadeiramente preocupada se um dos pássaros dele ficar doente, simplesmente porque isso é importante para Martin. O que interessa a Martin se torna importante para ela, porque *ele* é importante para ela. Mesmo que pássaros não fossem algo em que ela era naturalmente interessada antes, ela vai se interessar por esse pássaro. E, se ela realmente ama Martin, não vai apenas falar sobre o pássaro por ser esse um assunto que torna mais fácil a conversa com ele. Ela vai espontaneamente falar sobre o pássaro porque também terá começado, de alguma forma, a compartilhar da paixão dele. Mas, se ela nunca fala do pássaro, a não ser quando Martin toca no assunto, essa omissão conta a Martin uma Pequena História sobre quanto ele é verdadeiramente importante para ela.

O que quero dizer é que todo mundo pode falar sobre coisas nas quais os dois lados estão interessados – sejam ações da bolsa de valores ou férias na praia. Mas um indício de que alguém está verdadeiramente interessado em você é quando começa a falar apaixonada e espontaneamente sobre coisas que interessam a você. Particularmente quando forem assuntos que naturalmente não interessem à pessoa. As coisas sobre as quais as pessoas não falam frequentemente dizem mais do que as coisas sobre as quais elas falam.

Inspetor Gregory: *"Há alguma outra coisa sobre a qual você gostaria de falar?"*
Holmes: *"O curioso incidente do cão durante a noite."*
Inspetor Gregory: *"O cão não fez nada durante a noite."*
Holmes: *"Esse foi o curioso incidente."*

Fragmento da obra O *"Estrela de Prata"*, de Sir Arthur Conan Doyle.

21.2 AS SUAS PRÓPRIAS "HISTORINHAS"

Você se conhece bem?

Essa pode até parecer uma pergunta idiota, porque, se existe alguém que conhece todos os seus pensamentos, esse alguém é você. Afinal, você é a única pessoa que sabe tudo pelo que já pensou.

Mas, se você já foi a um bom terapeuta ou conselheiro, sabe que com frequência eles veem coisas em sua personalidade que você mesmo ignorava completamente. Como eles fazem isso? A resposta é simples: terapeutas habilidosos fazem isso ouvindo cuidadosamente a Pequena História por trás de sua própria Grande História. E aqui está a surpresa. Se você começar a ouvir as suas *próprias* Pequenas Histórias, pode ficar atordoado ao descobrir que você não é realmente a pessoa que pensava ser. Por exemplo, Kirsty provavelmente havia convencido seu *eu consciente* de que ela estava em uma autêntica jornada de amor com Simon. Ela provavelmente repassava essa mensagem várias vezes em sua mente consciente e até a repetia a Simon, mas não percebeu que, ao usar o verbo conjugado no presente, "preciso", em vez de sua versão no passado, "precisava", estaria indicando uma reserva oculta que tinha contra Simon. E, se alguém lhe tivesse perguntado por que ela ainda mantinha contato com outros homens, ela justificaria o fato dizendo simplesmente que era uma pessoa amigável e estava mantendo uma vida social saudável. No entanto, o tempo todo seu radar interior estava procurando constantemente alguém melhor do que Simon, porque seu inconsciente estava em um caminho diferente de seus pensamentos conscientes. Como frequentemente acontece, a parte mais inconsciente de sua mente previra melhor o que ela acabaria fazendo.

O ponto-chave é que suas Grandes Histórias são quase sempre aquelas com as quais você se sente mais confortável. Aquelas que você gosta de ouvir a seu próprio respeito. Quando você descobre que suas Pequenas Histórias não combinam com suas Grandes Histórias, normalmente é porque as Pequenas Histórias estão lhe contando coisas sobre você mesmo que você não quer ouvir. Mas essas são exatamente as coisas que você precisa mudar para conseguir crescer e se desenvolver. Então, tente ouvir suas próprias Pequenas Histórias e ficará surpreso sobre quanto vai aprender sobre si próprio e quanto vai crescer.

Uma das características das pessoas sábias é que elas se veem como realmente são. Se você aprender a ouvir suas próprias Pequenas Histórias, aprenderá muito sobre si mesmo e se tornará uma pessoa melhor e mais feliz.

21.3 TRABALHO DE DETETIVE

O segundo método para avaliar o caráter das pessoas foi-me ensinado pelo tricampeão do mundo de Fórmula 1, Sir Jackie Stewart. Conheci Jackie na década de 1980, enquanto demonstrava alguns equipamentos eletrônicos que desenvolvi para a Ford nos Estados Unidos. Jackie gostou do meu produto, e decidimos fazer uma parceria nos negócios. Depois da apresentação, voei de volta para a Nova Zelândia para continuar a desenvolver o equipamento. Uma semana mais tarde, recebi um telefonema de Jackie, perguntando-me se todos os meus assuntos financeiros estavam em ordem. Mais especificamente, ele queria saber se eu tinha pagado todos os impostos de uma das minhas empresas. Eu garanti a Jackie que sim. Ele, então disse-me, de forma bastante intrigante, "Bem, é melhor você verificar novamente". Então, eu liguei para meu contador, e ele garantiu-me que tudo estava completamente pago.

Uma semana depois, recebo um telefonema surpresa do contador: "Você não vai acreditar. Acabaram de me ligar da Receita e disseram que eles não têm registros do seu último pagamento de impostos. Fiquei uma hora ao telefone até que descobrissem que na verdade eles haviam recebido seu pagamento, mas não se sabe como havia sido arquivado no departamento errado." Meu contador estava atônito. "Como diabos alguém poderia saber disso do outro lado do mundo, quando nem eu mesmo sabia?"

A resposta era que Jackie havia feito uma verificação rigorosa a meu respeito antes de decidir associar-se a mim nos negócios. Ele disse que sua reputação era tudo e que a experiência o havia ensinado a não confiar nas pessoas só por causa da aparência. Ele queria saber tanto quanto possível sobre qualquer pessoa com a qual pudesse vir a constituir sociedade. É claro que eu não tinha nada a esconder, por isso não me importei com sua verificação.

Ao longo dos anos, percebi que o conselho de Jackie tinha sido absolutamente inestimável. Mais de uma vez, ele ou me salvou de cometer um grande erro de cara ou, caso eu já estivesse envolvido com alguém, e a pessoa contasse uma das historinhas sobre as quais vovô me alertara, disparando em mim um alarme, seu conselho me instigava a fazer uma pesquisa mais minuciosa sobre a tal pessoa. O interessante é que, em 80% das vezes que minhas suspeitas haviam sido despertadas, eu descobri algo que teria acabado me causando problemas. Algo que poderia ter permanecido escondido até que fosse tarde demais.

Scientia est potentia (expressão latina que significa "Conhecimento é poder")

21.4 DIGA-ME COM QUEM ANDAS...

Ao avaliar um caso, bons detetives não olham apenas para as pistas óbvias – eles também colhem evidências indiretas e circunstanciais. E, quando se trata de pessoas, a melhor evidência circunstancial que você pode obter sobre elas vem do caráter de seus *amigos*. Isso é resumido no velho ditado "Diga-me com quem andas, e eu te direi quem és". (E também "quem te tornarás", poderíamos acrescentar.)

Os amigos de uma pessoa dizem muito sobre o tipo de comportamento que ela considera aceitável, seus valores na vida e as coisas que lhe interessam ou a estimulam. Talvez, ao tentar descrever seus amigos, você não precise de vinte e quatro adjetivos, mas venha a descobrir, em vez disso, que alguns adjetivos se repetem com relativa frequência.

Pegue um pedaço de papel e coloque o seu nome no centro da página.

Depois. escreva, em um círculo em torno do seu próprio nome, todos os adjetivos que você usou para definir seus amigos.

```
        Adjetivo
Adjetivo         Adjetivo

Adjetivo  VOCÊ  Adjetivo

Adjetivo         Adjetivo
        Adjetivo
```

Esse diagrama vai lhe dizer *muito* sobre você mesmo!

Por exemplo, pode ser que uma característica que três de seus amigos compartilham seja serem inseguros e carentes ou sempre estarem atrás de alguma forma de conforto. Isso pode significar que você mesmo é *carente*, porque se sente valorizado quando essas pessoas carentes precisam de você.

Talvez você melhore sua autoestima ao dar a eles o que precisam.

Talvez não. Mas a pergunta que você deve se fazer é: por que você tem especificamente essa lista de adjetivos em torno do seu nome?

Algumas vezes, a resposta verdadeira não é a óbvia!

Eu conheci pessoas que tomaram a decisão consciente de mudar de amigos depois de fazer esse exercício, porque ele as fez perceber que seus amigos à época não eram pessoas que acrescentassem algo à vida delas. Um ano mais tarde, cada uma delas relatou que sua vida estava muito mais feliz. Ao remover esses amigos de "pouco valor", elas abriram espaço para amigos de qualidade e valiosos. A menos que você suprima efetivamente pessoas de baixa qualidade de sua vida, não terá tempo ou energia para atrair pessoas novas para perto de si. Isso não significa que você precise estar constantemente analisando seus amigos, mas significa que ocasionalmente você precisa fazer um controle de estoque sobre quem você vem acumulando em sua vida. Algumas vezes, nós acabamos passando nosso tempo com algumas pessoas simplesmente porque elas estão ali. Elas ocuparam uma necessidade ou um espaço em um estágio de sua vida, e você esqueceu-se de seguir em frente ou evoluir. Mudanças requerem esforço. Vai valer a pena. Você nunca sabe como suas ações vão afetar o mundo...

21.5 O MATAU DE MANGERE

Eu estava no Aeroporto Internacional de Auckland, em Mangere, deixando a Nova Zelândia para ir trabalhar na Inglaterra por um longo período. Considero despedidas em aeroportos muito sentimentais, então já havia me despedido de toda a família e amigos durante a semana anterior. Agora, havia apenas a rotina mecânica de fazer o check-in e me sentar em um longo voo para então encarar minha nova aventura.

Agora, antes de continuar contando sobre meu check-in, eu gostaria de levá-lo a uma praia muito especial da Nova Zelândia, chamada Muriwai Beach. Eu vou levá-lo até lá não uma vez, mas duas – para experimentar a força das estações. Muriwai é uma praia muito extensa, que se desenrola por quase quarenta quilômetros. Na costa oeste da Nova Zelândia, que é extremamente escarpada e coberta por areia brilhante e negra como carvão, a praia é emoldurada por enormes dunas de areia e pelas águas claras como cristal do Oceano Pacífico, que vão até a Austrália. Um oceano sem barreiras, o que significa que as ondas são selvagens e altas como montanhas. Muriwai é a natureza crua em sua melhor forma.

VERÃO

No verão, você ouve crianças gritando enquanto entram e saem da água rasa e morna. Milhares e milhares de corpos untados de óleo se bronzeando ao sol. Jogos de críquete, rúgbi e vôlei de praia. A areia negra é tão quente que não é possível caminhar sobre ela descalço. Por todo lado, as pessoas estão felizes por estar ali – por nenhuma outra razão em especial além da simples diversão que a praia proporciona.

INVERNO

No inverno, é totalmente diferente. O que se vê são quilômetros e quilômetros de praia vazia. As únicas pessoas à vista são as que têm de estar ali. Empurradas pelo vento forte e frio, elas olham para a natureza enquanto pensam na vida. Alguns poucos gansos solitários sobrevoam com esforço as dunas. É a natureza em sua versão mais selvagem e indomada.

É o mesmo lugar, mas as estações o tornam muito, muito diferente, de todas as formas.

DE VOLTA AO AEROPORTO MANGERE – 17 DE OUTUBRO

Os acontecimentos do 11 de Setembro ainda estavam soprando um vento muito gelado sobre o salão de embarque quando eu cheguei. Todos os felizes turistas de férias tinham sumido. Não se viam em parte alguma namorados esperando ansiosos ou se despedindo em lágrimas. As lojas *duty-free* estavam totalmente vazias, e na praça de alimentação as prateleiras estavam cheias de comida, porque ninguém aparecia para comer.

As únicas pessoas no terminal eram as que *precisavam* estar ali. Homens e mulheres de negócios se apressando rumo a seus destinos, incomodados a cada passo pela segurança redobrada. Propósitos, e não prazer. Um inverno fora da estação que tinha sido causado por terroristas.

Eu nunca havia visto nada parecido antes. A situação lembrou-me dos shoppings vazios no fim da guerra nuclear, relatado no livro *A Hora Final*, de Nevil Shute. Lembrou-me do vazio desolador de Muriwai em um dia frio de inverno.

Mas, enquanto eu estava sentado ali, ruminando essa sensação gelada e dura, o vento subitamente parou, e o sol começou a brilhar. Porque vi dois amigos queridos entrando no salão de embarque e vindo em minha direção. Eles haviam saído do trabalho para vir se despedir de mim. Uma visita desnecessária, mas muito valiosa. Na verdade, eles não tinham tempo livre para vir me ver. Eu sabia que começavam a trabalhar todas as manhãs às 6 horas e terminavam tarde, todas as noites, pois estavam trabalhando arduamente em um novo empreendimento, e cada minuto perdido fazia diferença. Nós já havíamos nos despedido, mas ali estavam eles, roubando algum tempo de seu ocupado dia por nenhum motivo além de simples gentileza e amor.

A exata antítese do 11 de Setembro.

Antes que eu partisse, eles colocaram um Matau em meu pescoço

– uma pequena escultura maori que simboliza o laço que une as pessoas, um laço tão forte que quem o recebe precisa voltar. O Matau não vai sair do meu pescoço até que eu os abrace novamente. Ele vai me lembrar diariamente não apenas deles, mas também de todas as outras pessoas maravilhosas que eu deixei para trás.

O Matau foi um presente adorável, símbolo do poder do amor.

Aquele pequeno colar, aquele pequeno Matau simbólico, teve o poder de transformar um dia de inverno em verão. Eu quis compartilhar isso com você, para que o poder dele se espalhe; para que, então, talvez todos nós possamos ficar motivados a compartilhar um pouco mais de amor do que normalmente compartilharíamos. Ele certamente me motivou.

Sempre tão ocupado.

Coisas de mais acontecendo.

Apesar do que a TV e as revistas constantemente nos dizem, o amor não é apenas Eros, mas também Ágape. Aquele amor altruísta, que não espera retribuição. Um amor que se espalha entre o velho e o jovem, o patrão e o empregado.

É o mesmo amor que levou outra amiga minha, uma presidente de empresa muito ocupada, a tirar um dia de folga – sem que eu soubesse – para vir ao funeral de meu pai. Ela não conhecia meu pai. Quando posteriormente fiquei sabendo que ela havia viajado o dia inteiro para ficar sentada em silêncio no fundo da igreja cheia de pessoas que ela não conhecia, antes de ir embora igualmente em silêncio, perguntei-lhe por que havia vindo. Ela disse que quisera descobrir mais sobre o homem que havia moldado minha vida. Um exemplo espontâneo de uma ligação íntima sobre a qual falamos na introdução desta seção.

Pessoas... elas são as coisas mais importantes da sua vida.
He aha te mea nui o te ao
He tangata, he tangata, he tangata!

(QUAL É A COISA MAIS IMPORTANTE DO MUNDO? SÃO AS PESSOAS, SÃO AS PESSOAS, SÃO AS PESSOAS!)

PROVÉRBIO MAORI

22
PREVISÃO DO TEMPO

22.1 A IMPORTÂNCIA DE CONHECER O FUTURO

Ser capaz de prever o futuro sempre traz uma enorme vantagem. Saber o que vai acontecer proporciona conseguir se preparar e estar sempre na melhor posição possível. Em nenhum outro aspecto, isso é tão verdadeiro quanto no que diz respeito aos relacionamentos interpessoais.

Quantas vezes você já investiu tempo e esforço em um amigo, parceiro de negócios ou interesse amoroso apenas para acabar se decepcionando depois? Isso é particularmente verdadeiro quando se trata de amor. É muito comum casais que já foram loucamente apaixonados acabarem quase arrancando os olhos um do outro em divórcios amargos e complicados. Como é possível duas pessoas que prometeram passar o resto da vida juntas acabarem se tornando justamente as que causam tanta dor uma à outra? Apesar de cada caso ser diferente, um tema comum é que, à medida que o tempo passa, a pessoa com quem elas tinham se casado acaba se revelando diferente da pessoa com quem elas *achavam* que tinham se casado. Com isso em mente, não seria bom se você pudesse saber como alguém vai ser no futuro?

Uma área de "previsão do futuro" na qual as pessoas gastam, literalmente, bilhões de dólares e milhões de horas de trabalho em pesquisa é a meteorologia. Meteorologistas empregam softwares incrivelmente sofisticados, os mais recentes computadores, imagens de satélite e algumas das mais avançadas tecnologias conhecidas pelo homem. Mas será que podemos aprender alguma coisa sobre como prever o comportamento futuro das pessoas com base na altamente sofisticada e moderna ciência de previsão do tempo? A resposta, veja só, é um retumbante (ainda que surpreendente) "sim".

22.2 O CONCURSO DE PREVISÃO DO TEMPO

Alguns anos atrás, houve um concurso para ver quem construía o programa de computador mais eficaz para prever o tempo. Dúzias de programas complexos foram inscritos. Alguns deles tinham centenas de linhas de código e requeriam supercomputadores para executar todos os cálculos e combinar as informações de vários satélites e de sensores instalados em terra. A cada dia, os concorrentes deviam fazer previsões a respeito de como seria o clima no dia seguinte em trinta cidades dos Estados Unidos. Depois de seis meses, os resultados foram avaliados, para, então, ser possível definir qual era o programa mais preciso. Um programa destacou-se como o mais confiável. Era também, de longe, o menor e mais simples de todos. Na verdade, ele só tinha *uma* linha de código.

O programa vencedor dizia simplesmente: "O clima amanhã será igual ao de hoje."

Se você pensar um pouco, não é um programa ruim. Se hoje é um dia quente e ensolarado, então é bastante provável que amanhã também seja um dia quente e ensolarado. É claro que o clima muda, e, portanto, o programa ocasionalmente estará errado. Mas, na média, ele estará mais vezes certo do que errado, porque normalmente o tempo muda devagar e de forma bastante previsível.

Então, se você quiser saber como uma pessoa vai se comportar amanhã, veja como ela se comportou no passado. Se você quiser saber como seu parceiro em potencial vai se comportar em relação a você no futuro, veja como ele se comportou com *outras* pessoas no passado. Vou dar um exemplo de como isso funciona.

22.3 ANGELA E A GUARDA DE TRÂNSITO

Angela era uma mulher estonteante e sexy. Ela conquistava o coração dos homens aonde quer que fosse. Seus amigos achavam que ela era absolutamente encantadora e que seria uma esposa maravilhosa para qualquer homem sortudo o bastante para conseguir colocar uma aliança no dedo dela. Então, um dia, por acaso, quando eu estava caminhando por Londres, vi Angela do outro lado da rua. Eu atravessei a via e comecei a caminhar em sua direção. Ela estava de costas para mim, então não me viu chegando. À medida que eu me aproximava, percebi que ela estava em uma discussão furiosa com uma guarda de trânsito. Angela havia estacionado o carro de maneira irregular e recebera uma multa por isso. Em vez de aceitar seu erro, Angela começou um ataque verbal selvagem contra a pobre guarda. Ela a estava xingando de todos os nomes feios que existem. Ouvindo aquilo, eu fiquei totalmente boquiaberto!

O que eu havia testemunhado era a verdadeira Angela e como ela tratava as pessoas que não eram importantes para ela. Como reagia quando alguém lhe causava algum incômodo – mesmo que tal incômodo tivesse sido provocado por suas próprias ações. Naquele rápido e sincero momento, eu vi como Angela se comportava com pessoas que não podiam fazer nada por ela. Afinal, a pobre guarda de trânsito estava apenas fazendo seu trabalho. A mulher tinha emoções e sentimentos, como todos nós. Ela ia para casa todas as noites depois de distribuir multas e se olhava no espelho a cada manhã, como todos fazemos. Se Angela tivesse pensado nisso por um instante, perceberia que nós precisamos de guardas de trânsito, do contrário, as ruas – inclusive as ruas pelas quais Angela passava – seriam um caos total, e ela nunca encontraria um lugar para estacionar, para começo de conversa. E, ainda assim, ela tratou esse ser humano – alguém com sentimentos e uma alma – como se fosse um monte de lixo.

Esse episódio mostrou-me como Angela agiria no futuro com seu marido se por algum motivo eles passassem por tempos difíceis. E uma coisa é certa: se você viver com alguém por tempo suficiente, sempre existirão momentos desafiadores, de uma forma ou de outra. Isso me mostrou que ela tratava as pessoas de acordo com o "valor" que tinham para ela, e não pela forma como, de maneira geral, considerava as outras pessoas. Esse tipo de observação é parente próximo das "historinhas do vovô" (ver Capítulo 21).

Então, se seu (sua) parceiro(a) foi infiel em uma relação anterior, as chances são grandes de que ele ou ela seja infiel a você também. Se seu parceiro decepcionou você ou alguma outra pessoa de forma grave no passado, então espere que ele faça o mesmo com você no futuro.

PODE UM ETÍOPE MUDAR A COR DA SUA PELE? OU UM LEOPARDO PERDER AS MANCHAS DO CORPO? JEREMIAS 13:23

22.4 O CLIMA PODE MUDAR

O motivo de eu lhe contar essas histórias é, em parte, ajudá-lo a manter suas expectativas no nível correto, para que você não navegue cegamente para o futuro, esperando que as coisas sejam diferentes só porque alguém se desculpou profusamente ao ser pego fazendo algo errado. O problema é que tendemos a ouvir o que as pessoas nos dizem a respeito de quanto elas vão mudar porque queremos desesperadamente que o futuro seja diferente. As pessoas persuadem-nos com grande convicção e emoção porque, naquele momento, elas verdadeiramente acreditam que vão mudar. Mas a triste verdade é que, quase sempre, a história *vai* se repetir. Mas, como foi dito no capítulo introdutório deste livro, para cada regra, existe uma "contrarregra". Algumas pessoas mudam, *sim*. Aquele programa de previsão do tempo, de apenas uma linha, claramente erra algumas vezes. O clima realmente muda de vez em quando. Só que, cinco a cada seis vezes, ele não muda, e é por isso que a regra é tão sólida e confiável. Por isso, essa deve ser sua posição habitual na ausência de informações mais completas.

Agora, vem o aspecto fundamental dessa história. O que realmente importa é descobrir "o" quanto uma pessoa cresce e muda ao longo da vida. Em algumas ilhas, o clima é muito estável, enquanto outras frequentemente passam pelas quatro estações em um único dia. Isso acontece por causa da geografia do lugar.

Da mesma forma, algumas pessoas estão em uma jornada real e verdadeira de amadurecimento e mudança, querendo se aprimorar e fazer do mundo um lugar melhor. Para outras pessoas, crescimento e desenvolvimento não são coisas intrinsecamente importantes, de jeito nenhum. Elas só mudam quando são forçadas a isso. Você geralmente consegue detectar em que categoria as pessoas se enquadram com base no tipo de conversa que elas têm (assim como você pode detectar quais são as ilhas que têm clima mutável com base em sua geografia). Se uma pessoa não exibe um desejo subjacente geral e constante de se tornar uma pessoa melhor, mesmo fora dos momentos de estresse, então há grandes chances de que a história vá se repetir.

23
A BÚSSOLA DE ALBERT

EM 1883, UM HOMEM DEU UMA BÚSSOLA AO FILHO ALBERT PARA QUE ELE BRINCASSE ENQUANTO ESTAVA DE CAMA POR CAUSA DE UMA DOENÇA. O PAI NÃO ESPERAVA NADA EM ESPECIAL AO OBSERVAR O FILHO BRINCANDO COM A BÚSSOLA DE UM JEITO E DE OUTRO. PARA ELE, ERA APENAS MAIS UM MENINO BRINCANDO COM UMA BÚSSOLA – COMO MILHARES DE GAROTOS HAVIAM FEITO ANTES DISSO, E TANTOS OUTROS AINDA FARIAM DEPOIS. O PAI NÃO PODERIA SUPOR QUE AQUELE SIMPLES ATO MUDARIA O MUNDO. MUDOU ATÉ MESMO A SUA VIDA ENQUANTO VOCÊ ESTÁ SENTADO AQUI HOJE.

Enquanto o menino de 4 anos movia a bússola, ficou espantado em descobrir que a agulha sempre se movimentava sozinha. Independentemente do modo como ele balançava a caixinha, a agulha sempre apontava em determinada direção. Na experiência limitada do jovem Albert, as coisas só se mexiam quando algo as tocava fisicamente. Uma caneca só se move sobre a superfície de uma mesa quando um dedo faz contato com a caneca e a empurra. Até uma porta que bate só o faz porque o vento a empurrou. Apesar disso, ali estava a agulha – completamente selada em uma caixa de vidro, sem nada a tocando – sendo movida por alguma força invisível.

Albert só tinha 4 anos e não podia expressar em palavras a fascinação e o espanto que sentiu. Porém, se ele pudesse ter articulado suas ideias, talvez pudesse ter dito que estava cativado pela forma como "forças podiam atuar a distância". Como alguma coisa poderia mover outra sem haver nenhum contato entre elas? Entender essas forças tornou-se a paixão da vida de Albert, e ele passou a pensar sobre isso dia e noite.

A bússola de Albert não tinha poder em si mesma e poderia ser comprada por menos de um dólar. Mas acabou com a Segunda Guerra Mundial, permitiu que o homem andasse sobre a Lua e foi um importante instrumento no desenvolvimento de medicamentos que salvaram milhões de vidas, porque, vinte e dois anos depois, o mesmo Albert produziu um conjunto de artigos científicos que revolucionaram o mundo por completo. Três artigos em apenas um ano – cada um merecedor de um Prêmio Nobel. Tanto a era atômica quanto a quântica nasceram da paixão de Albert em compreender como forças agiam a distância. Verdadeiramente, o mundo jamais foi o mesmo outra vez.

A nossa vida hoje é diferente porque, um dia, um menino de 4 anos ficou maravilhado com algo que não compreendia. Computadores, DVDs, aparelhos eletrônicos, bombas atômicas, ataque a Hiroshima e GPS são algumas das milhares de coisas que aquele menino nos legou. Coisas que poderiam jamais ter existido, não importa quantos cientistas tivessem explorado os mesmos problemas.

Existem inúmeras lições nessa história.

A mais óbvia é como uma ardorosa paixão pode direcionar uma vida para grandes sucessos. Mas a maior lição é sobre como nossas pequenas ações podem ser influentes, mesmo que jamais saibamos. O pai de Albert nunca poderia imaginar que dar aquela pequena bússola ao filho teria um gigantesco impacto sobre o mundo. Ele não viveu para ver computadores ou bombas atômicas. Mesmo em seu leito de morte, a influência daquele dia permaneceu oculta para ele. Uma única palavra ou um simples ato pode produzir uma onda que vai partir de você e atravessar a superfície do lago da vida, provocando mudanças bem maiores do que a onda em si. Consequências que você nunca imaginou podem estar à espreita. Consequências que você talvez jamais compreenda.

Que tipo de ondas suas ações desencadearam hoje? Para quão longe elas se espalharam e quantas pessoas tocaram sem que você tomasse conhecimento? Escolha sabiamente a maneira como você vai interagir com outras pessoas.

24
A PESSOA MAIS FELIZ DO MUNDO

VOCÊ PROVAVELMENTE JÁ LEU MUITOS LIVROS QUE PROMETIAM TORNÁ-LO UMA PESSOA FELIZ, RICA E BEM-SUCEDIDA. LIVROS CHEIOS DE IDEIAS BRILHANTES QUE FINALMENTE IRIAM TRANSFORMAR A SUA VIDA. ENQUANTO VIRAVA CADA PÁGINA, VOCÊ PROVAVELMENTE ANOTAVA TODOS OS SEUS ERROS E ENSAIAVA AS FRASES INTELIGENTES QUE IRIAM MUDAR A SUA VIDA. DESSA VEZ, VOCÊ DEFINITIVAMENTE IRIA MELHORAR.

24.1 O LIVRO *GUINNESS*

Quando eu era criança, gostava de ler o *Guinness*, o livro dos recordes. Na obra, havia todo tipo de estatística extraordinária, como o homem mais pesado do mundo (544 quilos), o homem mais alto (2,72 metros), o homem mais rico do mundo (que tinha 62 bilhões de dólares) e o homem mais rápido do mundo (mais veloz do que 50 km/h!).

Ao ler tudo aquilo, eu ficava me perguntando quem era "A pessoa mais feliz do mundo". Apesar de não poder garantir 100% que tinha conhecido a pessoa mais feliz do mundo, tenho quase certeza de que isso aconteceu. Mas, antes de falar a respeito de Harry Feliz, gostaria de falar sobre a felicidade em si.

24.2 O QUE É FELICIDADE?

O primeiro problema que há em procurar a pessoa mais feliz do mundo é não poder mensurar "felicidade" em um grupo de escalas ou com uma fita métrica. Não existe algo como um "Felizômetro", nem se pode simplesmente medir a felicidade pelo número de risadas e sorrisos que uma pessoa dá. Conheci um monte de piadistas risonhos que eram "a vida e a alma da festa", somente para descobrir posteriormente, enquanto tomava café com eles, que a vida deles havia sido assolada pela dor e tristeza. As piadas e o ruído serviam apenas para que colocassem papel de parede sobre as rachaduras e continuassem seguindo em frente. Ao que tudo indica, a felicidade vem em diferentes sabores, portanto é difícil chegar a uma definição exata sobre o que constitui a "felicidade". Mas, se vamos falar sobre "A pessoa mais feliz do mundo", precisamos no mínimo ter uma ideia geral a respeito do que estamos falando.

A verdadeira felicidade não pode ser simplesmente uma vida de absoluta perfeição, sem qualquer desafio ou dor. Imagine por um momento uma pessoa cujos desejos e fantasias lhe sejam sempre entregues de bandeja. Ela provavelmente não seria feliz. Afinal, sempre acertar o buraco com apenas uma tacada faria o golfe perder rapidamente seu encanto. E na vida é a mesma coisa. Desafios e dificuldades *parecem* adicionar tempero e satisfação à vida – contanto que sejam manuseados corretamente. Então, eu aposto que o tipo de felicidade que estamos tentando mensurar é aquele contentamento bem enraizado, que o faz acordar renovado e radiante a cada manhã, animado com as perspectivas de um novo dia; aquele que o faz ir para a cama todas as noites, depois de um banho quente, com uma calorosa sensação de completude e de dever cumprido; aquele que permite que você olhe para o ano ou até para a década que passou e diga honestamente: "Eu não mudaria uma vírgula do que fiz." E, mesmo nas circunstâncias ruins, estranhamente, tudo parece estar bem (ver Seção 16.15, "O benefício oculto da tragédia", Capítulo 16). É esse o tipo de felicidade no qual estamos interessados, porque é menos dependente dos acontecimentos aleatórios que a vida joga sobre cada um de nós. Depende mais de nós do que das circunstâncias. Estamos atrás do tipo de felicidade que podemos construir. Não queremos simplesmente contar com a sorte.

24.3 GENES DA FELICIDADE

O segundo problema com a felicidade é que não somos todos criados igualmente. Alguns de nós nascem com "genes da felicidade" naturais, e outros com "genes da tristeza". Cientistas descobriram isso ao estudar centenas de gêmeos idênticos que foram separados no nascimento e cresceram em ambientes totalmente diferentes. Talvez um deles tenha sido adotado por uma família em Nova York, enquanto outro tenha ido viver em Phoenix. Quando, aos 20 anos, os gêmeos foram estudados, os cientistas surpreenderam-se ao descobrir que, em média, quando um gêmeo tinha uma vida feliz, o outro gêmeo também tinha. Mesmo que um dos irmãos tivesse sido criado em uma família em que recebeu afeto e teve pais cuidadosos, e o outro tivesse sido criado em uma vizinhança cheia de privações, em média eles compartilhavam montantes similares de felicidade.

Isso não quer dizer que o ambiente e a forma como você foi criado não sejam importantes. Eles *são absolutamente* relevantes. O que a pesquisa mostra é que algumas pessoas recebem uma vantagem genética de maior propensão à felicidade, e isso acontece porque seus genes definem parcialmente os níveis de várias substâncias do cérebro, como a serotonina, que afeta diretamente a felicidade (o antidepressivo Prozac atua aumentando os níveis de serotonina no cérebro). Mas você pode pôr essa vantagem a perder se tiver estratégias mentais empobrecidas ou se for do tipo que fica remoendo tristezas e pensamentos ruins. Maus pensamentos e péssimas experiências podem reduzir os níveis de serotonina. Reciprocamente, outras pessoas nascem com "genes da infelicidade" e podem ter depressão mais facilmente.

A regra geral é que, para as pessoas que não leram este livro, a felicidade seja dividida meio a meio. Aproximadamente 50% é devido aos seus genes, enquanto os outros 50% são de responsabilidade do ambiente. Então, ambos são cruciais. Mas, mesmo que você tenha os "genes da infelicidade", isso não significa o fim do espetáculo, pois este livro mostra como você pode superar sua natureza e seus limites naturais. Com algum treinamento e estratégias mentais corretas, você pode ser capaz de encarar seus genes e enfrentar os desafios e limitações como Loretta, a atleta profissional cuja história contei (ver Seção 12.4, "A história de Loretta", no Capítulo 12).

24.4 SEM CÉREBRO – SEM DOR!

Outra questão relacionada à felicidade – e que também é afetada por nossos genes – é o apetite natural do cérebro. O cérebro humano não se desenvolve da mesma forma para todos. O cérebro de algumas pessoas tem alta exigência de estímulos, enquanto o de outras é mais tranquilo. Em geral, quanto maior a exigência embutida para computar e analisar, maior será a dificuldade em manter esse cérebro feliz. O cérebro de um felino é muito mais simples do que de um humano, portanto não é surpresa que um gato possa ser feliz gastando dois terços de sua vida dormindo. Com a barriga regularmente cheia e peculiarmente enrolados, a maioria dos gatinhos estará bem feliz.

Humanos precisam de muito mais do que isso. Em geral, quanto mais poderoso for o cérebro, mais vai requerer coisas para ser feliz. De certo modo, essa é parte da atração de sedativos como álcool ou certos medicamentos. Eles diminuem temporariamente o ritmo do cérebro, o que significa que se pode ser mais feliz dando uma esfriada no ânimo. Até mesmo conversas aborrecidas e pessoas sem graça ficam mais interessantes depois de algumas taças de vinho. Nós podemos resumir esse estado de afetividades pela lógica: "Sem cérebro – sem dor". Um cérebro poderoso e ativo, no entanto, é como uma faca de dois gumes: ao mesmo tempo uma benção pelo que pode obter e um desafio pelo que você tem de realizar para mantê-lo feliz.

24.5 ESCOLHENDO O CAMINHO MAIS DIFÍCIL

Antes de apresentar Harry Feliz, gostaria de dizer que algumas vezes não há problema em escolher o caminho que não é naturalmente pavimentado de felicidade. A felicidade não deve ser sempre seu objetivo mais alto. Algumas carreiras e escolhas na vida naturalmente fazem da felicidade um objetivo muito mais difícil que outras. Nelson Mandela escolheu a justiça em vez da felicidade pessoal. Não importa de que maneira você encare a questão, mas ficar em um confinamento solitário por vinte e sete anos não é a escolha que vai fazer a felicidade vir facilmente. Só que Mandela é o tipo de pessoa que certamente não poderia ser feliz vivendo em uma casa confortável, enquanto seus companheiros negros estivessem sendo ainda tão discriminados. A natureza de Mandela e de seus valores o predispôs a trilhar um caminho mais árduo.

Einstein foi outra pessoa afligida por uma carga que fazia a felicidade mais difícil de ser obtida. Ele preocupava-se incessantemente com a natureza da luz e da gravidade. Ele pensava nisso sem parar e enfrentou inúmeras noites de insônia. O único modo que ele encontrava de aquietar a mente era tocando violino em volume alto enquanto o resto da humanidade aproveitava um sono tranquilo. Mesmo quando estava passeando pelas montanhas com seus amigos para relaxar, ele não conseguia desligar a mente. Einstein falou repetidas vezes que *precisava* saber o que estaria passível de acontecer se fosse possível viajar em um raio de luz. Ele simplesmente não podia relevar essa questão que o perseguia.

Os filósofos são outra estirpe de pessoas predispostas à infelicidade. Eles também não conseguem deixar as coisas por conta do que a maior parte das pessoas toma como certo. Eles constantemente desejam saber *o que* se encontra por detrás das experiências do dia a dia e *o porquê* de cada coisa, enquanto o resto das pessoas é feliz apenas aproveitando essas mesmas coisas. É um trabalho perigoso.

O HOMEM SENSATO ADAPTA-SE AO MUNDO; O INSENSATO PERSISTE EM TENTAR ADAPTAR O MUNDO A SI MESMO. PORTANTO, TODO O PROGRESSO DEPENDE DE HOMENS INSENSATOS. GEORGE BERNARD SHAW, NA OBRA *HOMEM E SUPER-HOMEM* (1903)

24.6 NA PIOR DAS HIPÓTESES

Em alguns aspectos, acho que sou a junção de todos os fatores de risco listados anteriormente. Nasci com genes naturalmente "tristes". Tive uma infância turbulenta e escolhi estudar esses objetos de risco de filosofia e neurociência. Meu cérebro tem um enorme apetite pelo tipo de coisa que deixa a maior parte das pessoas maluca. E o que é ainda pior, depois de passar a maior parte de minha vida fazendo matemática e física sob o brilho e glamour da Fórmula 1, acabei trabalhando até doze horas por dia em uma carreira da qual não gosto realmente. Eu não queria escrever este livro porque acho escrever uma tarefa dificílima; escrever não é algo de que eu gosto. Amo matemática e física; mas palavras são coisas com as quais luto desconfortavelmente. Este livro desejou que *eu* o *escrevesse*, e não outro sujeito. E ainda assim... Ainda assim... A despeito de todos os obstáculos naturais, meus amigos podem dizer que sou um dos sujeitos mais felizes que eles já conheceram. Tendo a concordar com eles. Realmente acredito que sou feliz hoje em dia – mas não foi sempre assim. A primeira metade da minha vida foi genuinamente infeliz. Só depois que aprendi as estratégias inseridas neste livro foi que me tornei feliz e bem-sucedido. Acredito que essa é parte da razão pela qual este livro quis que eu o escrevesse.

Não existe motivo para perguntar "Como foi que você fez para ficar rico(a)?" a uma pessoa que herdou uma fortuna. Você não pode simplesmente escolher ter pais ricos. E é de pouca utilidade perguntar isso a uma pessoa que estava no lugar certo, no momento certo e teve sorte. Se você realmente deseja aprender algo sobre tornar-se rico, precisa pegar dicas de pessoas que – apesar de todas as coisas ruins, má sorte e circunstâncias desfavoráveis – ainda continuam a fazer fortuna de modo consistente. Essas são as pessoas que você precisa ouvir. É contra esse pano de fundo que me sinto qualificado para finalmente apresentá-lo a Harry Feliz e explicar por que eu acho que ele era tão feliz.

24.7 CONHECENDO A PESSOA MAIS FELIZ DO MUNDO

Conforme mencionei anteriormente, certa vez encontrei a "Pessoa mais feliz do mundo", a qual apelidei de Harry Feliz. Bem, o caso é que simplifiquei um pouco as coisas. Foi na verdade um empate entre nove "Harris Felizes" e "Henriettas Felizes".

Eles eram *todos* tão felizes e bem ajustados que eu não poderia simplesmente separá-los. Mas a coisa interessante a respeito dessas nove pessoas é que compartilhavam uma característica fundamental. Eles eram todos bem diferentes das pessoas "normais" e tinham encravados em si sete atributos. Todos eles:

1. Tinham uma percepção nítida de seu futuro ideal, que se encaixava em seus motivadores intrínsecos (ver Capítulo 14).
2. Sabiam como superar decepções e desastres (ver Capítulo 16).
3. Tinham uma visão altruísta da vida (ver Capítulo 16).
4. Viviam de acordo com a Regra de Ouro (ver Capítulo 26).
5. Amavam e eram amadas por pessoas parecidas com elas (ver Capítulo 20).
6. Tinham grande variedade de interesses e paixões (ver capítulos 14 e 15).
7. Tinham uma inabalável crença em si mesmos (ver Capítulo 12).

Você pode observar que cada um desses recursos é algo que a *Bíblia do vencedor* o ensina a alcançar.

Ah, e antes que eu termine este capítulo, imagino que você queira saber um pouco mais sobre esses Harris e Henriettas Felizes. Digamos apenas que eles estão espalhados pelas páginas deste livro. Por exemplo, uma Henrietta Feliz inspirou-me a escrever espontaneamente a pequena história "o Matau de Mangere". Você pode *facilmente* ver que ela se encaixa nos critérios 3, 4, 5... então fique de olho neles...

25
EFICIÊNCIA

INICIALMENTE, EU ESTAVA INCLINADO A DEIXAR ESTA PARTE DE LADO, PORQUE EU QUERIA QUE VOCÊ CHEGASSE LOGO NA MINHA SEÇÃO FAVORITA. MAS VEJO UMA ENORME QUANTIDADE DE PESSOAS ADQUIRINDO PODER COM AS FERRAMENTAS E HABILIDADES APRENDIDAS NA *BÍBLIA DO VENCEDOR* PARA DEPOIS, DE MANEIRA ESTÚPIDA, QUEIMAR RAPIDAMENTE TODA A ENERGIA RECÉM–CONQUISTADA. POR ISSO, NÃO PODERIA SIMPLESMENTE PULAR ESTA PARTE. APESAR DE A PRÓXIMA SEÇÃO SER BEM CURTA, LEMBRE-SE DE QUE ELA PODE SER A DIFERENÇA ENTRE SEU SUCESSO E SEU FRACASSO. PRESTE ATENÇÃO.

25.1 A PORCENTAGEM QUE PERMANECE

Pare por um momento, respire fundo e pense sobre os objetivos e sonhos que você perseguiu ao longo da vida. Pense em todo o esforço que lhe custou para chegar até aqui. Não quero que você apenas pense sobre isso e diga "Ah, sim, é mesmo, foi bem difícil". Minha intenção é que você realmente reflita a respeito do ano que passou e pense sobre os e-mails que escreveu e enviou, os telefonemas que deu, os sonhos que acalentou, os objetivos que perseguiu. Repita o exercício pensando no ano anterior e depois no ano anterior a esse – até a época da adolescência. Lembre-se de todas as vezes que você se sentiu genuinamente animado com alguma coisa que viria a acontecer e nas vezes que ficou desapontado porque as coisas não aconteceram da forma como você esperava.

Veja quanto esforço todas essas coisas lhe custaram.

Agora, olhe em volta e veja onde você está e o que você construiu. É bem provável que todas essas coisas que você pode ver e tocar sejam resultado de 5% de todo aquele esforço. Os outros 95% não resultaram em bens materiais ou dinheiro. A vida não deve *nunca* ser mensurada apenas por coisas, bens e sucesso profissional, e aquilo que não gerou resultado material não deve ser desprezado. Todas as experiências pelas quais você passou fizeram de você a pessoa que é hoje. Você é o resultado de cada uma delas, todas foram parte da colcha de retalhos que forma a vida.

Mas a questão permanece: se você quiser aumentar o seu sucesso material, tem duas opções:
1. Você pode trabalhar ainda mais arduamente.
2. Você pode aumentar a porcentagem de seu esforço que resulta em coisas tangíveis.

É preciso apenas um minuto de reflexão para perceber que é muito mais fácil dobrar sua taxa de sucesso de 5% para 10% do que duplicar o seu esforço de 100% para 200%. Você sabe que seria impossível dobrar o esforço despendido em sua vida até agora. Absolutamente impossível. Isso significa que é mais provável que você progrida, neste ano, o mesmo que progrediu no ano passado. Assim sendo, a única forma ao seu alcance de mudar radicalmente seu futuro é aumentar drasticamente *a porcentagem de seu esforço que resulta em coisas tangíveis.*

25.2 FAÇA DIREITO A SUA LIÇÃO DE CASA

Uma das razões mais comuns de nossa "taxa de sucesso" ser tão baixa é porque, quando temos uma ideia, ficamos entusiasmados e saímos pelo mundo abrindo caminhos em nome dela sem antes ter feito a lição de casa. Erguemos 70% do nosso novo projeto antes de descobrir que falta algum ingrediente-chave, ficamos sem saída ou esgotamos todos os recursos. Quando isso acontece, todos os esforços despendidos até então foram totalmente desperdiçados. Não importa quão elegantes sejam os 90% que você construiu de um avião, ele não vai poder voar sem os 10% que faltam. Esses 90% de um avião são pouco mais do que uma pilha de porcas, parafusos, sonhos e suor que significam muito pouco, a não ser que você alcance os 100%. Fazer direito o dever de casa significa que você precisa pesquisar tanto quanto possível se alguém fez algo semelhante ao que você está planejando fazer. Quanto tempo levou? Quais habilidades e recursos foram necessários? Quais obstáculos tiveram que ser transpostos?

Tenha em mente que não basta observar um projeto de forma leviana (como a construção de um avião), contabilizar o custo de todos os componentes e, em seguida, estimar quanto tempo e dinheiro você acha que vai ser necessário. Você precisa aprender com a experiência de outras pessoas, porque haverá centenas de obstáculos inesperados, armadilhas escondidas, normas e regulamentos para respeitar e seguir, dificuldades técnicas e assim por diante. Deixar de levar em conta a experiência alheia é a causa de 80% de todos os novos jornais e revistas que são lançados anualmente no mundo todo serem tirados de circulação em menos de um ano. A razão disso é o tempo que leva para fidelizar um leitor, e as prateleiras das bancas e livrarias estão cheias de jornais com uma infinidade de capas brilhantes competindo por cada dólar disponível do comprador. Os anunciantes são relutantes em se comprometer até que se tenha um recorde de vendas comprovado. Isso significa que é preciso ter recursos financeiros suficientes para manter o jornal circulando com prejuízo por, pelo menos, dois anos, ou você vai acabar se matando de trabalhar para, no fim, não lhe restar nada além de pilhas e pilhas de faturas não pagas. Se você resolver ignorar esse fato, e não se preparar adequadamente antes de encarar uma empreitada, são grandes as chances de fracasso, independentemente de quão criativo e cheio de energia você seja.

25.3 RECURSOS: A REGRA DE DOIS

Depois de ter feito toda a sua lição de casa e listado os recursos que você, de maneira realista, acredita precisar – dinheiro, mão de obra treinada, tempo e equipamento –, DOBRE sua estimativa. Se você não tem condições de dobrar suas estimativas antes mesmo de começar, precisa se perguntar seriamente se está na hora de enfrentar o desafio ao qual se propõe. Não vou me alongar nos motivos pelos quais eu toquei nesse assunto, isso não é material para este livro, vamos apenas dizer que, em minha experiência, um dos indicadores mais confiáveis de sucesso é começar os projetos com muito mais habilidade, dinheiro, mão de obra treinada, tempo e equipamento do que inicialmente se julgou necessário ter.

25.4 RAZÕES PARA NÃO REALIZAR UM PROJETO

Antes de iniciar qualquer projeto, você também precisa pensar sobre as razões pelas quais não deve se envolver. Infelizmente, o nosso sistema emocional é ignorado e deixado de lado, preterido por todas as razões emocionantes que encontramos para entrar em um projeto, e isso oculta todos os motivos pelos quais não devemos fazê-lo. Somos como adolescentes impulsivos ultrapassando todos os limites de velocidade em nome da emoção, sem sequer considerar o risco que corremos de chocar o carro contra uma árvore e ter de viver pelo resto da vida em uma cadeira de rodas. Quando você pensa nas "Razões para não realizar um projeto", deve também incluir o custo de oportunidades perdidas. Se você começar um projeto, então, por definição, vai descartar outros. Mesmo que o projeto seja bom, pode haver outros ainda melhores que você nem sequer considerou.

25.5 PASTA "DOCUMENTOS ESPECIAIS" NO COMPUTADOR

Há uma série de pequenas coisas, bem simples, que você pode fazer e que vão aumentar automaticamente a sua eficiência. Um dos truques mais bem-sucedidos para mim era me livrar de "pedaços de papel". Eu costumava colocar todas as minhas ideias no papel. Ideias, "coisas a fazer", anotações e assim por diante. Pedaços de papel são um enorme desperdício de tempo! Perdi a conta de quantas vezes perdi uma anotação ou escrevi o mesmo lembrete três vezes sem perceber. O que faço agora é ter uma pasta de "Documentos especiais" no meu computador, especificamente reservada para inserir anotações e coisas que eu normalmente escrevia no papel.

Eis alguns dos meus documentos favoritos:

A) CARTEIRA.DOC

Esse documento contém uma lista de todas as minhas senhas e números de contas bancárias, cartões de crédito, senhas de sites, números de telefone, números de fidelidade de companhias aéreas e assim por diante. Evidentemente, é um documento confidencial, e é claro que não quero que ninguém tenha acesso a ele, por isso o protejo, salvando-o com um nome insuspeito como "pesquisas neurológicas.doc". Tenho certeza de que ninguém jamais sonharia em vasculhar um arquivo com esse nome, ainda que tivesse se apossado de meu computador.

A existência desse documento também garante que, se alguma coisa acontecer comigo, minha família tem total acesso a todas as minhas contas e senhas.

Deixei instruções com meu advogado, em um envelope lacrado, contando à minha família sobre a existência desse documento. Porque o Carteira.doc é um documento "vivo", atualizado de acordo com as coisas que vão acontecendo em minha vida. Lembro-me de como foi difícil resolver todos os assuntos que meu pai deixou depois de falecer. Ele tinha contas bancárias e aplicações financeiras em muitas instituições, e descobrir onde estavam e como ter acesso a isso em tempo hábil foi uma missão dificílima. Mesmo coisas simples, como configurar o roteador de banda larga, tornaram-se complicadas porque ninguém sabia sua senha de internet. Se meu pai tivesse criado um documento como o que eu criei em meu computador, a coisa toda teria sido mais fácil. Estou surpreso com a extensão que esse documento adquiriu ao longo dos anos e quantas vezes eu o utilizo.

B) APRENDARAPIDO.DOC

Esse é um de meus documentos favoritos. Sempre que aprendo algo novo ou interessante, anoto aqui. Mas não basta anotar os fatos de qualquer jeito. Meu documento tem uma ordem e uma hierarquia.

Seção 1: contém todas as palavras novas que eu aprendi, em ordem alfabética, com sua respectiva definição. Eu também uso um programa especial de indexação para compilar automaticamente um índice de todas as minhas palavras no começo do documento para poder me testar periodicamente.

Seção 2: contém as coisas que aprendi com a Física (um dos assuntos que adoro).

Seção 3: Filosofia.

E assim por diante.

Mais uma vez, estou surpreso com a extensão que já tem esse documento e a quantidade de vezes que eu o consulto ao longo de um dia de trabalho. A razão pela qual tenho esse documento é porque, à medida que envelhecemos, naturalmente não podemos absorver informações tão facilmente como na juventude, quando o cérebro se molda para acomodar novos dados. Por exemplo, de 2 a 5 anos de idade, aprendemos milhares de palavras novas por ano, enquanto um adulto médio aprende apenas algumas no mesmo período. Na fase adulta, nós ainda podemos aprender uma enorme quantidade de novas informações, mas precisamos ser um pouco mais organizados e despender um pouco mais de esforço. Aprender coisas novas mantém o cérebro protegido contra a demência e torna a vida mais interessante. É cientificamente comprovado que é muito mais fácil se lembrar das coisas depois de tê-las escrito do que tentando memorizá-las. Ainda mais importante do que apenas anotar alguma coisa é ajudar o cérebro, proporcionando-lhe ordem e estrutura para que absorva a nova informação.

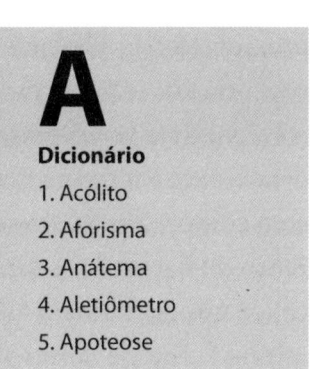

> **A**
> **Dicionário**
> 1. Acólito
> 2. Aforisma
> 3. Anátema
> 4. Aletiômetro
> 5. Apoteose

Esse documento fica em meu computador com seu nome verdadeiro, e ainda há um atalho para que possa facilmente ser aberto e utilizado. Tente montar seu próprio aprendarapido.doc, use-o durante um mês e veja quão valioso é esse recurso. Você ficará surpreso com a quantidade de coisas interessantes que vai registrar ali, que, de outra forma, nem se daria ao trabalho de tentar aprender e utilizar.

C) BLOCO DE RASCUNHO

No documento que denominei Bloco de Rascunho, estão todas as coisas aleatórias nas quais preciso trabalhar, mas que ainda não são importantes o suficiente para estar na minha "Lista de coisas a fazer". Coisas como verificar iates para alugar nas Ilhas Gregas para minhas próximas férias. Ou endereços de sites de fabricantes de móveis. Não há urgência em verificar os iates porque eu não estou planejando ir para lá até o próximo verão, mas, ao mesmo tempo, não quero deixar essa providência para o último minuto, porque posso me esquecer. A mesma coisa com os móveis novos para o meu escritório. Anotar esse tipo de coisa no Bloco de Rascunho é uma ótima forma de me manter em contato com coisas que borbulham silenciosamente em segundo plano, sem encher minha "Lista de coisas a fazer" de itens que, de qualquer forma, não seriam resolvidos imediatamente. Outra seção no meu Bloco de Notas contém uma lista de todas as coisas que eu estou esperando que outras pessoas me respondam ou informem. Chamo essa seção de "Pendências", e ela funciona realmente muito bem. Sempre fico espantado ao constatar quantas coisas estão em suspenso, esperando que outros tomem providências. Não há nenhum assunto urgente nessa lista, mas não posso me dar ao luxo de esquecê-los. Ter todos esses itens em meu Bloco de Notas ajuda a manter minha mente organizada, porque não tenho que ocupar meu cérebro e gastar energia memorizando-os, nem vivo apavorado, com medo de esquecer algum deles. Esse documento dá-me mais tempo e espaço para ocupar minha mente com *tarefas criativas*.

25.6 ORGANIZAÇÃO

As pessoas de sucesso são quase sempre mais organizadas do que as pessoas malsucedidas. A razão pela qual tantas vezes não levamos esse fator em consideração é porque a organização pode parecer – pelo menos do ponto de vista *emocional* – um processo não produtivo. Racionalmente, sabemos que organizar o que quer que seja vai nos ajudar, mas gastar meia hora arrumando as ferramentas da bancada de trabalho pode ser, muitas vezes, contabilizado como tempo perdido, porque não estamos lidando com nossos projetos mais urgentes nesse período.

Outro benefício da organização é que você vê mais claramente todos os componentes do seu "projeto de vida". Se os seus arquivos estão espalhados por toda parte ou se as coisas que você tem a fazer estão anotadas em dezenas de diferentes pedaços de papel, são grandes as chances de você esquecer alguma coisa importante, porque alguma anotação pode ficar sob algo menos relevante. Há uma diferença entre simplesmente estar com as coisas em ordem e ser organizado. Por exemplo, você poderia guardar todo o material no armário do escritório e sempre arrumar impecavelmente sua mesa de trabalho no fim do expediente, e mesmo assim ser totalmente desorganizado, arquivando as guias de impostos recolhidos com os documentos de registro de automóveis, e manter sua apólice de seguro arquivada junto com os panfletos que chegaram pelo correio. Mesmo que tudo esteja arrumado, se não há nenhuma estrutura ou hierarquia em seus arquivos, quando for preciso encontrar alguma coisa você vai perder muito tempo tendo que remexer em vários lugares.

Uma característica das pessoas bem-sucedidas – dos vencedores – é que a organização é bem estruturada e tem uma hierarquia estabelecida. Não vamos esquecer que a "Você Ltda." precisa de organização para funcionar com eficiência e sucesso.

25.7 IMPONDO UMA HIERARQUIA

É mais fácil ter uma visão estratégica se os itens relacionados entre si são mantidos adjacentes uns aos outros e seguem a hierarquia apropriada. Não se trata apenas de colocar itens em pilhas, e sim de classificá-los e estabelecer uma hierarquia. É por isso que o disco rígido do seu computador tem um sistema de pastas para armazenar informações.

Abaixo de cada pasta, são relacionados todos os itens contidos nela, em subpastas. Basta ler o nome das pastas para saber que tipo de subpastas e documentos estão armazenados dentro delas. Caso precise encontrar uma carta escrita em 2008, você pode imediatamente ignorar todas as pastas denominadas como "Músicas" ou "Fotos" e ir direto à pasta de Documentos. Você não precisa vasculhar pastas com milhares de músicas, fotos ou vídeos.

Quanto mais estruturada a hierarquia, mais rapidamente você consegue encontrar o que precisa. Ter uma hierarquia adequada também torna muito mais fácil fazer a varredura no material de seu projeto e certificar-se de que você não se esqueceu de nada. Despender algum tempo desenvolvendo uma hierarquia bem planejada para a sua vida – "Você Ltda." – ou para qualquer projeto acabará por poupar tempo e simplificar sua vida. É assim que o meu amigo, "o bilionário", consegue cuidar de 300 empresas ao mesmo tempo. Se toda a informação com a qual ele tem de lidar diariamente estivesse misturada e mal arquivada, ele jamais conseguiria. Essa é também a forma como o cérebro prefere trabalhar. Ele gosta de estabelecer conexões e ordem, em vez de armazenar fatos não relacionados. É por isso que os mapas mentais são tão importantes (ver Capítulo 17, "Você Ltda.").

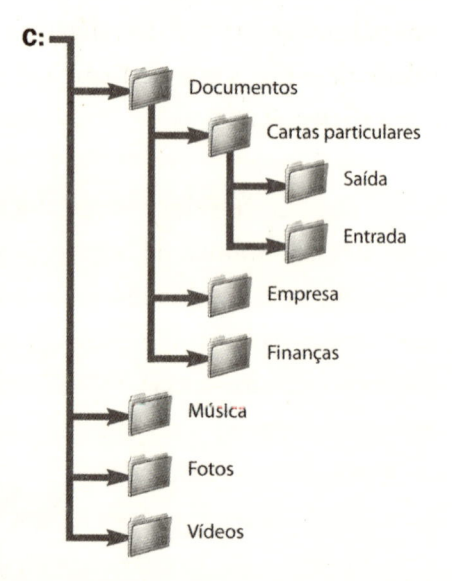

25.8 REORGANIZANDO E REESTRUTURANDO ENQUANTO VOCÊ AMADURECE

Organização não é um processo único. Conforme sua vida evolui, você precisa continuamente reorganizar suas estruturas para que elas se mantenham em dia com sua versão mais madura. Afinal, a estrutura organizacional adequada para gerir um mercadinho de bairro, com certeza, não vai funcionar tão bem para manter em atividade uma rede de supermercados com lojas no mundo todo. Por isso, de vez em quando, verifique se sua organização está acompanhando as mudanças que você enfrenta em todas as áreas de sua vida.

Para concluir esta seção, vamos apenas recapitular por que assegurar que você funcione de forma eficiente em todos os níveis é tão importante. Em palavras bem simples, digamos que você não pode dobrar a quantidade de esforço que dedicou à sua vida até agora, mas pode duplicar a sua eficiência.

26
O MESTRE LÍMBICO

26.1 UM PEQUENO DILEMA

Enquanto nos aproximamos do capítulo final, eu quero contar uma coisa que quase me enlouqueceu enquanto estava escrevendo este livro. Durante quase um ano, eu ia para a frente e para trás, envolvido em discussões intermináveis com os meus amigos para tentar chegar a uma decisão final. Na segunda-feira, eu decidia-me por uma opção, mas na terça-feira já estava igualmente convencido de que a outra opção era a correta. Frustrado, cheguei a pedir conselhos a estranhos na rua. O problema era que eu não conseguia escolher entre os dois títulos possíveis para este livro. Como você sabe, depois de ler "O Dia Feliz de Ligeirinho" (ver Capítulo 11), eu sempre quis chamar este livro de *A Bíblia do vencedor*. Mas, embora esse seja um título fácil de entender, e todos compreendam imediatamente do que se trata, quanto mais eu escrevia, mais inclinado ficava a chamar este livro de *O Mestre Límbico*. O problema com este título alternativo é que ele transmite pouco significado para as pessoas em geral. E, ainda assim, apesar dessa objeção, eu realmente gostava dele, porque resume tantos aspectos diferentes deste livro em um conceito único. Sem dúvida, tornar-se um mestre límbico deve ser um dos objetivos-chave que todo leitor deste livro deve ter.

A expressão "mestre límbico" transmite muitas coisas para mim. Em primeiro lugar, a ideia de *domínio*. Embora você possa imediatamente colocar em uso as ferramentas deste livro, vai precisar tanto de tempo (ver Capítulo 10, "Romãs") como de prática para *dominá-las*. A expressão também destaca o papel-chave que os módulos límbicos desempenham em seu cérebro. No passado, estávamos ocupados demais sendo impressionados pelos aspectos lógicos do nosso cérebro e, como resultado de negligenciar nosso sistema límbico, acarretávamos problemas de diversas ordens. Eu também gostava da ideia de um mestre límbico transmitindo uma imagem semimística de uma alma avançada. É claro que, nesse sentido, a expressão "mestre límbico" está aberta a todos os tipos de interpretação errada. Então, vou unir uma série de pontos deste livro, pintando um retrato suave do que é um mestre límbico e de como ele se comporta.

---

*Tornar-se um mestre límbico deve ser um dos objetivos-chave que todo leitor deste livro deve ter.

26.2 A "PESSOA SÁBIA" E O "MESTRE LÍMBICO"

Uma criança pequena é naturalmente egocêntrica, gananciosa e movida por emoções primitivas. Contudo, com experiência e treino, as crianças gradualmente se desenvolvem e aprendem a se tornar adultos de vários níveis de proficiência.

Uma série de textos antigos nos diz que o próximo passo do desenvolvimento para que um homem ultrapasse a fase de um adulto normal é se tornar uma "pessoa sábia". A vida desse tipo de pessoa é controlada pela sabedoria e pelo conhecimento – essencialmente, um conjunto de regras. Em sua versão mais extrema, alguns textos encorajam-nos a esquecer o mundo e todos os seus prazeres e desligar as nossas emoções, para nos tornarmos desapaixonados e distantes. Infelizmente, embora essa metodologia antiga possa aumentar nossas chances de sucesso e reduzir nossas chances de sofrimento, também reduz a experiência de prazer na vida.

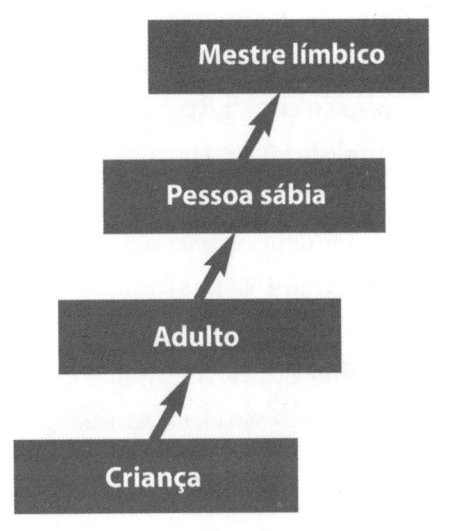

O mestre límbico, por outro lado, é mais evoluído, pois compreende e é guiado pelo conhecimento, ao mesmo tempo que não tem medo de seu sistema emocional. Ele não busca desligar suas emoções; ao contrário, as domina. É possível alcançar esse estágio assegurando que o seu sistema límbico esteja corretamente alinhado ao seu futuro ideal particular. Afinal de contas, quando você domina uma ferramenta, não a joga fora, coloca-a em uso. Da mesma forma, dominar as emoções não significa jogá-las fora, mas saboreá-las do modo correto.

26.3 MOCASSINS E A REGRA DE OURO

Esse contraste entre a "pessoa sábia" e o "mestre límbico" é mostrado pela maneira como ocorre a interação com as outras pessoas. A pessoa sábia é guiada por regras, cuja maior de todas é a antiga "Regra de Ouro", que diz: "Faça aos outros o que você gostaria que fizessem a você." O mestre límbico, contudo, é guiado por uma *força* ainda maior que a Regra de Ouro. O mestre límbico não apenas segue a Regra de Ouro – ele realmente *sente* a dor ou *vê* o ponto de vista das outras pessoas tão profundamente como se fossem seus. Como resultado, ele age de acordo com a Regra de Ouro, mas de uma forma que a transcende. Ele pode fazer isso porque aprendeu a reprogramar seu sistema emocional, de forma que responda às situações das outras pessoas como se as emoções delas estivessem conectadas diretamente ao cérebro dele. Na sabedoria antiga dos índios norte-americanos, ele aprendeu a *andar nos mocassins dos outros*.

Como o mestre límbico está profunda e sinceramente interessado nas outras pessoas, ele faz amigos com facilidade. Sem que esteja consciente disso, suas ações estão automaticamente alinhadas ao sábio conselho encontrado no best-seller de Dale Carnegie, *Como Fazer Amigos e Influenciar Pessoas*. Quando ouve os outros, o mestre límbico o faz para compreendê-los, e não apenas para que possa pensar em uma resposta inteligente ou em um contra-argumento. Ele está mais interessado em falar sobre eles do que sobre si mesmo. Como qualquer reprogramação do cérebro, isso requer tempo e prática e não pode ser conseguido simplesmente aprendendo uma regra. Essa é uma habilidade avançada, que exige os mesmos tipos de ferramentas que já usamos em seções anteriores para reprogramar as emoções (ver Capítulo 9, "Técnica com áudio para intensificar as emoções").

26.4 EGOCENTRISMO, EGOÍSMO E O MESTRE LÍMBICO

Como já foi mencionado, uma criança está natural e totalmente concentrada em seu próprio pequeno mundo. Ela quer, imediatamente, qualquer brinquedo que outra criança possua, mesmo quando o dela é muito melhor. Ela faz muito barulho, porque ser o centro das atenções permite a uma criança obter o que quer. Crianças geralmente abandonam essa atitude egoísta e egocêntrica na vida conforme vão se socializando. Mas um surpreendente número de adultos continua a demonstrar comportamento egocêntrico. Eles veem, por exemplo, uma fila de carros bem formada numa estrada em que duas faixas vão, mais a frente, se fundir em uma e, em vez de entrarem na fila, passam por todos os carros e tentam forçar o caminho no último minuto. Eles acham, claramente, que são mais importantes do que todos os outros. Eles vão conseguir tempo para tomar um café com um amigo, mas chegarão atrasados. A mensagem subliminar dessa falta de pontualidade é que o tempo deles é mais importante que o do amigo.

É longa e diversa a lista de características infantis que continuam a afetar os adultos quando seu temperamento egoísta não é dominado. A dor ou as necessidades de outrem não são tão grandes como as deles. Eles, frequentemente, comem em restaurantes sofisticados, sem dedicar mais do que um pensamento casual aos que morrem de fome na África. Eles veem o cisco no olho do vizinho, mas não prestam atenção à trave no seu próprio.

O mestre límbico comporta-se de forma diferente porque seu egocentrismo primitivo é substituído por uma visão naturalmente voltada para fora. Suas emoções estão, agora, conectadas à comunidade como um todo e se tornam emoções sociais que o fazem *querer* agir de modo diferente.

26.5 O PERDÃO E O MESTRE LÍMBICO

O homem primitivo respondia ao seu ambiente de forma instintiva e, quando era ameaçado, automaticamente erguia sua clava, furioso. Embora essa reação de reflexo tivesse um valor de sobrevivência nos tempos pré-históricos, não é adequada à civilização moderna. O mestre límbico é capaz de controlar sua tendência natural a devolver o golpe porque vê a situação de um plano maior. Em vez de entrar em confronto, consegue enxergar em meio à névoa vermelha da raiva e observa os pontos fracos do outro, que foram responsáveis por incitar o outro a atacá-lo. Em vez de retaliação, há compreensão e um desejo sincero de ajudar. Isso não significa que o mestre límbico seja um idiota indefeso, muito pelo contrário. O mestre límbico insiste na justiça e na correção e faz questão de não extrapolar nenhum limite. Mas isso é feito com a mão estendida da compaixão, da educação e da iluminação, e não com o braço erguido pela força e pela raiva.

QUANDO UM AMIGO COMETE UM ERRO, O ERRO AINDA É UM ERRO, E O AMIGO AINDA É UM AMIGO. SHIMON PERES, EX-PRIMEIRO-MINISTRO ISRAELENSE

26.6 O ROMANCE E O MESTRE LÍMBICO

Como a maioria das coisas que foram explicadas neste livro, o romance funciona melhor quando existe um equilíbrio correto. Se dermos rédeas soltas à paixão, corremos o risco de ficar cegos e não conseguir enxergar a real natureza de nosso parceiro em potencial. Podemos começar um relacionamento com base no fogo ardente da paixão, para logo percebê-lo se transformando em uma chama quente e acolhedora. Se o fogo não for corretamente combinado com uma conexão de almas, o romance vai acabar quando a chama se tornar menos intensa. Mas, por outro lado, se não houver química, não haverá "cola" suficiente para manter a relação em tempos difíceis.

O importante não é apenas a intensidade da química, mas, sim, como é processada pela alma. Um mestre límbico não é controlado pela atração física, é alguém que, mesmo em meio ao turbilhão da química inicial, consegue ver além da forma exterior do outro para avaliar com calma e precisão a alma do parceiro – sem assumir qualquer posição de julgamento ou reparar nas falhas do outro, apenas examinando a relação e levando em conta os *seus próprios* pontos fracos e limitações. Por exemplo, embora um parceiro em potencial possa ser a alma da festa, emanando energia de cada um de seus poros, não poderia ser bastante difícil conviver com ele diariamente, especialmente se você tem necessidade de paz e tranquilidade? Será que essa pessoa não vai deixá-lo exausto? Ou será que ela complementa a sua natureza introspectiva e lhe fornece um sopro extra de energia? Ser capaz de seguir o seu futuro ideal exige um parceiro adequado para acompanhá-lo nessa viagem em particular.

O mestre límbico pode avaliar calmamente essa compatibilidade, usando tanto a razão como a emoção. Ele é capaz de saborear a paixão sem ser consumido por ela; de amar e adorar o parceiro sem se tornar dependente. Para isso, o sistema límbico recebe total autoridade para ser acionado. Esse é mais um exemplo de como o mestre límbico experimenta mais e transcende a pura sabedoria e conhecimento da pessoa sábia. As emoções do mestre límbico podem voar, mas nunca têm a permissão de galopar desenfreadamente e fora de controle. Esse equilíbrio é uma parte essencial do domínio.

26.7 O INTELECTO E O MESTRE LÍMBICO

O homem primitivo detesta a incerteza intelectual porque isso significa algo emocionalmente muito desconfortável para ele. Ele gosta de tudo preto e branco e o mais direto possível. Quando vê um relâmpago e ouve um trovão, sua mente subdesenvolvida precisa de uma explicação. Esse desejo de conhecimento é bom, mas o problema aparece quando não é sábio o suficiente para conhecer a explicação verdadeira. Quando isso acontece, o homem primitivo vai inventar um deus, como Zeus, que furiosamente atira raios sobre a terra. Isso o satisfaz, porque sua incerteza desaparece. Em contraste, o mestre límbico pode simultaneamente manter em mente um forte desejo de conhecimento, além de admitir que não sabe todas as respostas. Isso significa que ele não precisa inventar ficções, pode até mesmo aceitar duas verdades absolutas que não consegue entender, embora, com seu conhecimento limitado, pareça a ele que as duas estão em conflito.

Quando desafiado pelas crenças de outros, o homem primitivo vai se agarrar à própria teoria particular, seja religiosa, seja política, com as mãos crispadas de medo – porque tem muitas emoções investidas em seu próprio modelo. Para reduzir o próprio conflito emocional interno, o homem primitivo classifica as pessoas como heróis ou vilões, e muito poucas pessoas ocupam uma posição intermediária.

O motivo pelo qual o mestre límbico é diferente é porque vê cada pessoa mais claramente. Ele não vê apenas com a mente ou com a emoção, mas com ambas, que estão alinhadas como uma antena de TV, para conseguir uma perfeita recepção.

26.8 A FLOR DE LÓTUS E O MESTRE LÍMBICO

Os budistas frequentemente usam a flor de lótus como uma metáfora para o processo de atingir a iluminação.

A lótus tem suas raízes na lama,
Cresce dentro das águas profundas
E emerge na superfície.
Ela floresce em perfeita pureza e beleza ao sol,
E é como a mente que desabrocha
Para uma perfeita alegria e sabedoria.

Essa metáfora também descreve a jornada necessária para nos tornarmos mestres límbicos. O cérebro humano tem suas raízes profundamente enterradas em um passado pré-histórico e escuro, em que as regras da selva moldavam os módulos dos cérebros primitivos. O resultado natural dessa história é que os cérebros não treinados são infantis. Para que a vida floresça em beleza, alegria e sabedoria, devemos ajudar o cérebro a crescer através da confusa e lamacenta mistura da experiência. Somos guiados nesse crescimento pela luz brilhante do sol, e então emoções e razão trabalham em harmonia. Não queremos negar nossa natureza ou nossas emoções; em vez disso, nós as intensificamos, para que se tornem ainda mais poderosas. A diferença fundamental é que alinhamos emoções e razão para que trabalhem em harmonia. Os nossos *lemes* e *remos* estão trabalhando juntos para que possamos velejar tranquilamente.

27
UMA CONCLUSÃO MUITO PESSOAL
O CHALÉ DO VOVÔ

ESTE É CERTAMENTE O CAPÍTULO MAIS PESSOAL DESTE LIVRO. NAS PRÓXIMAS PÁGINAS, VOU REVELAR AS PARTES MAIS PESSOAIS E ÍNTIMAS DA MINHA VIDA. NÃO ESTOU FAZENDO ISSO PORQUE SOU EGOCÊNTRICO, OU PORQUE ACHO QUE VOCÊ ESTÁ INTERESSADO EM MIM COMO PESSOA; MUITO MENOS PORQUE ACHO QUE A MINHA VIDA É PARTICULARMENTE IMPORTANTE. NA VERDADE, EU PREFERIRIA MANTER A MINHA VIDA PESSOAL TOTALMENTE PRIVADA.

Entretanto, depois que terminei de escrever o primeiro esboço deste livro, parecia que algo vital ainda estava faltando. Quanto mais eu tentava evitar escrever este capítulo, mais ele insistia em ser escrito. Então, com muita relutância, eu vou precisar respirar fundo e deixar você entrar na minha mente.

27.1 OTAGO CENTRAL

Sem dúvida alguma, a imagem mais poderosa de toda a minha vida é a do pequeno chalé branco do meu avô. Ele é o mesmo vovô que você conheceu no Capítulo 21 ("As Historinhas do Vovô"). O chalé do vovô era simples e ficava às margens do rio Clutha, em uma pequena comunidade composta por apenas nove casas. Essa aglomeração de casas era pretensiosamente chamada de Albert Town, e, para se chegar até lá, havia apenas uma estrada ainda inacabada, sem importância suficiente para ter um nome. Albert Town está localizada em uma área remota de Otago Central, na Ilha Sul da Nova Zelândia – não muito longe das paisagens espetaculares onde *O Senhor dos Anéis* foi filmado.

Quando eu tinha 9 anos, passei as cinco semanas das férias de verão com vovô e vovó no chalé às margens do Clutha. Aquela experiência afetou-me tão profundamente que eu nunca mais fui o mesmo. Ela fez de mim uma pessoa melhor, mas eu levei quarenta anos para perceber exatamente como aquelas férias moldaram a minha vida.

Vovô em frente ao seu chalé, olhando para o rio Clutha.

O Clutha é um rio de águas rápidas, profundas e cristalinas. É o resultado gelado e cintilante da neve que derreteu e desceu as Remarkables – montanhas que, como o próprio nome em inglês diz, são realmente impressionantes, notáveis. A água do Clutha é tão pura que é bombeada para tanques atrás das casas e utilizada para consumo, sem necessidade de qualquer tipo de filtro. Ao longo dos anos, viajei para praticamente todos os cantos do mundo, mas tenho que dizer que a paisagem de Otago Central é, sem dúvida, a mais espetacular que já vi. As pessoas dizem, brincando, que Deus estava apenas praticando quando criou o resto do mundo e só depois, com as habilidades aperfeiçoadas, terminou o trabalho, criando Otago Central. A imagem acima é uma foto tirada quando eu tinha 9 anos e mostra vovô olhando para o Clutha da margem do rio. Essas duas cenas, o chalé e o rio, são as imagens mais profundamente gravadas na minha psique. Antes que eu possa explicar o significado que elas têm para mim – e o que isso significa para você –, preciso dar um passo para trás e primeiramente contar um pouco sobre meu pai e minha infância, em Auckland.

27.2 MEU PAI

Vovô, ou Sir Trevor Henry, era o pai da minha mãe e, como você já sabe, era o juiz mais respeitado da Nova Zelândia. Isso quer dizer que a minha mãe cresceu em um mundo de relativo privilégio, na alta sociedade (pelo menos para a Nova Zelândia da época). Meu pai, por outro lado, era o filho mais velho de uma família pobre, com cinco crianças. As refeições deles eram preparadas em um fogão a carvão, que era aceso com muito custo todas as manhãs, embora a maioria das casas da Nova Zelândia já usasse fogões elétricos havia várias décadas. Esse fogão a carvão era a vida da casa, já que fornecia fogo para cozinhar, água quente e aquecimento para a família no inverno. Apesar da pobreza, a casa era bem organizada e geralmente havia dinheiro suficiente para pagar as contas.

Eu posso até imaginar meu pai acordando certa manhã naquela casa e decidindo que iria "fazer alguma coisa" de sua vida, recusando-se a passar o resto de seus dias na pobreza. Papai não era um estudante naturalmente talentoso – mas trabalhava arduamente. Ele fez um esforço incrível na escola e, contrariando todas as probabilidades, conseguiu as qualificações para entrar na faculdade de Medicina.

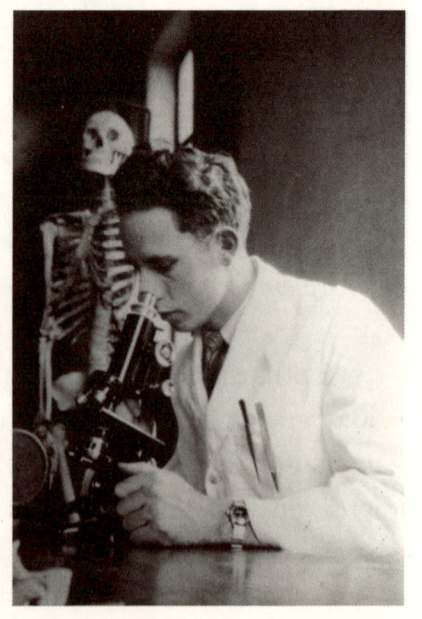

Naquela época, a maioria dos estudantes de Medicina vinha de famílias ricas que podiam pagar por sete anos de faculdade e todo o equipamento médico caríssimo necessário para os estudos. Em vez de chegar com montanhas de malas, como os outros alunos, meu pai trouxe pouco mais do que a roupa do corpo. Seus sapatos tinham buracos nas solas e ficavam encharcados durante os meses frios do inverno, mas ele não tinha condições de comprar um novo par. Para conseguir se vestir e se alimentar, meu pai, depois de ter estudado o dia inteiro e a metade da noite com o resto dos colegas, começava o trabalho em uma padaria no turno da meia-noite, quando todos os outros, exaustos, iam descansar. Só depois que o pão saía do forno, nas primeiras horas da manhã, meu pai finalmente ia para a cama, para aproveitar as poucas horas que tinha de descanso antes de voltar para a universidade. Ele venceu graças a uma obstinada motivação e trabalho árduo (ver a obra de minha autoria *A Bíblia do vencedor para esportes de elite* e "O caso dos campeões do mundo desaparecidos").

Meu pai fazia tudo o que podia para se enturmar com os colegas, e parte disso envolvia ir aos bailes mensais da igreja, bastante populares naquela época. Foi em um desses bailes que ele conheceu minha mãe e imediatamente decidiu que iria conquistá-la, outra tarefa aparentemente impossível, já que ela era facilmente a mulher mais bonita do baile. Mamãe podia escolher qualquer um daqueles jovens elegantes, sofisticados e ricos, futuros médicos e advogados.

Mas meu pai era um eterno otimista e estava disposto a fazer o que fosse preciso. Ele acreditava em si mesmo, mesmo que os fatos estivessem contra ele. É claro que ele conquistou mamãe, ou eu não estaria aqui escrevendo esta história. Meu pai formou-se e montou sua própria clínica em Auckland. Mas aquela não era uma clínica comum: graças à motivação e ambição de meu pai, logo se tornou a clínica mais procurada da Nova Zelândia.

Papai foi um dos homens mais determinados que eu já conheci. Vou dar apenas uma pequena ideia do que quero dizer quando me refiro à "determinação". Anos atrás, muito antes de se tornar uma prática aceita na medicina ocidental, meu pai ouviu falar de um novo procedimento que estava sendo realizado na China, chamado "vasectomia". Ele, então, atravessou metade do mundo e voou até a China para aprender a realizar o procedimento. Isso aconteceu muito antes de a China abrir suas fronteiras a estrangeiros, e eu não faço a menor ideia de como ele conseguiu encontrar as pessoas certas, muito menos como superou a barreira da língua. Quando voltou para a Nova Zelândia, meu pai logo adicionou uma sala de cirurgia à clínica e comprou todo o equipamento cirúrgico e de esterilização necessário, tudo de última geração. Na verdade, além da clínica, ele já havia montado seu próprio mini-hospital. Aquele fora um grande risco para um clínico geral que trabalhava sozinho – especialmente se considerarmos que ninguém mais estava realizando vasectomias na Nova Zelândia naquela época.

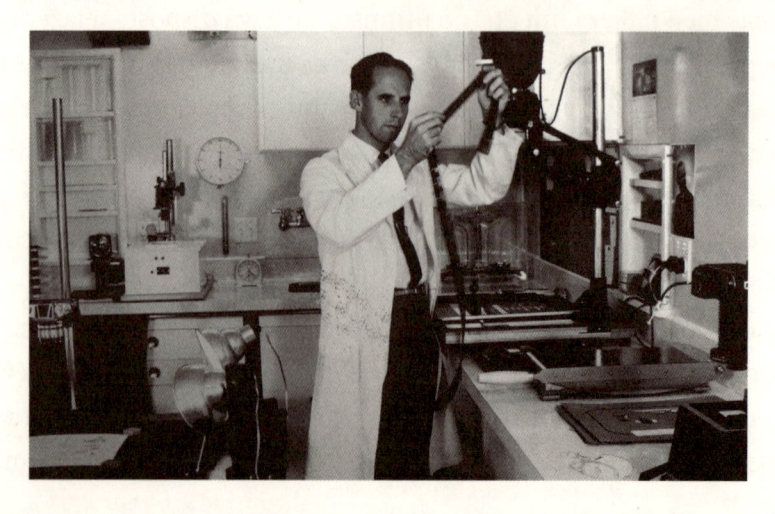

Depois de alguns meses fazendo vasectomias, meu pai concluiu que não estava feliz com o desempenho de sua Autoclave Philips (um equipamento de esterilização). De seu modo típico, meu pai resolveu construir uma. Ele poderia fabricar um produto melhor que o da Philips. Por que não? Primeiro, ele pesquisou sobre o funcionamento daquelas máquinas, visitando bibliotecas (numa época bem anterior à internet, o que tornava as pesquisas mais difíceis), e depois se matriculou em um curso noturno de soldagem. Em pouco tempo, as grandes câmaras de aço inoxidável de que ele precisava estavam soldadas e hermeticamente fechadas. Depois, meu pai fez o projeto eletrônico e conectou todas as bombas, aquecedores e motores a vácuo. Essa unidade de esterilização feita em casa funcionou perfeitamente pelos trinta anos seguintes, e meu pai realizou muitas vasectomias.

Deixe-me dar outros exemplos da determinação de meu pai. Ele era um cristão apaixonado e fundamentalista, mas, depois de frequentar a Igreja Batista local por alguns anos, concluiu que o templo não estava sendo gerenciado de forma correta. A única solução foi começar a sua própria igreja. Ele tornou-se ministro, pregando todos os domingos e frequentando a escola de estudos bíblicos durante a semana – e tudo isso enquanto era o médico mais requisitado da Nova Zelândia. Mas essa era apenas a ponta do iceberg. Meu pai começou seu ministério gravando e distribuindo fitas cassete e filmes evangélicos. Ele montou a sua própria escola cristã internacional por correspondência, cujos materiais e provas ele mesmo escreveu e corrigiu. Então, numa noite de sábado, a escola realizou uma quadrilha, por simples diversão. Meu pai gostou tanto daquilo que organizou o seu próprio clube de quadrilha. Foi um grande sucesso, graças ao entusiasmo de meu pai. A partir de então, centenas de pessoas apareciam todas as semanas e meu pai fazia a "chamada" de todos os passos da quadrilha. Ele passava várias horas, todas as noites, praticando a "chamada" e organizando o clube.

Eu poderia relatar aqui várias coisas a respeito de quinze outros empreendimentos em que meu pai se envolveu (como ter o próprio estúdio de revelação de filmes fotográficos), mas os detalhes não são importantes. Tudo o que você precisa saber é que meu pai era motivado com M maiúsculo. E por quê? Porque ele estava determinado a ser bem-sucedido e a não levar uma vida de mediocridade.

Infelizmente, as melhores intenções dele tiveram um impacto altamente negativo sobre mim.

27.3 MINHA INFÂNCIA

Sendo o único filho homem na família, não era de surpreender que meu pai quisesse me ver bem-sucedido. E, se muito trabalho árduo e disciplina o haviam tornado bem-sucedido, duas vezes mais trabalho e duas vezes mais disciplina me tornariam ainda mais bem-sucedido. Portanto, nossa casa parecia uma operação militar, e meu pai a comandava com mão de ferro. As crianças podiam ser vistas, mas não ouvidas – de preferência, não deveriam nem mesmo ser vistas. Sendo um menino naturalmente sensível, eu sentia-me constantemente ansioso, temendo fazer alguma coisa de errado ou que as minhas maneiras não fossem perfeitas o suficiente. As refeições cronometradas eram para mim situações apavorantes. Nós jantávamos todas as noites às 5h30. Não às 5h40, nem às 5h20, mas às 5h30. Nós tínhamos que nos sentar eretos, manter os cotovelos longe da mesa, com garfos e facas colocados no prato no ângulo certo enquanto mastigávamos. Eu mal podia esperar as refeições terminarem, para poder voltar à segurança do meu quarto, no andar de baixo da casa, onde eu podia ficar sozinho, longe de meus pais e de minhas três irmãs.

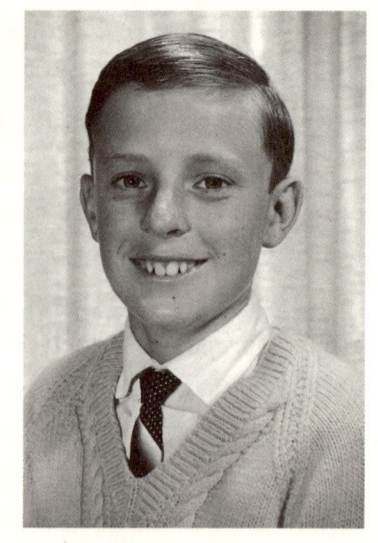

Quando se tratava do meu "progresso", eu nunca era bom o suficiente. Se eu fosse o primeiro da turma, com uma diferença de trinta pontos, bem, isso não era bom o suficiente. Um mínimo de cinquenta pontos teria *quase* sido aceitável, mas trinta pontos era obviamente um fracasso catastrófico. Em raras ocasiões, uma ou duas vezes por ano, nós fazíamos coisas "de família", como ir a um restaurante ou ao cinema. Aqueles eram os momentos mais estressantes de todos. Mesmo em público, independentemente de quanto tentássemos, sempre conseguíamos fazer alguma coisa errada e levar uma bronca terrível. O que deveria ter sido um momento divertido tornava-se uma situação extremamente desagradável para mim.

Eu detestava voltar para casa depois da escola todos os dias, porque a nossa casa sempre evocava ansiedade em mim. Eu nunca tive amigos muito íntimos, porque inconscientemente aprendera que nenhum dos meninos da vizinhança "era aceitável". Não que eu não tivesse *permissão* para brincar com eles; em vez disso, eu havia sido sutilmente *condicionado* pelas palavras dos meus pais para não considerá-los bons o bastante. Então, eu passava horas sozinho no andar de baixo – lendo, pensando e frequentemente me sentindo triste. Eu era incrivelmente solitário e nunca achava que era bom o suficiente. Não se sentir bom o suficiente é como ter um câncer lhe devorando a alma. Lentamente, mas de forma certeira, o tumor envenena todo o seu sistema e a sua visão sobre a vida. Esse problema de "não ser bom o suficiente" culminou em um evento memorável. Muitos anos depois, quando eu ganhei o Prêmio Principal em Matemática Aplicada, na Universidade de Auckland, corri para contar a meu pai. Eu pensei que *finalmente* havia feito alguma coisa que seria boa o suficiente para ele. Ao ouvir a notícia, meu pai disse simplesmente, num tom de voz sem emoção, "Que bom" e voltou imediatamente a se concentrar no que estava fazendo.

Muitos anos depois, vovô disse-me que sabia o que eu havia enfrentado quando era criança e que seu coração sangrava por causa disso. Como todas as boas histórias, esta tem uma surpresa no final. Algo extraordinário aconteceu com meu pai quando ele ficou mais velho. Ele tornou-se um homem verdadeiramente maravilhoso, afável e sábio. Era bondoso, positivo, entusiasmado e tinha um orgulho imenso de mim. Ele tornou-se um dos meus melhores amigos. Nós terminamos compartilhando uma camaradagem sincera, tivemos muitos momentos pai e filho e demos muito amor um ao outro. Mas estou me adiantando. Vamos retornar ao meu "outro" pai daqui a pouco. Neste momento, eu preciso levar você de volta ao chalé do vovô.

27.4 FÉRIAS EM ALBERT TOWN

No hemisfério sul, o Natal é sempre no início do verão, e nós combinamos o Natal, o ano-novo e as férias anuais em um único e grande feriado. Para as crianças, isso significa um descanso de seis semanas inteiras da escola. Iupiiiii! A maior parte desse tempo é passada na praia ou no lago, porque nós, "kiwis", adoramos esportes aquáticos.

Como eu já havia mencionado, quando eu tinha 9 anos, fui mandado sozinho de Auckland para ficar com vovó e vovô em Albert Town por cinco semanas. Naquela época, uma viagem dessas significava um dia inteiro voando em um pequeno DC-3. Parecia que havíamos acabado de decolar, quando éramos forçados a pousar novamente para reabastecer, em outra pequena pista de grama. E, quando digo "pista", estou exagerando, porque aquilo não passava de uma pequena faixa no meio de alguma fazenda. Era realmente uma grande aventura. Hoje, a viagem inteira pode ser feita de jato, em um voo direto de duas horas – conveniente, com certeza, mas viajar do jeito moderno parece-me sem graça em comparação à aventura de antigamente.

Vovô foi me buscar no aeroporto quando cheguei a Queenstown. Sua voz, suas maneiras e até mesmo suas mãos eram suaves, enquanto ele me ajudava a subir em seu carro Humber Super Snipe. E, assim, começaram os dias mais felizes da minha vida. Naquelas nove casas às margens do rio Clutha, moravam quinze crianças de idades próximas à minha. Cada dia era um dia de diversão, aventura e animação. Nós ríamos, brincávamos, nadávamos, comíamos, andávamos de bicicleta e inventávamos todo tipo de brincadeira. Algumas noites, nós acampávamos em barracas e, em outras, nos aconchegávamos no chão, sobre pilhas de cobertores, para ouvir histórias. Nem uma única vez, naquelas cinco semanas, levamos uma bronca.

Todas as manhãs, vovô acordava perto das 5 horas, ia até o rio e apanhava duas grandes trutas-arco-íris para o café. Ele nunca, nunca deixava de chegar na hora, trazendo aqueles dois peixes magníficos. Enquanto isso, vovó enchia uma tigela com as framboesas frescas que colhia, servindo-as como nosso primeiro prato. Nós as comíamos com açúcar granulado.

Não choveu em nenhum dia das cinco semanas que passei lá. O tempo estava quente, mas agradavelmente seco. Enquanto as semanas se passavam, a grama ficava mais seca, e algumas das pequenas flores do campo começaram a exalar um perfume especial, muito doce (ao longo dos anos, às vezes eu por acaso sentia aquele perfume em algum lugar do mundo, quando isso acontecia, eu era imediatamente transportado de volta a Albert Town).

Não há palavras suficientes para definir como eu estava feliz em Albert Town. Era simplesmente mágico! Eu tinha uma sensação indescritível dentro de mim, algo que jamais sentira antes. Era algo tão vivo que posso jurar que aquele sentimento tinha *gosto*. E eu podia senti-lo com a alma. Isso não é uma metáfora; eu realmente podia senti-lo.

Mas, como todas as coisas boas, aquelas férias tinham de terminar. Nós arrumamos a minha bagagem, e vovô a colocou no porta-malas do Super Snipe. Eu dei a volta no carro até a porta do passageiro e, quando coloquei a mão na maçaneta, fui invadido por um sentimento avassalador. Eu não tinha a menor ideia do que era. Eu disse a vovô: "Não sei o que está errado, mas estou me sentindo estranho. É como se eu estivesse doente, mas não estou. Talvez, eu tenha comido alguma coisa que me fez mal." Acho que vovô sabia o que era, mas não disse nada a respeito. Ele disse apenas, com uma voz calma e reconfortante: "Sente-se no banco da frente, ao meu lado. Tenho certeza de que a viagem vai ajudar a acalmar o seu estômago." Naquela época, não havia nada parecido com direção hidráulica, e o Super Snipe era um carro enorme. Portanto, era necessário um volante enorme para o motorista poder conduzir o veículo. Vovô era um homem grande; e eu, obviamente, uma criança pequena. Então, fiquei sentado ali, no confortável banco de couro, sentindo-me muito pequeno. Para manter minha mente ocupada, vovô falou sobre coisas interessantes durante a viagem de duas horas até o aeroporto. Ele conseguia fazer isso facilmente, porque era um dos homens mais inteligentes que já conheci. Sem me desviar muito da história, eu gostaria de escrever apenas um parágrafo, só para refrescar a sua memória a respeito do homem interessante que o meu avô era.

Pouco antes de vovô completar 100 anos, ele estava na minha casa, em uma das tardes de terça-feira que costumávamos passar juntos. Enquanto estávamos sentados à beira da piscina, conversando, um martim-pescador pousou e começou a beber água. Eu comentei com vovô que os martins-pescadores eram os meus pássaros favoritos. Eu gostava deles por vários motivos. Eles pousavam eretos, em vez de horizontalmente, como a maioria dos pássaros. Eles voavam incrivelmente rápido e tinham penas de um azul maravilhoso. Mas, acima de tudo, parecia que os meus dias eram muito melhores sempre que um martim-pescador pousava no meu quintal. Vovô, então, contou-me sobre a origem e a linhagem do martim-pescador e dos vários pássaros relacionados a ele. Não para se exibir, naturalmente, mas porque achou que eu estaria interessado em aprender sobre o meu pássaro favorito. Naquela noite, quando vovô já estava em casa, recebi um telefonema dele. Ele disse-me que estava lendo sua *Enciclopédia Britânica* novamente e descobriu que se esquecera de me contar um pequeno detalhe sobre o martim-pescador. Ele desculpou-se por sua omissão e terminou a conversa dizendo: "Eu tive um pouco de dificuldade para ler, porque esse volume está tão gasto que as páginas estão se soltando". Agora diga-me: quantas pessoas no mundo teriam gastado uma coleção inteira da *Enciclopédia Britânica* de tanto folheá-la para ler? Provavelmente, nenhuma. Mas vovô costumava se sentar e ficar durante horas lendo os volumes – mesmo depois dos 90 anos –, absorvendo cada artigo com a fascinação de um garoto com a riqueza do mundo. Mas eu fugi do assunto, e já é hora de voltar a Albert Town.

Com vovô como companhia, a viagem até o aeroporto foi imensamente interessante. Mas, assim que o deixei, para embarcar no avião, aquela velha sensação voltou. Parecia que uma nuvem negra havia se formado em meu estômago. A sensação de felicidade, da qual eu podia sentir o gosto e o cheiro apenas algumas horas antes, fora substituída por uma tristeza insuportável, que parecia muito estranha. Se a vida era triste antes, estava sendo trinta vezes mais triste agora! Antes das férias, eu não sabia o que estava perdendo – mas agora sabia.

Depois de ter voltado para casa, acho que nunca superei realmente aquela tristeza. Em vez de fazê-la diminuir, meus pensamentos mais profundos alimentaram a minha solidão por meses a fio, até que a única maneira de lidar com ela era deixar que todas as emoções morressem lentamente dentro de mim. Foi só então, quando eu deixei de *sentir*, que a dor começou a diminuir, e eu pude, gradualmente, retomar a minha vida. O problema era que aquele método de lidar com as coisas significava que eu estava me tornando cada vez mais sozinho e independente. Eu entediava-me com as outras pessoas muito rapidamente e, mesmo quando ria, demonstrando estar apreciando a companhia delas, ainda me sentia um tanto triste interiormente. Então, eu passava horas sozinho, perdido em meio à Matemática e à Física, porque essas matérias

me pareciam puras e precisas, além de que jamais me julgavam. Aos 10 anos, eu "inventei" o supercarregador, sem saber que ele já havia sido inventado; aos 11, eu desenvolvi a fórmula para a aceleração centrípeta sem consultar nenhum texto de referência.

Para tornar as coisas ainda piores, eu já havia perdido a minha inocência aos 8 anos, em um momento aterrador. Aquele momento fora varrido para debaixo do tapete enquanto eu estava em Albert Town, mas agora voltava para me assombrar violentamente. O que aconteceu foi que eu olhara para um espelho. O rosto físico no espelho olhara para mim, e eu olhara de volta para ele. Por um momento, eu caíra em uma espiral, em um interminável ciclo no qual vários "Kerrys" olhavam um para o outro, imaginando como aquela coisa física chamada "Kerry" podia produzir as emoções e sentimentos que eu estava experimentando. Aquilo não fazia o menor sentido, e eu fui tomado por uma sensação horrível, de que tudo era uma grande charada (eu jamais olhei atentamente para um espelho desde então; uma rápida olhada para pentear os cabelos, talvez, mas eu sempre desvio o olhar antes de me concentrar demais). Ali, aos 8 anos, eu comecei a questionar desesperadamente o "sentido da vida". O que realmente me preocupava não era o que aconteceria comigo depois que eu morresse, mas o que "eu" era *antes* de nascer. Aquilo era complicado demais para compreender. Eu podia aceitar o conceito de paraíso ou de um desaparecimento gradual até a não existência depois de morrer, mas como um "eu" poderia nunca ter existido e o outro "eu" ter sido criado do nada?

Com o tempo, eu aprendi a aceitar aqueles sentimentos como parte do meu destino e, pouco a pouco, segui em frente com a minha vida. Apaixonei-me por algumas mulheres maravilhosas e fui amado por elas. Por fora, eu era um cara feliz, extrovertido, inteligente e altamente motivado, operando em alto nível. Mas alguma coisa ainda estava faltando. Eu perguntava-me se todas as outras pessoas se sentiam tão vazias interiormente como eu, ou se eu fora amaldiçoado com uma mente hiperativa, que me causava tanta dor.

27.5 REVISITANDO O CHALÉ DO VOVÔ

Durante os anos seguintes, o pequeno chalé branco do vovô começou a tomar proporções míticas em minha mente. Parecia um conto de fadas e um sonho, fundidos em uma coisa só. Eu comecei a me perguntar se as minhas experiências tinham realmente acontecido ou se haviam sido uma fantasia maravilhosa que eu construíra em minha mente. Como eu nunca mais voltara ao chalé, eu não tinha como saber.

Foi assim até algumas semanas antes de eu concluir este livro. Em um impulso, decidi tirar alguns dias de férias em Queenstown. Duas horas depois de deixar Auckland, eu já estava pegando o meu carro na locadora e viajava em direção a um apartamento de luxo à beira do lago. Na manhã seguinte, às 5 horas, fui dar um passeio de balão. Subimos a assombrosos 8 mil pés, e lá de cima, a distância, eu conseguia avistar o lago Wanaka. O interessante a respeito do lago Wanaka é que ele é o destino final do rio Clutha, depois de passar pelo velho chalé do vovô. Ele parecia me chamar. Quando estávamos novamente a salvo no solo e bebendo uma taça de champanhe para celebrar, perguntei ao piloto sobre Albert Town. Ele contou-me que o local se tornara um grande condomínio, consistindo em milhares de casas que pareciam ter sido construídas com o mesmo molde. Senti um aperto no coração. Na minha mente, eu ainda tinha a imagem do chalé branco do vovô, em meio a oito outras casas, junto a uma simples estrada de cascalho. Mas eu estava tão perto que decidi fazer a viagem de duas horas de carro pelas curvas sinuosas.

Eu não tinha um mapa, mas sabia exatamente onde a velha estrada de vovô ficava, porque era bem ao lado do rio. Ela separava-se da estrada principal à direita, pouco antes da ponte que cruza o rio Clutha. Quando saí da estrada principal, fiquei triste ao ver que a velha estrada do vovô agora parecia uma pista larga que obviamente levava a uma cidade de tamanho significativo. Havia um grande grupo de lojas no cruzamento da estrada principal com a estrada que conduzia ao chalé do vovô. Então, eu continuei dirigindo por mais 300 metros, e, milagre dos milagres, a estrada se bifurcava! A da esquerda levava à cidade e se afastava do rio, mas a da direita era uma estradinha estreita que levava ao local onde ficava o chalé do vovô. Eu tomei a estradinha da direita, e, instantaneamente, a cidade ficou para trás, desapareceu.

Continuei a dirigir pela estradinha e, logo em seguida seguir avistei um pequeno aglomerado de casas, exatamente onde as nove casas originais estavam na época da minha visita. Só era possível ver uma casa de cada vez, porque elas estavam separadas umas das outras por grandes cercas-vivas de pelo menos dez metros de altura. As três primeiras casas haviam sido substituídas por grandes construções novas que eu não reconheci, mas, quando cheguei à quarta casa, *lá estava o pequeno chalé do vovô...* exatamente idêntico. Parecia ter ficado preso no passado. Estava exatamente – e eu quero dizer *exatamente* – como eu me lembrava, de todos aqueles anos antes. Na verdade, a imagem do chalé do vovô no início deste capítulo é uma foto que tirei nessa última visita, e não há quarenta e três anos.

Estacionei o carro do lado de fora e comecei a caminhar pela "rua do vovô". Eu ainda não tinha dado quinze passos quando outro carro estacionou. Uma senhora sorridente saiu do veículo e perguntou se podia me ajudar. Expliquei-lhe a longa história. Ela disse: "Oh, meu Deus, entre. Agora, a casa pertence à Jo, mas eu tenho certeza de que ela não vai se importar se eu lhe mostrar o lugar. Eu tenho a cópia da chave." Eu hesitei em entrar na casa de alguém sem permissão, mas ela me puxou pelo braço e me levou para dentro.

Quarenta e três anos depois – exatamente como eu me lembrava.

Era absolutamente incrível. Nada havia mudado. A cozinha estava exatamente como eu me lembrava. Até o velho relógio estava no mesmo lugar. Por algum motivo que apenas Jo conhecia, ela decidira manter o chalé exatamente como ele era quarenta anos antes. Era como se eu estivesse entrando em um sonho. Não parecia real. Eu fui para o lado de fora e olhei para o rio, e a minha "guia turística" tirou uma foto minha, parado no mesmo lugar onde eu havia tirado uma foto muitos anos antes.

Em um momento de reflexão, eu estava verdadeiramente, *profundamente* feliz e aprendera muitas lições no caminho. Mas há outra parte interessante nesta história. Minha profunda felicidade era um fenômeno relativamente novo. Eu só começara a minha jornada em direção ao contentamento no dia em que me sentara com Ligeirinho e aquela folha de papel em branco, que se tornara a primeira *Bíblia do vencedor*. Tinha sido um acidente. Eu queria desenvolver algumas ferramentas novas para ajudar Ligeirinho, mas acabou que elas ajudaram a mim também. Até aquele momento, eu fora forçado a aceitar a minha situação como era, porque, apesar de ter lido centenas (se não milhares) de livros sobre filosofia e autoaperfeiçoamento, nada havia funcionado. Então, eu simplesmente seguira em frente com a minha vida por quase quatro décadas e aceitara a minha situação. Mas, depois de ver a incrível transformação de Ligeirinho e de tantos atletas que usaram as ferramentas descritas neste livro, eu mesmo comecei a experimentá-las. O processo de reconstruir a minha vida havia começado.

27.6 MEU "SEGUNDO PAI"

Como mencionei anteriormente, sinto que tive dois pais: aquele sobre o qual já contei e outro pai verdadeiramente maravilhoso, positivo, bondoso, amoroso e que faria tudo no mundo por mim. Esse "segundo pai" só começou a existir cinco dias depois de quase ter morrido de ataque cardíaco.

Até mesmo o ataque cardíaco que meu pai teve foi uma história impressionante. Ele estava com 60 e poucos anos; era um dia de trabalho normal na clínica, e ele tinha acabado de acompanhar um paciente até a porta do consultório, ao término de uma consulta, quando teve um ataque cardíaco violentíssimo. Sozinho no consultório, ele caiu no chão, enquanto todas as enfermeiras e pacientes estavam do lado de fora, sem saber do drama que se desenrolava lá dentro. Quando recobrou a consciência, alguns minutos depois, meu pai sabia que tivera um ataque cardíaco, mas estava teimosamente determinado a terminar as tarefas daquele dia. Ele não havia perdido um dia sequer de trabalho nos últimos quarenta anos e não iria abandonar seus pacientes agora! Ele fez um esforço imenso para se levantar e, depois, atendeu mais dezoito pacientes antes de, finalmente, ir até o laboratório do outro lado da rua e fazer um exame de sangue para verificar quão sério fora o enfarte.

Depois, dirigiu uma hora até sua fazenda, antes de cair novamente na cama (esqueci-me de dizer que ele tinha uma pequena fazenda de dez acres, com cem ovelhas). Ele disse à mamãe que havia apanhado um vírus forte, mas estaria bem pela manhã. Ele não queria desapontá-la, já que mamãe estava muito feliz porque, no dia seguinte, eles viajariam de férias para o norte, onde passariam uma semana. Pela manhã, meu pai encheu-se de coragem e convenceu mamãe de que estava bem para viajar. Contudo, depois de uma hora de viagem, ele finalmente percebeu que poderia morrer e contou tudo à mamãe. Ela imediatamente deu meia-volta, e eles foram direto para a sala de emergência do hospital. Os cirurgiões acreditavam que meu pai não sobreviveria até a manhã seguinte; as artérias dele estavam 95% obstruídas. Mas meu pai era um galo velho e durão. Depois de uma cirurgia de ponte de safena quádrupla, ele viveu outros treze anos, antes de morrer de repente, no meio de outro projeto de eletrônica.

Durante aqueles treze anos, eu tive o melhor pai do mundo e digo isso sinceramente. Ele foi simplesmente maravilhoso. Desde o momento em que se recuperou, meu pai tornou-se uma pessoa diferente. Cheio de sorrisos, sempre vendo o lado bom das coisas e feliz por cada minuto de vida. Ele desenvolveu uma atitude irrequieta, quase maliciosa, como você pode ver na foto abaixo, onde ele posa ao lado de uma placa que diz

"Fóssil Autêntico" (ele achou que aquela era uma descrição perfeita de si mesmo e riu como uma criança ao correr até a placa para tirar a foto). Ele era uma companhia divertida. Nas duas últimas fotos de meu pai, você pode ver que ele está sorrindo – ele passou a sorrir muito depois do ataque cardíaco. Mas, nas fotos mais antigas, não há um único sorriso à vista.

Eu compreendi, há muito tempo, que meu primeiro pai *sempre* fez o melhor que podia para me ajudar a ter uma vida maravilhosa. Ele pode ter feito tudo errado, mas suas intenções eram honesta e sinceramente boas. Ele simplesmente era um produto de sua própria infeliz criação. Eu sinto sua falta, meu pai, como as montanhas de Otago, você era realmente "notável".

Compreendi também algumas outras coisas. Aquelas experiências de infância ajudaram a construir a pessoa bem-sucedida que sou hoje. Sem elas, eu não teria sido capaz de alcançar um quinto das coisas que conquistei na vida. Enquanto eu observava o rio Clutha, algumas semanas atrás, olhei para trás e posso honestamente dizer que sou grato por todas as experiências que tive na vida. Até mesmo os meus maiores fracassos, dores e desastres foram, de algum modo e contrariando todas as probabilidades, uma bênção. Eu nunca imaginei que isso fosse possível. Eu também aprendi que as nossas emoções podem ser incrivelmente poderosas. A menos que nós as alinhemos corretamente, elas podem destruir a nossa felicidade.

Parado ali, na frente do chalé do vovô, quarenta e três anos depois, um sorriso amplo surgiu em meu rosto, e eu percebi que *não precisava ter me sentido vazio por dentro durante tanto tempo: a vida deu realmente certo, depois de todos aqueles anos...*